W0390288

Papua Neuguinea – Leben im Regenwald

Gabriele Cavelius

interconnections

Die Fächerpalme am Ende der Landzunge mit Schössling

Papua Neuguinea
Leben im Regenwald

Todeszauber, Busencheck, beheizte Klaviere und eine christliche Ohrfeige

Gabriele Cavelius

interconnections

Impressum

Reihe: ReiseTops, Bd 1
Papua Neuguinea – Leben im Regenwald
Todeszauber, Busencheck, beheizte Klaviere und eine christliche Ohrfeige
Autorin: Gabriele Cavelius

Fotos: Gabriele Cavelius
Foto S. 47: Dietmar Meinert / Pixelio.de
Umschlagdesign, DTP-Satz: Linuxnet-Online, Anja Semling
Bearbeitung: Sarah Rehaiem

Schillerstr. 44, D – 79102 Freiburg i.Br.
Tel. 0761 700 650, Fax 0761 700 688
info@interconnections.de
www.interconnections.de
www.reisetops.com

2008
ISBN 978-3-86040-138-5

Inhaltsangabe

Maskenbemalung im Sepikgebiet

TEIL 1

Beginn der Regenzeit

Während der Nacht hatte es unaufhörlich in Strömen geregnet. Am Abend war der Regen über den Urwald wie eine Wand herangerauscht. Erst waren die Vögel verstummt, die Natur war still geworden, wie tot, dann war nur ein leichtes Raunen zu vernehmen, ein Geräusch, wie im Windhauch aneinanderreibender Blätter. Je mehr sich der Regen näherte, desto mehr steigerte sich dieses Geräusch, immer unüberhörbarer werdend, bis es wie ein Wasserfall klang. Als der Regen das Haus erreicht hatte, trommelte er gleichförmig, laut und eintönig auf das Wellblechdach ein. Im Bett wirkte dieses gleichmäßige Prasseln irgendwann einschläfernd.

Ich erwachte, wie eigentlich immer, vom Geschrei der Vögel. Die Einheimischen nannten sie *garamut bilong tudak,* Baumtrommeln der Dämmerung. Egal, ob Trockenzeit oder Regenzeit: kurz vor oder nach sechs Uhr ließen diese Vögel keinen Zweifel daran, dass die Nacht vorüber war.

Jetzt ist sie da, die Regenzeit, dachte ich frohlockend beim Aufstehen. Sicher hatte schon diese eine Nacht genügt, die klaffenden Risse im Rasen um das Haus ein wenig zu schließen. Nur wenige Tage würden genügen, alles, was ringsum braun und verdorrt war, wieder ergrünen zu lassen.

Ich ging in die Küche, um die Spritzen zum Auskochen aufzustellen. Vom Gang aus hörte ich meinen Sohn Amos in seinem Zimmer vor sich hinbrabbeln und singen. Stolz stellte ich den Topf mit den Spritzen auf meine neueste Errungenschaft: einen Gaskocher mit zwei Feuerstellen. Vorbei die Plackerei, als ich noch umständlich ein Feuer im Herd anzünden musste, um langsam das Wasser zu erhitzen. Welch eine Erleichterung gegenüber vorher!

Während die Spritzen vor sich hinköchelten, holte ich mir aus dem Kerosin betriebenen Kühlschrank und dem Fliegengitter-Vorratsschrank mein Frühstück. Hätte es diesen Schrank nicht gegeben, so man hätte ihn erfinden müssen. Das Fliegengitter schützte die Lebensmittel vor Kakerlaken. Die Füße des Schranks ruhten zusätzlich in kerosingefüllten Dosen, so dass die Vorräte vor den allgegenwärtigen Ameisen sicher waren. Diese kamen in jeder Gestalt vor: im Haus waren es die ganz kleinen feinen – sie waren praktisch überall, so dass sogar im Wohnzimmer die Getränke jeweils in eine wassergefüllte Untertasse gestellt werden mussten. Draußen gab es eine weitere Vielfalt dieser lästigen Spezies. Da waren die mittelgroßen schwarzen Ameisen sowie die größeren schwarzen – begierig auf alles Vertilgbare. Am schlimmsten waren die *kurakum*, große rote, die sich vor allem an den Obstbäumen breitmachten und so richtig gemein und schmerzhaft zubeißen konnten.

Am Vortag, dem letzen in der Trockenzeit, wie ich nun wusste, hatte ich Roggenbrot gebacken. Gut war es geworden, nach dem Rezept einer Freundin in meinem handgeschriebenen Kochbuch, „feuchtes Roggenbrot à la Anita". Wir deutschen Frauen in Papua Neuguinea (P.N.G.) waren ständig dabei, Brotrezepte auszutauschen. Zum Roggenbrot gab es gesalzene Butter und Guavenmarmelade vom Baum vor dem Küchenfenster.

Nachdem die Spritzen zwanzig Minuten gekocht hatten, ging ich ins Badezimmer. Amos war noch bei seinem Morgenritual, einem Vorsichhinzuträllern im Bett. Irgendwann würde er kommen, um *kaikai*, Essen zu verlangen. Dann würde er sich auf den Weg machen und die Veränderungen der Welt da draußen erkunden. Erst würde er ins Waschhaus gehen zu den Hausmädchen Yagamar und Sisies, die bereits geschäftig den Kerosinwasserkessel für die Wäsche anheizten. Wasser, wir hatten wieder kostbares Wasser! Und das mit Sicherheit noch für einige Monate.

Hausmädchen und Außenarbeiter waren üblich auf einer Missionsstation wie Begesin. Für das Hausmädchen bedeutete das Angelerntsein in einem Missionshaushalt eine deutliche Steigerung des Brautpreises, der hauptsächlich in Schweinen entrichtet wurde. Für den *wokboi,* den Außenarbeiter, war draußen im Busch die Anstellung eine gute Möglichkeit, sich eben diesen Brautpreis zu verdienen, um eine Familie gründen zu können. Begesin war eine klassische Außenstation. Gute dreißig Flugminuten mit einer Cessna von der Hafenstadt Madang entfernt – man flog über unermessliche Flächen von Regenwald, dazwischen einige Buschdörfer – lag es mitten im Urwald. Eine Außenstation mit Missionarshaus, mehreren Schulhäusern, Buschhäusern für die Lehrer und den Pastor, und einem Stationsladen, umgeben von brandgerodeten Gärten.

Und: Begesin war nicht irgendeine Missionsstation, Begesin war bekannt als Gebiet für *Sanguma*, Todeszauber. Wer immer in der Küstengegend um Madang und auch weiter weg einen Menschen zu Tode zaubern lassen wollte, der wandte sich an den Zauberer von Begesin.

Im Badezimmer ließ ich meinen Blick erst einmal über den ganzen Raum schweifen, eine Art Automatismus, den ich mir angewöhnt hatte. Einmal war es vorgekommen, dass ich nachts auf dem Weg zur Toilette eine kleine, dunkle – und somit wahrscheinlich giftige – Schlange in der Dusche entdeckt hatte. Den Schein meiner Taschenlampe auf sie richtend, hatte ich nach meinem Mann Michael gerufen, der die Schlange durch Schläge mit einem Besenstiel auf den Fußboden nach draußen auf die Veranda vertrieb. Danach hatten wir über dem Abflussrohr der Dusche ein Gitter befestigt.

Ich ließ die Eimerdusche am Seil herab, füllte sie mit Wasser, zog sie hoch und gab mich dem Genuss einer Dusche hin. Das hatte ich gelernt: mit einem einzigen Eimer Wasser kann man sich einseifen, abspülen und sogar die Haare waschen. Ab heute konnte ich mit dem Wasser wieder viel freizügiger umgehen, denn heute Abend oder auch einige Abende später würde es mit Gewissheit erneut gießen.

„O wie schön“, dachte ich, „Regenzeit“. Die Wassertanks am Haus werden sich füllen, ich muss nicht mehr so mit Wasser geizen. Letztes Jahr hatte ich gegen Ende der Trockenzeit sogar die Wäsche im Fluss Ujapan zusammen mit den einheimischen Frauen gewaschen. Tagsüber hatten wir uns zum Wäschewaschen getroffen, gegen Dämmerung zum Baden – etwas Ritualhaftes, was ich zu Beginn der Regenperiode fast vermisst hatte.

Um etwa zehn Uhr hatten sich etliche Patienten versammelt, die von mir behandelt werden wollten. Geduldig saßen sie als Gruppe im Schatten eines riesigen Nadelbaums. Sie klatschten, erzählten Geschichten und kauten Betelnuss ohne Ende. Dabei wurden immer Betelnüsse und *daka*, so etwas wie Weidenfrüchte sowie *kambang*, eine Art weißes Kalkpulver, miteinander gekaut und untereinander ausgetauscht. Zu meinem Leidwesen wurde der beim Kauen entstehende rote, dünnflüssige Brei, einfach in den Rasen gespieen. Ich ging mit meinen ausgekochten Spritzen außen am Haus entlang zur *dispensary*, dem Zimmer am Ende des Hauses, das wir als Krankenstation eingerichtet hatten. Im Vorbeigehen hielt ich kurz bei Michael an, der dabei war, mit den *wokbois* das Gras um das Haus zu mähen. Sie arbeiteten mit Sensen und lachten gerade heftig über irgendeinen Scherz. Ein Blick bestätigte mein vorabendliches Empfinden. Die Luft über den Rasenflächen um das Haus waberte wie in Nebelschleiern. Die Sonne war bereits gierig dabei, die niedergegangenen Regenmassen aufzusaugen, wobei mit jedem Regentag die Luftfeuchtigkeit steigen würde.

Aus den Augenwinkeln nahm ich wahr, dass unter den Wartenden auch Orkap, der große Zauberer von Begesin, war. Immer wieder mal pflegte dieser listige Typ bei mir aufzukreuzen. Nach meinem Verständnis verband uns eine gute Feindschaft; wir gingen bewusst höflich und respektvoll miteinander um. *„Moning, Mama!”,* rief er verhalten grinsend zu mir herüber. Klar, ich hatte ein Kind, war also Mama und als solche – obwohl erst vierundzwanzigjährig – Respektsperson. Aber für ihn, den Hüter dunkler Geheimnisse? Uns verband das Wissen, dass Kranke sich an ihn genauso wie an mich um Hilfe wandten, vielleicht als Doppelkonsultation, oder auch abwechselnd. Was wollte dieser Mann? Das habe ich nie so recht herausbekommen. Immer, wenn ich ihn sah, stieg ein beklemmendes Gefühl in mir hoch, eine Ahnung, als Weiße die Einheimischen nie wirklich verstehen zu können. Ich hatte ihn genau beobachtet, wie er als Zauberer ein *Sanguma-Singsing,* ein Todeszauber-Tanzfest, anleitete. Das rhythmische Stampfen, die Gesänge, Gerüche und die Beklommenheit, trug ich noch tief in mir. Bevor ich den ersten Kranken hereinrief, musste ich mich innerlich schütteln, um die klammen Erinnerungen abzustreifen.

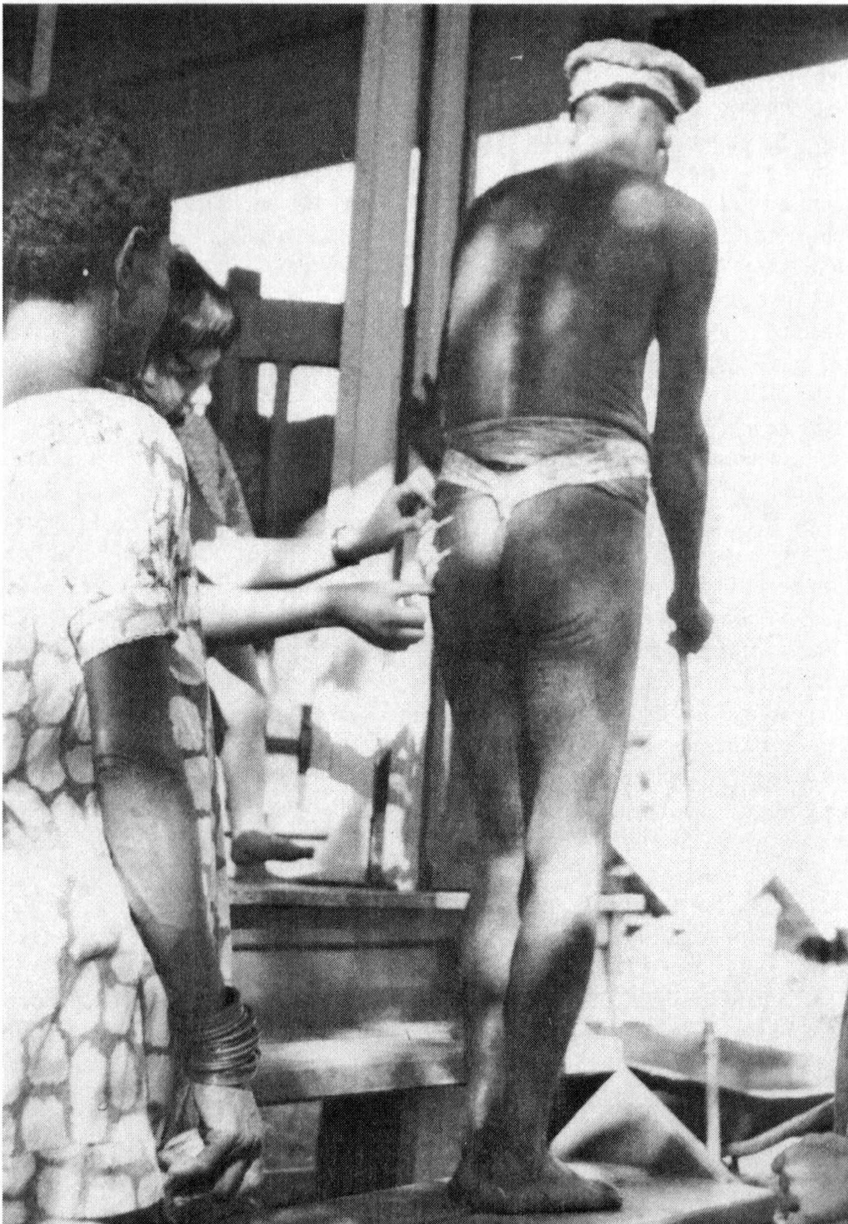

Meister Orkap beim Verbinden seines „Buks“

Wie immer hatte ich viel Penicillin in Öl zu spritzen. In den 1970er Jahren wurde damit vor allem in den Tropen noch ziemlich unreflektiert und freizügig umgegangen. Ein paar Fälle von Malaria, bei denen es galt, die richtige Dosis Chloroquin zu verabreichen und noch einige Wundbehandlungen – das Übliche. Dann, als Letzter, kam Meister Orkap herein, mein guter Feind. Ich wollte mir meine Unsicherheit nicht anmerken lassen; irgendein dunkles Gefühl bedeutete mir, dass man diesem Mann gegenüber keine Schwäche zeigen sollte. „Was ist dein Problem?" fragte ich in Pidgin. Wie stets war er im Lendenschurz gekommen, ein mittelgroßer, muskulöser – und irgendwie furchteinflößender – Mann, aber das gestattete ich mir nur im Geheimen zu empfinden. Ein *laplap*, ein um die Hüften geschlungenes halblanges Tuch, war zu dieser Zeit die übliche Bekleidung für Frauen und Männer. Orkap hatte ich immer nur im Lendenschurz gesehen. Er zeigte mir ein schönes, taubeneigroßes *buk* am Hinterteil, eine Eiterbeule, die in den Tropen häufig vorkommt und lachte kehlig. *„Mi no inap long sindaun gut na mi kam*", meinte er, „ich kann nicht gut sitzen, deshalb bin ich gekommen". Ein Ansatz von Verstehen stieg in mir auf. Natürlich, mit so etwas „Normalem" konnte man sich gut in die Reihen der Kranken setzen und dabei seine ganz eigenen Auskundschaftungen anstellen!

Er war auf eine Penicillininjektion aus, das war mir klar, aus welchem Grund auch immer. Aber, feixte ich innerlich, die war nicht nötig. Also schmierte ich schwarze Zugsalbe auf sein *buk*, legte Gaze darüber und verklebte das Ganze mit Pflaster. *„Em tasol? nogat sut?,* das ist alles? keine Spritze?", fragte der Meister etwas enttäuscht. Ich erklärte ihm, das müssten wir nur ein paar Tage wiederholen, dann sei er die Eiterbeule los und könne wieder sitzen. Wir trennten uns als die altbekannten Freundfeinde, die wir waren.

Es war kurz nach zwölf Uhr. Ich dehnte mich in der Krankenstation, marschierte mit meinem Topf mit Spritzen zur Küche zum Mittagessenkochen. Spaghetti mit Tomatensauce waren geplant, die sogar Amos mögen würde. Dieses Kind verbuschte zusehends. Allzu häufig war es in letzter Zeit vorgekommen, dass ich ihn zum Essen rief und er antwortete: „Mag nicht euer deutsches Essen, bleib bei Yagamar und Sisies!" Trockener Reis mit Dosenfisch, über dem Feuer geröstete Maiskolben und Brotfrucht oder gebackene *kaukau*, Süßkartoffeln, waren ihm lieber. Ich schritt die Stufen hinunter und hielt Ausschau nach Amos beim Waschhaus – sicher war der kleine Racker dabei, mit den Mädchen heftig in Pidgin oder in der Begesinsprache, die sie ihm beibrachten, zu palavern.

„Mama, yu wet!, warte", hörte ich von hinten rufen. Eine Gruppe Menschen mit einer Tragbahre näherte sich. Zwei Männer und zwei Frauen trugen eine aus Bambusrohren und Flechtmaterial gefertigte Tragbahre auf mich zu. Im Näherkommen erkannte ich eine Frau und ein an ihren Bauch gelehntes Baby auf der Trage.

Sie setzten sichtlich erschöpft die Trage vor mir auf dem Rasen ab. Gestern Mittag waren sie aufgebrochen und bis zum Einbruch der Dunkelheit gegangen. Sie hatten in einer Buschhütte in einem Garten übernachtet, und vom Morgengrauen bis jetzt bis Begesin gebraucht. Jetzt waren sie da, „*pikinini asde indai pinis,* das Kind ist gestern gestorben". Krankheit, Zauber? Sie wussten es nicht. Aber die Nachgeburt war noch nicht gekommen, und das war doch nicht in Ordnung, oder?

Ich schaute die erschöpft-graue Frau auf der Bahre an. Schwarze können bei Krankheit so grau aussehen! Ein trockenes Husten ließ ihren Körper erschauern. Das an ihren Bauch gelehnte Neugeborene bewegte sich dabei. Ein Schluchzen stieg in mir auf, es sah so lebendig aus. „Das lebt doch!" rief ich – und legte meine Hand auf kalte, tote Haut. Jetzt konnte ich meinen Tränen nicht mehr Einhalt gebieten. Es sei auf dem Weg gestorben, sagten sie mir, ratlos-verständnisvoll angesichts meiner Trauer. Gestern hatte sie es gestillt, aber sie konnte ihm keine Kraft dabei geben.

Mein Hirn war wie verbarrikadiert; kein Gedanke, der mir sagte, was als nächstes zu tun sei. Darauf mussten sie mich, die wie eine Träumende dastand, erst bringen. Die Nachgeburt war noch nicht herausgekommen, ich würde doch wissen, was da zu tun sei? In mir war nur Leere. Ich schlug das Tuch zurück, mit dem die Frau zugedeckt war, und sah schockiert die ganze Nabelschnur entlang bis an die Scheide Ameisen, kleine schwarze wuselnde Ameisen. Mein erster Gedanke – endlich überhaupt einer – war: zum Glück keine von den großen, roten! Noch immer krochen meine Gedanken im Zeitlupentempo, ich fühlte tiefe Ratlosigkeit. Schließlich war ich keine gelernte Krankenschwester. Langsam tauchte eine Lösungsmöglichkeit in mir auf. „Ich muss Euch bitten, noch bis zwei Uhr nachmittags zu warten. Erst dann kann ich über Funk jemanden im Missionshospital in Yagaum erreichen und fragen, was in diesem schwierigen Fall zu tun ist. Es tut mir Leid, aber so etwas habe ich noch nie erlebt."

Ohne Nachfragen, ohne Zögern drehte sich die Gruppe um und zog in Richtung Baumschatten. Diese fatalistische Haltung habe ich häufig bei Einheimischen wahrgenommen. *Em i olesem yet*, so ist das eben. Ich brachte der Gruppe einen Krug mit Zitronenwasser, dazu Brot, Butter und Marmelade. Das wurde gelassen akzeptiert – sie wären auch ohne ausgekommen.

Die Mittagszeit erschien mir endlos, trotz Mittagessens und der Zeit, um Amos zum Mittagsschlaf zu bringen. Die bange Ungewissheit machte mich bleiern und unfrei. Michael hütete sich, in mich zu dringen, ein Blick hatte ihm genügt, zu erkennen, dass ich „besetzt" war. Nach dem Mittagessen hatte sich Amos auf meinem Schoß zurechtgekuschelt, und wir hatten das von der Oma aus Deutschland gesandte Bilderwörterbuch zusammen angeschaut. Zu jedem Buchstaben gab es einige Wörter mit Abbildungen. Bei „P" wie Papagei waren wir heute angelangt. Auf einem Baum waren drei Papageien abgebildet. „Schau, Mama", rief Amos begeistert. „Das issa Papagei, das issa Mamagei und das issa Amosgei!" Wenn das nicht Sinn ergab ...

Pünktlich um zwei Uhr saß ich am Funkgerät und kam auch gleich als erste dran. Meine Gesprächspartnerin war zum Glück Fiona, eine australische Krankenschwester, eine echte Profifrau. Bei ihr hatte ich zwei Wochen in Yagaum gelebt und gelernt, nachdem unser *doktaboi*, der Krankenpfleger, davongelaufen war, weil ihn die Begesins nicht genügend mit Naturalien entlohnt hatten. Von Fiona hatte ich gelernt, Wunden zu versorgen, Injektionen zu geben, Leprakranke zu behandeln und Entbindungen durchzuführen. Sie hatte mir gezeigt, wie bei Schwangeren der Bauch abzutasten ist, um die Lage des Ungeborenen zu erkennen. Sogar einen Schmetterlingsverband hatte sie mich gelehrt, durch den ich Schnittwunden zusammenziehen konnte, um eine bessere Wundheilung zu gewährleisten. Denn „wir können jetzt nicht auch noch mit Wundennähen anfangen". Sie war so alt wie ich und ihre Reife faszinierte mich. Geduldig hörte sie sich die Schilderung des Falles an. Nach geraumer Zeit hörte ich das gewohnte „I suggest you ...". Ich sollte also durch intensive Massage des Unterleibs versuchen, künstliche Wehen zu erzeugen, dabei in der Folge vermehrt vorsichtig an der Nabelschnur ziehen, um so die Nachgeburt zu lösen.

„Versuche das ungefähr eine Stunde lang. Wenn du nichts erreichst, musst du ein „emergency-balus" bestellen." Das war so typisch für unsere Umgangssprache in Neu-Guinea: *Emergency*, also Notfall auf Englisch, *balus*, also Taube und zugleich Flugzeug in Pidgin. Ich landete leider beim Notfall-Flugzeug.

Mehr als eine Stunde bemühte ich mich, künstliche Wehen bei der armen Frau, die keinen Ton von sich gab, hervorzurufen. Zum Schluss war ich schweißgebadet. Nichts, ich erreichte nichts, die Nachgeburt bewegte sich keinen Deut. Obwohl ich mit meiner ganzen Körperkraft arbeitete, war ich doch gleichzeitig ängstlich, der Frau wehzutun.

Etwa um halb vier Uhr nachmittags wankte ich mit zitternden Beinen zum Funkgerät. „Foxtrott-Sierra", (code für Begesin), „ruft Delta-Mike", (code für MAF, die Mission Aviation Fellowship). Ich fühlte mich zutiefst ausgelaugt, wie eine Versagerin, hinzu kam diese unendliche Trauer über ein so junges Leben, das einfach erloschen war. Fiona informierte mich später, dass die Nachgeburt bei der Frau herausoperiert werden musste. Sie war an der Gebärmutterwand angewachsen gewesen. Aber da war ich schon bei anderen Problemen ...

Als ich am Abend beim Bügeln in der Küche stand, tauchte vage ein Gedanke in mir auf, schemenhaft zunächst, an den ich mich vorsichtig herantastete. Kurz nach sechs Uhr abends, die Vögel hatten gerade mit ihrem Ruf die kurze Abenddämmerung verkündet, wurde gewöhnlich von Michael der Generator angeworfen. Die ganze Station, also unser Haus, die Häuser der Lehrer und des Pastors, die Schulhäuser – alles wurde in helles Licht getaucht. Allerdings nur, wenn der

Generator gerade intakt war, was allzu häufig nicht der Fall war. Kerzenlichtromantik? Dafür hatte ich zu dieser Zeit keinen Sinn und gerade war ich dabei, den Stromreichtum zu nützen.

Wieder drängte es aus meinem Hinterkopf nach vorne, ich zog mich ein wenig zurück, um mich im nächsten Moment dem Gedanken wieder anzunähern. Es half nichts, ich musste mich ihm stellen. „Macht irgendetwas, das ich heute getan habe, etwas in der Welt besser?" Da war sie, die uralte Frage der Menschen. Müsste ich nicht glücklich sein, diesen schwierigen Tag so gemeistert zu haben? Ich hatte mit meinem Ruf nach einem Notfall-Flugzeug die richtige Entscheidung getroffen, das war unbestreitbar. Aber, hatte ich damit irgendetwas in dieser Welt verbessert?

Ich wollte so schmerzlich gerne eine gute Missionarsfrau sein, wollte gut sein für die Menschen, die mit mir zu tun hatten. Die Einheimischen hatten viele Missionare erlebt – und letztlich überlebt. Stellte sich für sie überhaupt die Frage, ob jemand „gut für sie" war? Sie würden auch nach unserem Weggehen weiterleben, wahrscheinlich nicht besser, aber auch nicht schlechter. Sie mussten sich den wechselnden Gegebenheiten stellen, genau wie wir.

Für sie lief dieser Anpassungsprozess seit mindestens drei Generationen, für mich war alles hier fremd, Neuland. Die Kultur, die Sprache, das Klima, die Natur – neu, ungewohnt. Woher nahm ich den Anspruch, etwas im Leben dieser Menschen verbessern zu wollen, auch noch „gut für sie" zu sein?

Erst vor einigen Wochen war Besuch von einem hohen Angestellten des Missionswerkes dagewesen. Er hatte selbst etliche Jahre auf einer Außenstation gelebt, seine hängenden Augenlider deutete ich als „gütig". Nachdem ich stockend geäußert hatte, manchmal das Gefühl gehabt zu haben, „in Deutschland boome das Leben, wärend ich hier im Busch in so jungen Jahren nichts davon mitbekäme", meinte der Mann mit den vermeintlich gütigen Augen: „Unter diesen Opfern ist die Mission groß geworden." Die Mission, groß? Wie geht das, fragte ich mich? Wollte ich ein Teil dieser Mission sein? Ich war so jung, so unerfahren, hatte so wenig Antworten auf die Fragen des Lebens. Nur Fragen türmten sich auf in mir – und sie bewirkten, dass ich mich am Ende des Tages völlig ratlos fühlte. Wieder einmal würde ich heute Abend zu Bett gehen mit der bangen Frage, was ich wohl falsch gemacht oder versäumt hatte.

Der Anfang

Es fällt mir heute schwer, mir vorzustellen, wie unglaublich naiv und unfertig ich damals war. Schon bei meiner Heirat mit Michael war es keine Frage, dass unsere Zukunft in Neuguinea lag – etwas anderes war gar nicht denkbar.

Inzwischen lebten wir in Neuendettelsau, dem Sitz des Bayerischen Missionswerkes, und bereiteten uns auf die Ausreise vor. Wir hatten Überseetonnen mit persönlichen Dingen gepackt, die bereits auf einem Schiff unterwegs nach Neuguinea waren. Unsere Vorbereitungen waren abgeschlossen, so dass ich es kaum erwarten konnte, abzufliegen in dieses exotische Land, das ich nur aus Erzählungen kannte.

Heute war ein großer Tag, der Tag des alljährlich stattfindenden Missionsfestes. Wir waren in einer möblierten Wohnung in einem Haus des Missionswerks untergebracht, zusammen mit zwei anderen Familien, die zur gleichen Zeit mit uns ausreisen würden.

Kaum war Amos gefüttert und gewickelt, so zogen wir Freunde gemeinsam los zum Hauptgebäude des Missionswerks. Da war aber was im Gange, in dem großen Dorf in Mittelfranken! Bei unserer Ankunft hielt gerade auf der Rednertribüne ein Papua eine Rede. Er berichtete, in Abständen übersetzt durch einen ehemaligen Missionar, von der Befriedung, die durch die Mission in sein Land getragen worden war. Noch war ich auf die Übersetzung seiner Rede angewiesen, doch schon bald sollte ich die Sprache Pidgin kennen- und liebenlernen.

Von einem Land mit über 750 Sprachen (nicht Dialekten) redete er, in dem Blutrache zu Blutrache geführt hatte. Von einem Land, in dem die Menschen einander nur mit Furcht begegnet waren, Angst vor Zauberei hatten und tödlicher Feindschaft. Jeder Anderssprachige war ein Feind. Jeder Berg bedeutete eine Hürde zum benachbarten Tal, in dem schon wieder eine andere Sprache gesprochen wurde – und das hatte Abgrenzung und Feindschaft bewirkt. Aber nun gab es die „Mission", die den Menschen die Botschaft von Frieden, von der Liebe und Versöhnung gebracht hätte.

Wie berauscht lauschte ich dieser Rede. So jemand wollte ich sein, dieser Mission wollte ich angehören. Heute kann ich kaum glauben, dass sich in mir keinerlei Widerspruch regte. Erst viel später baute ich eine kritisch hinterfragende Haltung auf. Es würde noch Jahre benötigen, bis ich mich fragen würde, woher wir Weißen das Recht nahmen, die Kultur der Einheimischen zu bewerten. Der Papua zog in seiner Rede die Schlussfolgerung, dass die Einheimischen aufgrund all der beschriebenen Segnungen der Mission dankbar sein müssten und Gott loben sollten. Das schien mir folgerichtig, wie auch offensichtlich der Landbevölkerung um mich herum. Noch stand ich hier, voller Vorfreude und Vertrauen. Zu diesen Menschen wollte ich gehören, eine der Ihren wollte ich werden. Im Hof des Missionswerkes waren inzwischen Tische mit Kaffee und Kuchen aufgebaut. Wir standen und saßen in Grüppchen mit den Gästen herum und unterhielten uns. Ein Bauer aus der Gegend fragte mich, auf Amos deutend: „Und mit so einem kleinen Kind wollen Sie in die Wildnis?” „Oh ja”, antwortete ich entschieden, „ich kann es kaum noch erwarten!”

Nach dem Kaffee trat der Missionsdirektor vor das Mikrofon. Er sprach von der Tradition des Missionsfestes, lobte die treuen Missionshelfer und – wir hätten es gerade aus dem Munde eines Papuas gehört – pries den Segen, den die Mission bereits bewirkt habe. Nun seien drei Familien dabei, in das „Missionsfeld Neuguinea” auszureisen, darunter die Familie mit dem kleinen Amos. Er deutete auf Amos, der auf meinem Schoß hockte und rief: „Mit dem kleinen Amos reist die vierte Generation Koenig, aus!” Alarmiert horchte ich auf, aber die Geschmacklosigkeit ging gnadenlos weiter: „Da ist noch Geld in euren Taschen – Geld für die Mission!”

Fest hielt ich mein Söhnchen an mich gepresst. Ich fühlte mich zutiefst gedemütigt, wagte kaum die Augen zu heben ob dieser Würdelosigkeit. Gedanken an die Inkas wirbelten in meinem Kopf herum, die über die Spanier gesagt haben sollen „sie sagen Gott und meinen Gold”. Das sollte meine Mission sein?

Nach der Rede kam ein Bauer auf uns zu und wollte uns, aber nur uns, 100,– DM spenden. „Ich will wissen, wo mein Geld hinkommt”, meinte er trocken. Michael erklärte ihm, es sei uns untersagt, private Spenden anzunehmen, und so zog der Mann enttäuscht von dannen.

„Die vierte Generation Koenig,” ..., ich schaute Amos an und dachte verwirrt: „aber das ist doch mein Kind, ich habe ihn doch geboren”. In Michaels Familie wurde viel geredet über Chistoph Koenig*, seinen Großvater. Er galt als der große Pioniermissionar in Neuguinea, dem damaligen Kaiser-Wilhelms-Land. In Missionskreisen genoss er vor allem wegen seiner innovativen Art der Missionierung einen guten Ruf.

Nach meinem damaligen Wissen hatte diese Neuartigkeit darin bestanden, dass er niemals Einzelpersonen taufte, da er bei den „Eingeborenen” das Stammesdenken als wichtigstes Kriterium ihrer Denkweise erkannt hatte. Erst, wenn ein ganzer Stamm sich zum Christentum bekannt hatte, war er bereit, zu taufen. Als ihm 1920 die australische Regierung nach einem Heimaturlaub die Wiedereinreise verwehrt hatte, begann der anerkannte Neuguinea-Kenner, am Missionsseminar in Neuendettelsau zu lehren. Er prägte mit seinen Erkenntnissen zumindest die nachfolgende Generation von Missionaren. Im Museum der Mission pflegte er, den Regenzauber auf Kâte, einer Eingeborenensprache, stimmgewaltig vorzuführen.

---

* Anmerkung: Name abgeändert

Erst jetzt habe ich im Internet über diesen Mann recherchiert und entdeckt, wie unendlich viel Interessantes er geschrieben und publiziert hat. Was ich zu diesem Zeitpunkt nicht wusste, und was mich in meinem Missionseifer auch nicht interessierte, war, dass es auch durchaus kritische Stimmen gab zu seinen Büchern und Schriften, vor allem aus Ethnologenkreisen.

Damals galt er als der große Pioniermissionar, der dem Missionsmuseum unendlich viele Kultgegenstände vermacht hatte, die ihm die „Eingeborenen" nach ihrer Bekehrung übergaben. Erst Jahre später würde sich zeigen, dass auch seine Erkenntnisse über die Papuas Fehler beinhaltet haben mussten: Als nämlich die Kâteleute Kultgegenstände aus dem Missionsmuseum zurückforderten, die ihm ihre Vorfahren geschenkt hatten.

Über Adelaide nach Lae

Voller Erwartung standen wir drei ausreisegierigen Familien in der Warteschlange zum Einchecken am Flughafen Frankfurt. Ereignisreiche Wochen lagen hinter uns. Wir hatten uns gemeinsam auf die Ausreise vorbtereitet und waren einander dabei nähergekommen. Wir Frauen hatten vor allem zurückgekehrte Missionarsfrauen mit unzähligen Fragen gelöchert und nun hielt ich mich für bestens vorbereitet. Ich glaubte, genau zu wissen, was auf mich zukam.

Am schwierigsten waren für mich die Abschiede gewesen, immer wieder ein neuer Abschied. Das Wissen, Freunde, meine Eltern und Verwandte für sechs Jahre nicht sehen und sprechen zu können, war etwas, womit ich schwer umgehen konnte. Es war das erste Mal, dass ich bewusst Abschied nahm.

Ich kann nicht viel von dem Flug erinnern. Ich weiß noch, dass wir mit KLM flogen, einer niederländischen Fluggesellschaft, und wie völlig unängstlich ich – noch – gegenüber dem Fliegen war. Bei den Zwischenlandungen in Karachi und Bangkok bekamen wir eine erste Ahnung von dem Klima, das uns erwartete. Amos verhielt sich wie immer mustergültig. Von der Stewardess wurde ein Korb in der Größe eines Kinderwagens oberhalb meines Sitzplatzes eingehängt. Dort konnte er schlafen, nur bei Start und Landung musste ich ihn auf dem Schoß halten. Nicht ahnend, dass er in dem Korb dem Strom der Luftdüsen voll ausgesetzt sein würde, legte ich ihn beruhigt schlafen. Am Morgen waren seine Augen von getrocknetem Schleim zugeklebt und Michael rannte zur Stewardess, um nach einem mit warmem Wasser getränkten Tuch zu fragen. Während ich versuchte, Amos seine armen Augen aufzuweichen, sagte ein einige Reihen vor uns sitzender Chinese zu mir: „You have a golden baby". Ja, dachte ich erbost, vor dem wenigstens hattest du Ruhe letzte Nacht. Nervige Kinder mitreisender Passagiere hatten uns, neben etlichen Flugturbulenzen, eine unruhige Nacht beschert.

Auch an die Ankunft in Adelaide habe ich nur schwache Erinnerungen. Wir drei Familien wurden von einem Fahrer des dortigen Missionswerkes abgeholt und zu Häusern in verschiedenen Stadtteilen gebracht. Diese Häuser waren vollständig möbliert, da ihre Eigentümer gerade als Missionare in Neuguinea lebten. Nach dem siebenundzwanzigstündigen Flug waren wir – bis auf die Kinder natürlich – alle etwas übernächtigt und entsprechend still.

Ich war ständig am Grübeln, was ich nur tun sollte. Ich hatte unter der Matratze von Amos' Kinderwagen eine Plastiktüte mit seinem Milchpulver versteckt gehabt. Er sollte wenigstens die ersten Tage in einem fremden Land sein gewohntes Fläschchen bekommen. Aber der Zoll in Australien hatte wohl mein Versteck entdeckt – und nun war nicht nur das Milchpulver weg, sondern es fehlte auch noch der Koffer mit den Windeln. Erst zwei Tage später konnten wir ihn am Flughafen abholen.

Als letzte wurden wir an „unserem Haus" im Stadtteil *Myrtle Banks* abgesetzt. Viel Zeit konnten wir uns nicht nehmen, um das Haus in Augenschein zu nehmen. Gerade noch zwei Fläschchen würde ich aus dem im Handgepäck mitgebrachten Milchpulver bereiten können.

In Adelaide war Winter und wir, die aus dem deutschen Sommer kamen, wussten nicht so recht, wie wir uns kleiden sollten. Egal, wir setzten Amos in einen Sportkinderwagen, den Michael glücklicherweise im Haus gefunden hatte, und machten uns auf den Weg. Einen Supermarkt, eine Drogerie oder ähnliches wollten wir in dem Vorort von Adelaide auftun. Nicht nur der Koffer mit den Windeln und das Milchpulver, auch das Fahrgestell von Amos' Kinderwagen war verschwunden!

Endlich, nach einigen Straßenblocks, wurden wir fündig. Ein Drugstore war gar nicht so weit weg von unserem Haus in Myrtle Banks. Wir traten ein und wurden nach unseren Wünschen gefragt. Plötzlich war in mir alles an Englischkenntnissen weggesackt. Der lange Flug, das Übernächtigtsein – ich war unfähig, zu artikulieren, was ich wollte. Das englische Wort für Windel, wie war das noch? Holprig erzählte ich der Verkäuferin von „etwas, wo Babys reinmachen" und Milchpulver. Ihr schräger Blick zeigte mir, dass sie uns wohl aufgrund unserer dunklen Haare für italienische Einwanderer hielt. Irgendwann klappte es doch mit der Verständigung, so dass wir uns beglückt auf den Rückweg machten. Das Überleben des halbjährigen Amos war gesichert.

Am Nachmittag dieses wie im Traum durchlebten Tages stellte sich ein Ehepaar als Mr. and Mrs. Daecke vor, das unsere Familie im Auftrag des australischen Missionswerks betreuen sollte.

Viel erinnere ich nicht mehr von dieser Zeit in Adelaide, die ich eher *über-lebte* als *er-lebte*. Mein ganzes Sein war ausgerichtet auf Papua Neuguinea, das Land, in dem ich leben wollte.

Gleich am ersten Morgen fand ich vor der Haustüre zwei Flaschen Milch, die unser Betreuerpaar als tägliche Lieferung in Auftrag gegeben hatte, wie sich herausstellte, ebenso wie einen Beutel mit frischen Brötchen, der an der Haustüre hing. Dass die leeren Flaschen wieder vor der Haustüre abzustellen seien, hatte ich nicht bedacht. Am nächsten Morgen wachte ich sehr früh von Geräuschen, die offensichtlich von der Vordertüre herrührten, auf. Dazu nahm ich auch noch den flackernden Schein einer Taschenlampe wahr und war alarmiert. Einbrecher, dachte ich, kaum zwei Tage in diesem fremden Land, und jetzt Einbrecher! Instinktiv huschte ich barfüßig in Amos' Zimmer nebenan, packte mein schlafendes Kind mit seiner Decke und eilte zurück ins Schlafzimmer. Zitternd stand ich hinter der verschlossenen Tür, mein kostbarstes Gut an mich drückend. Sollten sie ruhig stehlen, was sie wollten – ich hatte mein Kind im Arm, das war die Hauptsache. Später stellte sich heraus, dass der Milchmann mit seiner Taschenlampe vergeblich nach den leeren Milchflaschen gesucht hatte.

Die „highlights" in diesen Monaten in Adelaide waren, wie auch später, die Briefe meiner Mutter. Jahre danach würden meine Kinder bei meiner Rückkehr von der Arbeit aus dem Haus stürmen und rufen: „Komm schnell rein, die Oma hat wieder einen Roman geschrieben!" Heimweh nach Deutschland? Niemals hätte ich das eingestanden.

Täglich hatten wir Englischunterricht bei Gordon, einem ehemaligen australischen Missionar. Wegen der ganzen Kinder und deren Beaufsichtigung wurden vormittags die Männer, nachmittags die Frauen oder umgekehrt unterrichtet. Alle waren wir behaftet in einer gewissen Reserviertheit, vielleicht sogar Ignoranz, gegenüber diesem interessanten Erdteil. Als ich Jahre später von Madang nach Cairns flog, um auf der Schiffsüberfahrt nach Madang vor deutschen Touristen über das Leben in Neuguinea zu sprechen, war ich wissbegierig und offen für das Land. Jetzt warteten wir alle nur ungeduldig auf die Reise in „unser Land". Adelaide mit seinen riesigen Vororten schien uns langweilig, wir hielten uns für anderes bestimmt, und Adelaide war nur eine Station auf dem Weg dorthin.

Mein Alltag war natürlicherweise geprägt durch Amos, meine Quelle der Freude. Täglich tat sich bei ihm etwas Neues, was mir einen willkommenen Vorwand für mein mangelndes Interesse lieferte. Ich konnte mein Schulenglisch erheblich verbessern durch Fernsehen, denn in Australien gab es bereits zu dieser Zeit viele Programme. Auch in Sendungen eingespielte Werbung war bereits üblich. Das war für mich so ungewohnt, dass ich bestimmte Werbespots noch heute im Ohr habe. Hinter dem Haus wuchs ein Orangenbaum, der gerade voll hing mit saftigen, köstlichen Orangen. Jeden Abend schnitt ich einen Teller voll mit Orangen in Schnitze, die Michael und ich beim Fernsehen zusammen aussogen.

Wir hatten einen uralten *Holden* (eine australische Automarke) gekauft und konnten Ausflüge in die nähere Umgebung unternehmen. Wir fuhren zum Strand, zu einem Tierpark und einmal zum *Barossa Valley*, wo deutschstämmige Weinbauern ein eigenartig altertümliches Deutsch sprachen und ihr Deutschtum unverdrossen pflegten. Aber letztlich war alles nur Ablenkung auf dem Weg zum Tag X, an dem wir zu unserem eigentlichen Bestimmungsort reisen würden, um endlich in die neue, andere Kultur einzutauchen.

Nachdem wir die Zeit in Adelaide mit einigermaßenem Anstand hinter uns gebracht hatten, war es so weit. Wir flogen mit Quantas von Adelaide über Port Moresby nach Lae. Wie leicht waren mir dieses Mal die Abschiede gefallen. Natürlicherweise hatte ich in der Zeit des ungeduldigen Wartens keine echten Beziehungen aufgebaut.

In Adelaide bestiegen wir nicht den erwarteten Jumbo Jet, sondern ein seltsam anmutendes, viel kleineres Flugzeug. Ich fühlte mich etwas verunsichert, als wir in Port Moresby in ein noch kleineres Flugzeug umsteigen mussten. In Lae trennten sich die Wege von uns drei Familien und es galt, wieder einmal Abschied zu nehmen. Wir trösteten uns gegenseitig damit, dass wir uns sicher bald wiedersehen würden. Unsere Familie wurde erwartet von Michaels Onkel Hermann. Er war Geschäftsmann und arbeitete für das Missionswerk als Geschäftsführer von Namasu, einer missionseigenen Handelsgesellschaft.

In Lae war gerade Übergang von der Regen- zur Trockenzeit. Schon beim Aussteigen aus dem Flugzeug klebten Hose und T-Shirt durch die hohe Luftfeuchtigkeit sehr schnell am Körper. Auf dem Weg zum Haus passierten wir verrostete Wellblechhütten, wo ehemals stolze Dorfbewohner ihr Dasein fristeten. „Squatters" nannte man laut Onkel Hermann diese illegalen Siedlungen. Dorfbewohner aus allen Teilen der Insel hatten sich hier in der Hoffnung angesiedelt, in einer Stadt am Reichtum der Weißen teilhaben zu können. Sie hatten sich selbst aus der Sicherheit, dem Eingebundensein in ihrem Stammesverband gelöst und warteten nun vergebens auf ein besseres Leben. Lethargisch ergaben sie sich in die Ausweglosigkeit dieser Lage und vegetierten unterhalb der Armutsgrenze vor sich hin. Die alten Sitten und Bräuche hatten ihre Bedeutung verloren, Arbeit fanden die wenigsten und Land, das sie hätten bebauen können, war nicht vorhanden. Gewalt und Alkoholismus waren an der Tagesordnung. Schon 1971 war das der Fall!

Wir setzten unseren Weg fort, vorbei an Kokosplantagen, angelegt bereits zu Zeiten der deutschen Kolonisation. Mein Herz hüpfte vor Freude beim Anblick all dieser Palmen. Am Straßenrand nahm ich meine ersten *bilums* wahr. „Was tragen die denn da?", fragte ich Onkel Hermann. „Das sind Netzsäcke, *bilums*, antwortete er. „Sie werden traditionell von den Frauen aus Sisal, der aus Agaven gewonnenen Faser, hergestellt. Jede Sippe hat ihre eigenen Muster und Farben, die von Generation zu Generation weitergegeben werden. Du wirst noch unendlich viele Muster kennenlernen”.

Befremdet blickte ich auf die sonderbaren Gestalten am Straßenrand. Ich sah einen hochgewachsenen Mann mit einem Buschmesser, das ich als Machete einordnete. In einigem Abstand folgte eine Frau, gebeugt unter der Last eines prall gefüllten Netzsacks auf ihrem Rücken. Der Tragegurt des Netzes lag am Vorderkopf auf und trug so in der Hauptsache das Gewicht. Unter dem Gurt des Netzsacks machte ich ein zusammengefaltetes Tuch aus, das wohl diese Last mildern sollte. „Warum hilft der Kerl seiner Frau nicht beim Tragen?” fragte ich alarmiert. „Ja, weißt du”, erwiderte Onkel Hermann genüsslich auskostend, „das ist Tradition. Der Mann geht voraus und wehrt Gefahren wie wilde Tiere oder Feinde ab. So kann die Frau ihren Netzsack ungefährdet tragen”. Na bravo, dachte ich, nun bin ich also in einer Machokultur gelandet.

Mit der Zeit würde ich lernen, die Netzsäcke per Muster, Farbe, Größe und Form bestimmten Stammesverbänden zuzuordnen. Aber im Moment war ich schockiert, ausgerechnet in meinem Traumland eine offensichtliche Tradition als verachtenswert einstufen zu müssen. Ich ahnte nicht, dass ich mir viel später einmal erst die Frage stellen würde, woher wir das Recht nahmen, unsere Kultur wertend in diesem Land einzubringen.

Onkel Hermann und Tante Berta bewohnten ein Haus wie viele Weiße in Lae. Ein schmuckloses Holzhaus auf Betonpfosten gebaut und mit Wellblech abgedeckt. Tante Berta nahm uns herzlich auf. Es war Abend und sie hatte zum Dinner einen Eintopf aus Süßkartoffeln, Blattgemüse vom Markt und Rindfleisch vorbereitet. Rindfleisch war hier im Land viel billiger als Schweinefleisch, erklärte sie uns. Schweine wurden als Zahlungsmittel genutzt und nur zu besonderen Anlässen geschlachtet. Für diese pragmatische Frau war es keine Frage, die Familie ihres Neffen bei sich aufzunehmen. Wie meine Schwiegermutter war sie in Neuguinea aufgewachsen, hatte als junge Frau einen Mitarbeiter der Mission geheiratet und kehrte mit ihm wieder in ihr Geburtsland zurück.

Beim Abendessen saßen wir bereits im Schein von elektrischem Licht. Noch war es neu für mich, dass in diesem Land um circa halb sieben Uhr abends bereits die kurze Dämmerung vorbei war und schwärzeste Finsternis herrschte. Obwohl alle Fenster mit Fliegengittern versehen waren, schwirrten jede Menge winziger Insekten um die Lichtquellen. Zum ersten Mal hörte ich als Abendkonzert das Quaken der Frösche und das fast ohrenbetäubende Zirpen der Zikaden.

Gleich am ersten Abend hatte ich ein schmerzliches Erlebnis. Als ich Amos zum Schlafen brachte, drehte er in seinem Bettchen seinen Kopf weg von mir. Ich ahnte, dass das kleine Kerlchen völlig durcheinander sein musste. So verhielt er sich während der ganzen sechs Wochen, die wir uns in Lae aufhielten. Wenn ich dann seinen Rücken streichelte und einen Zeigefinger in seine Hand stahl, hielt er diesen fest, bis er eingeschlafen war. Tagsüber erlebte man wieder das gewohnte, fröhliche, pflegeleichte Kind – am Abend folgte das gleiche Ritual.

Als ich am nächsten Morgen in die Küche kam, war Tante Berta schon beim Brotbacken. Sie spannte mich gleich mit ein, und ich bekam mein erstes Brotrezept. Das ewige Toastbrot aus Weißmehl mochten die Deutschen nicht mehr essen, erklärte sie mir. Außerdem würden in der Bäckerei garantiert nicht die Mehlwürmer ausgesiebt – sie zeigte mir ihr Sieb, in dem es mächtig „lebendig" krabbelte. Brot „Tante Berta" würde ich noch oft backen. Nachdem das Brot ausgebacken war, nahm sie uns zum Marktplatz mit und führte uns gleich in gewisse Benimmregeln ein. An der Küste sollte eine Frau – ein etwas missbilligender Blick glitt zu meinem ziemlich kurzen Rock – keine Oberschenkel zeigen. Busen ja, das war o.k., genauso wie Stillen in der Öffentlichkeit, aber Oberschenkel waren *tambu,* tabu. Tatsächlich sah ich auf dem riesigen Marktplatz etliche Frauen, die auf dem Boden hockend ihre Bluse hochschoben und ihr Baby oder auch größeres Kleinkind stillten.

Ja, und als Frau sollte man nie über auf dem Marktboden ausgebreitetes Essen steigen – *tambu,* tabu – die Frau könnte ja gerade ihre Menstruation haben und somit das Essen verunreinigen. Tante Berta zeigte uns Süßkartoffeln, Taro, Yamswurzeln sowie verschiedene Blattgemüse und Früchte. Sie verständigte sich hauptsächlich in Pidgin. Wenn sie auf Kâteleute traf aus der Gegend um Finschhafen, in der sie aufgewachsen war, konnte man jäh eine andere Frau erleben. Aus der herben, etwas farblosen Frau, wurde plötzlich eine lebhafte, authentische Person. Sie befühlte Papayas, klopfte auf Wassermelonen und erklärte dabei unermüdlich. Sollte ich einmal Stuhlgangprobleme haben – ein paar Löffel Papayakerne vor dem Frühstück – und die Probleme seien behoben. Die „Eingeborenen", wie Tante Berta sie nannte, begegneten mir mit dem kleinen Amos auf der Hüfte ausgesprochen freundlich und offen. Ich versuchte mein Bestes, die wenigen Worte Pidgin, die ich bereits kannte, bei ihnen unterzubringen. Sie vermittelten mir in keiner Weise das Gefühl, ein Fremdkörper zu sein, ich war Neuling in ihrem Land, damit konnten sie offensichtlich umgehen.

Auf dem Rückweg machte Tante Berta Halt beim „Lutheran Supply House", einer Art Supermarkt mit den gängigen, im Land erhältlichen Waren. Mit geübtem Blick hatte sie wohl gleich erkannt, dass ich mit größtenteils für die Tropen ungeeigneter Kleidung angereist war. Im Supply House gab es besonders viele Stoffe. Ich brauchte erst einmal ein paar einfach zu nähende (!) ärmellose Kleider und natürlich eine *meri blaus*, eine Frauenbluse. Mein erstauntes Augenbrauenhochziehen wahrnehmend, deutete sie um sich. Tatsächlich, fast alle einheimischen Frauen in dem Laden, Verkäuferinnen wie Kundinnen, trugen eine Bluse, wie sie mir schon auf dem Marktplatz in ihrer Farbenpracht aufgefallen war. Am Ausschnitt befand sich ein rund oder eckig geschnittener Sattel. Daran, mit vielen eingelesenen Fältchen war die eigentliche Bluse angenäht, mit oder ohne Ärmel. Zu Hause wollte Tante Berta mir zeigen, wie einfach so etwas zu nähen war. Ich sollte in der Zukunft einmal sehr dankbar dafür sein, dass diese Frau mich wenigstens in den Grundkenntnissen des Nähens unterwiesen hatte.

Die Tage in Lae verstrichen wie im Fluge. Ich lernte viel von Tante Berta, Gespräche mit ihr waren eine Bereicherung in jeder Hinsicht. Wenn man ihr beim Kochen zuschaute, war selbst für eine „Neue" wie mich sofort erkennbar, dass sie in diesem Land aufgewachsen sein musste. Beim Taroschälen hielt sie das Messer von sich abgewandt; sie schälte kleine, kurze Stücke der Schale ab, wie ich es später die einheimischen Frauen tun sah. Alle ihre Handgriffe tat sie mit großer Selbstverständlichkeit und Sicherheit.

Einmal kaufte Tante Berta auf dem Markt einen *sapsap*, eine große grüne Frucht mit Stacheln, von der Form her ähnlich einer Brotfrucht. Sie zeigte mir die Zubereitung. Als sie die Frucht geschält hatte und durch ein Sieb passierte, so dass die Kerne zurückblieben, entstand eine Art weißes Mus. Igitt, dachte ich, das kann doch kein Mensch essen! Aber dann probierte ich diese köstliche süß-säuerliche Creme und habe von da an *sapsap* zubereitet, wann immer ich konnte.

Für Sprachen hatte ich schon immer ein gutes Gespür gehabt, so dass ich langsam unterscheiden lernte, ob jemand in Lae *Yabem*, die lokale Sprache, oder Pidgin sprach. Ich begann, die häufigen Doppelsilben in der Sprache Pidgin zu lieben. *Kaikai*, essen, *toktok*, sprechen, *waswas*, waschen, *tingting*, denken, *susu*, Mutterbrust und gleichzeitig Milch, *liklik,* klein, wenig, ein bisschen. Den eigentlichen Reichtum der Sprache habe ich erst später erkannt. Aber schon jetzt merkte ich, dass Pidgin eine Sprache mit geringem Wortschatz war, so dass viele Wörter zwei oder mehrere Bedeutungen hatten. Der Wortschatz dieser Sprache entstammt zwar europäischen Sprachen, überwiegend dem Englischen, aber mit zugrundeliegender melanesischer Grammatik, was zur Voraussetzung hat, die einheimische Denkweise verstehen zu können.

In einem der Bücher, die ich über Neuguinea gelesen habe, versucht ein Ethnologe, die Sprache Pidgin zu erklären. Fehlerhaft und abwertend, so empfinde ich seine Erklärungen zu dieser Sprache, die ich liebengelernt habe. Dazu bedient er sich einer amerikanisch anmutenden Schreibweise, als versuchte er, etwas zu deuten, was er nicht recht verstanden hatte. Pidgins gibt es viele in der Welt. *Tok Pisin* ist seit 1975, also seit der Unabhängigkeit Papua Neuguineas, von da an *Papua Niugini* genannt, neben Englisch und Hiri Motu offizielle Landessprache.

Es gab für mich in dieser erneuten Übergangsphase täglich etwas zu lernen, sei es sprachlich, im Haushalt, oder in der Natur. Mit dem feuchtheißen Klima hatte ich anfangs große Schwierigkeiten. Ich konnte es kaum fassen, im dünnsten Baumwollkleidchen, ohne zu arbeiten und auch noch im Schatten, derartig schwitzen zu müssen. Die ständig an den Decken und Wänden herumhuschenden

Geckos mit ihrem Gekecker irritierten mich; es schien mir, als ob sie über mich Neue-Doofe kicherten.

Fast immer nachmittags wanderten wir kurz vor der Dämmerung ans Meer, um uns ein wenig im Wasser zu erfrischen. Beim ersten Mal war ich tief enttäuscht über den Strand in Lae. Da wuchsen zwar die typischen Kokospalmen, um meinen Südseetraum zu erfüllen – aber der Sandstrand war dunkel, grauschwarz. Von den Sonnenuntergängen über dem Pazifik konnte ich kaum genug kriegen und kostete sie jedes Mal bis zum letzten Schimmer aus.

Wir lernten viele Australier und Amerikaner kennen, sowohl Missionare als auch Lehrer und Geschäftsleute. Sobald im Hause von Tante Berta englischsprechende Gäste anwesend waren, wurde Englisch gesprochen – was uns gut gefiel und was wir von ihr für unseren Haushalt übernehmen wollten. Als wir einmal abends bei Nachbarn zum Essen eingeladen waren, machten wir uns im Schein starker Taschenlampen auf den Weg. Wie fast immer trugen wir an den Füßen „Flipflops", Badeschuhen ähnliche leichte Sandalen. Tante Berta marschierte energisch voraus und schippte andauernd mit ihren Füßen etwas aus dem Weg. Wie meist gebrauchte sie ein Gemisch aus Deutsch und Tok Pisin bei ihren Erklärungen. Was sie da so weg schob, das waren *rokroks*, Frösche, unendlich viele gab es davon. Und die hatten ein schlechtes *pispis*, Urin, das sie bei Gefahr ausschieden; das brannte wie die Hölle, wenn man es auf die Haut abkriegte! Echt Tante Berta. Bis heute habe ich ihren verständnislosen Blick nicht vergessen, als einmal beim Öffnen einer Tür ein Gecko auf meinem Oberarm landete und der vor Schreck seinen Schwanz fahren ließ. Ich schrie wie am Spieß, als dieses „Etwas" auf meinem Arm herumzappelte.

Auch diese Übergangsphase hatte irgendwann, nach einer endlos scheinenden Zeit von gerade mal sechs Wochen, ein Ende. Auf einer Kirchenkonferenz wurden wir dem Madang District zugeteilt. Michael war zum Circuit-Missionar in Begesin bestimmt worden, aber zuvor sollten wir zum Erlernen der Sprachen Tok Pisin und eventuell Graged auf der Küstenstation Biliau eine halbjährige Orientierungszeit verbringen. Ich fühlte mich selig.

Schiffsüberfahrt in den Südseetraum

Wir standen am Abend im Hafen von Lae und schauten zu, wie unsere längst hier eingetroffenen Überseetonnen auf die „Simbang" verladen wurden. Nach monatelangen Vorbereitungen brannten wir darauf, endlich das wirkliche Leben in Niugini kennenzulernen. Die Simbang war von der Form her so etwas wie eine große Nussschale. Je mehr Ladung sie aufnahm, desto tiefer tauchte sie ins Meer.

Es war Zeit, Abschied zu nehmen, wieder einmal. Zutiefst dankbar verabschiedeten wir uns von den beiden Menschen, die uns einige Wochen in diesem fremden Land begleitet hatten. Viel hatten wir von ihnen gelernt; nun war es an der Zeit, das Gelernte umzusetzen und eigene Erfahrungen zu sammeln. Die beiden geleiteten uns noch auf das Schiff. Während der Nacht würden wir segeln, um bei Sonnenaufgang in Biliau anzukommen. Beim Abschied streichelte uns eine sanfte Seebrise, die mir wie eine Verheißung erschien. Tante Berta nahm Amos noch einmal auf den Arm, drückte ihn kurz und meinte: „Dich werde ich noch ein Stück begleiten". Beim Anblick der beiden von Bord gehenden Gestalten beschlich mich ein Hauch von Wehmut. Aber dann begab ich mich entschlossen mit Amos auf dem Arm zu der uns zugewiesenen Kabine. Die Simbang war ein Schiff, das *Lutheran Shipping,* und somit der Missionsgesellschaft, gehörte. Frauen und Männer wurden in getrennten Kabinen untergebracht.

Beim Abendessen saßen wir zusammen mit anderen Passagieren – alles Weiße – am Kapitänstisch. Die einheimischen Passagiere hatten sich längst auf dem überdachten Oberdeck ausgebreitet. Sie hatten Bastmatten ausgerollt, teilten mitgebrachtes Essen und die allgegenwärtigen Betelnüsse miteinander. Als ich nach oben gegangen war, um nachzusehen, wie die eigentlichen Bewohner dieser Insel reisten, hatte ich etwas befremdete Blicke geerntet und mich wie ein Fremdkörper gefühlt. Nicht unfreundliche Blicke, aber doch solche, die mir aufzeigten, dass die Grenzen zwischen Schwarz und Weiß längst vor meiner Zeit gezogen worden waren. „Geh du weiße Missis mal schön dahin, wo du hingehörst", besagten sie.

Während des Essens liefen die wohl üblichen Gespräche unter Weißen. Der Kapitän berichtete, wie er einmal eine Ladung Kühe von Lae nach Finschhafen verschifft hatte. Die Besatzung hatte kurz vor der Küste jeweils zu viert eine Kuh gepackt, über die Reling gehoben und ins Wasser geworfen. Jede Kuh bewegte sich schwimmend auf den Strand zu, wobei sie sich über den After mit Wasser füllte. Mit „Ach und Krach" schafften es die Kühe mit immer tiefer hängendem Heck, den Strand zu erreichen.

Ein Geschäftsmann aus Lae hielt es für erzählenswert, was er gestern in seinem Laden mit einem „Eingeborenen" erlebt hatte. Wollte der doch glatt seinen Sohn bei ihm als Verkäufer unterbringen, der gerade mal die sechste Klasse einer Bibelschule geschafft hatte! Man wusste schließlich, was „die dort lernten".

Vermittelnd erzählte ein Missionar, wie er es verstanden hatte, einen Vater zu überzeugen, dass seine Tochter die Schule besuchen durfte. Eigentlich hielt dieser Vater einen Schulbesuch – und schon gar den eines Mädchens – für völlig unnötig. Aber der Missionar hatte ihm aufgezeigt, wie viel höher der Brautpreis für das Mädchen steigen könnte, wenn die Tochter einen Schulabschluss hatte.

Nach dem Abendessen suchte ich ergrimmt mit Amos unsere Kabine auf. Würde ich dem „wirklichen" Niugini-Leben denn nie näherrücken? Amos schien zu spüren, dass ein neuer Lebensabschnitt vor uns lag. Anstatt wie in Lae den Kopf von mir wegzudrehen, machte er die Nacht zum Tage. Er wollte mit mir spielen, plapperte unaufhörlich Laute vor sich hin, die mal deutsch, mal wie Tok Pisin klangen. Die Tür zu unserer Kabine öffnete sich und eine Frau mit einem streng wirkenden Haarknoten trat ein. Ich hatte sie beim Abendessen am Tisch des Kapitäns kennengelernt. Sie stellte sich noch einmal vor, und erst jetzt wurde mir klar, mit wem ich es zu tun hatte. Sie war Greta Mohnert, eine Missionarsfrau aus dem Gebiet um Sattelberg und Finschhafen, und sie wäre beinahe meine Mutter, nein, meine Schwiegermutter, nein, gar nichts dergleichen geworden! Welch ein Gedankenchaos spukte da nur durch meinen Kopf, höchste Zeit, zu versuchen, meine Gedanken in Ordnung zu bringen.

Amos war völlig überdreht; er legte sich zum Schlafen nieder, um unvermittelt wieder umherzuhüpfen – an Schlaf war nicht zu denken. Dieses Kind hielt uns die Nacht über bis fast zum Morgengrauen in Atem, die gar nicht so fremde Missionarsfrau und mich. Meine Gedanken schlugen Saltos! Ich versuchte Ordnung zu schaffen. Greta Mohnert war also Missionarsfrau, das war Fakt. Fakt war auch – das wusste ich aus Erzählungen von früher – dass sie mit Michaels Mutter vor grauen Zeiten nach Neuguinea ausgereist war, um zu heiraten.
Nun mal langsam ... Mein Schwiegervater war als Student am Missionsseminar von Chistoph Koenig unterrichtet worden, sozusagen meinem Schwiegergroßvater. Nach seinem Abschlussexamen hielt mein Schwiegervater bei seinem Lehrer um die Hand einer seiner Töchter an. Seine künftige Schwiegermutter bedeutete ihrer Tochter, den solle sie ruhig nehmen, der habe ein gutes Examen gemacht. Diese Frau muss überaus streng und hart gewesen sein. Sie hatte das Leben ihres Mannes auf dem Sattelberg geteilt und ihm dort in den 21 Jahren drei Töchter geboren.

Drei Mädchen – wie kann ich diese drei Frauen beschreiben? Während ich selbst jung und lebensfroh war, lernte ich diese drei Töchter Chistoph Koenigs als seltsam harsche Frauen kennen. Freudlos und emotional gebremst kamen sie mir vor. Frauen, die nie die „Leichtigkeit des Seins“ erfahren hatten. Ihr am Missionsseminar lehrender Vater hatte ihnen offensichtlich einiges an Demut abverlangt, ebenso wie ihre Mutter.

Ich erinnere mich an eine Episode, die in der Familie meines Mannes umging und die mich die drei Frauen besser verstehen ließ. Die drei besuchten als junge Mädchen einen Volkstanzkurs in Neuendettelsau. Als treue Missionsspender solche „Ausschweifungen” verurteilten, befahl die gestrenge Mutter, die als Lehrerin ihre Töchter selbst unterrichtet hatte, den Kurs schleunigst abzubrechen, was selbstverständlich befolgt wurde. Jede der drei Frauen kehrte nach Heirat in ihr Geburtsland zurück. Eine davon war Tante Berta, eine andere musste ihren Ehemann nach einer Krebserkrankung in Neuguinea beerdigen, die dritte war meine Schwiegermutter.

Zurück zum Heiratsantrag. Meine Schwiegermutter nahm also auf Anraten ihrer Mutter den Antrag an. Viel Zeit zum Kennenlernen gab es nicht. Ihr

Zukünftiger sollte schon bald nach Neuguinea ausreisen, eine „Station" aufbauen und – er war gelernter Zimmermann – ein Haus bauen. Es fanden einige Begegnungen statt, immer im Beisein der Eltern. Aber das genügte, man war sich sympathisch und so wurde kurz vor der Ausreise meines Schwiegervaters Verlobung gefeiert.

In der Zeit, als er im Hochland von Neuguinea sein Haus baute, fand ein reger Briefverkehr zwischen den beiden statt. Sie tauschten sich über verschiedenste Themen miteinander aus, waren in vielen Belangen einer Meinung und kamen einander durch die Briefe näher. Nach Monaten des Briefwechsels war das Haus im Hochland fertig und meine Schwiegermutter folgte ihrem Verlobten per Schiff in ihr Geburtsland. Auf dem Schiff lernte sie eine andere junge Frau kennen, ebenfalls auf dem Weg zu ihrem Verlobten nach Neuguinea. Die beiden Frauen verstanden sich gut und schlossen Freundschaft. In Finschhafen sollte eine Art „Doppelhochzeit" stattfinden, nach der sie mit ihren Ehemännern auf ihre jeweilige Station reisen würden.

Beide Frauen wurden bei Ankunft in Finschhafen von ihren Verlobten bereits erwartet, die Hochzeitsvorbereitungen waren im Gange. Aber nun tauchte ein von allen unerwartetes Problem auf: Meine Schwiegermutter musste erkennen, dass sie ihren Verlobten nicht mochte, ihn förmlich nicht riechen konnte! Irgendwie fühlte sie körperlich, dass diese Beziehung nicht gutgehen würde.

Sie muss einen Weg gefunden haben, sich den anderen Beteiligten mitzuteilen, denn es wurde Kriegsrat gehalten. Sowohl meine Schwiegermutter, als auch ihre mitausgereiste Freundin und deren Zukünftiger erklärten sich bereit zu einem Tausch. Nur einer war nicht bereit, zu tauschen: mein Schwiegervater. Er hatte nicht um die Hand irgendeiner Frau angehalten, sondern um die der Tochter seines Lehrers. Am nächsten Vormittag fand die Trauung der beiden Paare statt.

Nun war ich also auf der Überfahrt zu meinem „wirklichen" Niuginileben – und teilte die Schiffskabine mit einer Frau, über deren Vorgeschichte ich recht intime Details wusste. In der Kabine wirbelte Amos, in meinem Kopf wirbelte die Vergangenheit. Zum Glück wusste diese Frau nicht, dass ich wußte … Irgendwann in der Nacht muss Amos sich wohl in sein Schicksal ergeben haben, denn als ich im Morgengrauen von Geräuschen geweckt wurde, hatte ich mit Sicherheit geschlafen.

Orientierungszeit auf der Küstenstation Biliau

Durch nichts war ich vorbereitet auf diese unglaubliche Schönheit. Um mich herum war Geschäftigkeit, Geschrei, Hektik – in mir war Stille. Fasziniert sah ich über dem Meer die Sonne aufgehen wie einen riesigen Feuerball – wie konnte etwas so wunderschön sein?

Unsere Überseetonnen wurden auf kleine Motorboote verladen, die Simbang ankerte vor der Küste von Biliau. In einiger Entfernung sah ich auf dem im Sonnenlicht glitzernden Sandstrand hochgewachsene schwarze Menschen, dahinter Palmen, Palmen, Palmen. Ich ließ meinen Blick schweifen über diese traumhafte Szenerie, ließ ihn den Hügel hinauf gleiten. Da oben sah ich ein Haus mit funkelndem Wellblechdach – das würde unser Haus werden, dessen war ich gewiss.

Irgendwann war es so weit. Michael half mir mit Amos auf dem Arm in eines der Boote, das zum Sandstrand tuckerte. Beim Aussteigen fühlten meine Zehen zunächst nassen, beim Weitergehen trockenen Sand. Ich näherte mich einer Gruppe von schwarzen Menschen, nahm offene, interessierte, freundliche Blicke wahr. Ich durchschritt diese Blicke wie im Traum, ging durch ein Dorf – Buschhäuser auf Holzstelzen, gelbe Hunde, Hühner und Schweine dazwischen – steuerte auf einen Trampelpfad im Kunaigras zu, dem ich hügelan folgte, immer weiter. Nun war ich angekommen. Tiefes Durchatmen – ich war zu Hause.

Noch heute kann ich kaum nachvollziehen, wie beseligt ich mich bei der Ankunft in Biliau gefühlt habe. Ich fühlte mich zutiefst wie zu Hause angekommen. Sicherlich, ich musste erst meine praktischen Fähigkeiten anwenden, die Überseetonnen mussten ausgepackt und so das Haus mit Leben gefüllt werden. Das alles weiß ich. Aber ich sah mich schon auf dem Dorfplatz sitzen und die Sprache Tok Pisin aufsaugen.

Das Missionshaus war ein auf hohe Betonpfosten errichtetes Holzhaus mit vielen Fliegengitterfenstern, durch die aufgrund der Hügellage fast stets eine Brise wehte. Vom Küchenfenster konnte man den Hügel hinunterblicken auf das blaue Meer und den weißen, von Kokospalmen gesäumten Sandstrand – ein Anblick, der mir wie die Erfüllung meines Südseetraums erschien. Besonders traumhaft waren die Sonnenaufgänge über dem Meer. Wenn alle zwei Wochen die Simbang mit Fracht und Postsack anlegte, ließ ich mir den Sonnenaufgang nicht entgehen, und erinnerte mich beglückt an unsere Ankunft am weißen Strand.

Später einmal fragte ich meine Freundin Gananui: „Wie hast du dich gefühlt, als ich am Strand an dir vorübergegangen bin?" Ihre spontane Antwort: „Du wirst meine Freundin, das wusste ich sofort!"

Das Leben in Biliau war „mein" Leben. Nachmittags spazierte ich mit Amos auf der Hüfte den Hügel durch das Kunaigras hinunter ins Dorf, saß mit den Frauen auf dem Dorfplatz und lernte durch die Gespräche mit ihnen rasch Tok Pisin. Meine Entscheidung für diese Sprache war schnell getroffen. Die Frauen versuchten immer wieder, mir statt Tok Pisin die Biliausprache beizubringen. Eigentlich sollten wir auch *Graged*, die Sprache der Madangleute lernen, so wollte es die Mission. Graged sprachen auch die Biliauleute und die Liturgie im Gottesdienst wurde auch in Biliau in Graged gepflegt. Aber was sollte ich mit Tok Biliau? Hier hielt ich mich nur zur Orientierungszeit auf. So setzte ich energisch dem Spiel ein Ende und lernte fortan in Windeseile Tok Pisin.

Die Biliaufrauen und ich, wir hatten viel Spaß miteinander. Die Mehrfachbedeutung vieler Begriffe konnte so herrlich zu zweideutigen Blödeleien genutzt werden. In „Radio Madang" wurde zu dieser Zeit immer wieder ein Lied gespielt, das ich noch heute im Ohr habe: „Eeh, schau dir den an, der hat keine Scham!" Das Wort *sem* stand aber nicht nur für Scham, es stand auch für Deckel. Als ich einmal mit den Dorffrauen beim allgegenwärtigen Teetrinken zusammen saß, sang eine der Frauen einer Teekanne mit zerbrochenem Deckel zu: „Eeh, du hast keine Scham!"

Immer öfter saßen Gananui und ich nach solchen Treffen allein zusammen. Ich trage diese Gespräche noch wie ein Bild in mir. Zwei junge Frauen, eine schwarz, eine weiß, am Strand auf einem gefällten Baumstamm sitzend – im Hintergrund die über dem Meer untergehende Sonne – in ein vertrautes Gespräch vertieft. Es gibt eine Fotografie davon, die ich mir immer wieder gerne träumend ansehe. Das Jungsein, das selbstverständliche, nicht hinterfragende Sein – wir beide lebten es, ohne uns dessen bewußt zu werden.

Gananui war eine hochgewachsene Küstenfrau mit feingeschnittenem, schöngeformtem Gesicht. Sie hatte zwei Kinder, womit sie es bewenden lassen wollte. Shirley und Richard, nach früheren Missionaren benannt, eine weitere Schwangerschaft wollte sie aus wirtschaftlichen Gründen verhindern. „*Tupela em inap*, zwei sind genug", meinte sie. Wir schlossen bald engere Freundschaft. Sie erklärte mir, wenn eine Frau ihre Periode habe, so heiße das „*mi lukim mun,* ich sehe den Mond". Da Gananui nicht mehr schwanger werden wollte, breitete ich mein damaliges Wissen über die fruchtbaren bzw. unfruchtbaren Tage einer Frau vor ihr aus. Sie sog meine Informationen wie ein Schwamm auf und registrierte sie in einer Schublade – das meinte ich fast bildlich zu erkennen.

Endlich etwas vertrauter erzählte mir Gananui etwas mehr aus dem Leben einer Frau im Dorf. Einmal kam ich bei ihrem Haus an und sah sie auf der Treppe im Bastrock und mit blanker Brust sitzen. Ich schaute sie erstaunt an, denn ich hatte sie bisher immer nur in *laplap* und T-Shirt gesehen. Erbost beantwortete sie meinen Blick: „Das ist hier wie in einem Gefängnis!", funkelte sie mich an. „Die Dorfältesten wollen unseren Busen am liebsten ständig, mindestens aber einmal im Monat, sehen. Sie sagen, sie müssen kontrollieren, ob alles im Dorf seinen geordneten Gang geht. Dazu gehört, dass sie wissen müssen, ob eine von uns schwanger ist. Das regt mich schon lange auf!" Das war also die Kehrseite der Dorfidylle.

Die Frauen berichteten mir von früheren Missionaren und ihren Frauen. Einer war ein *man bilong wok*, ein Mann der Arbeit gewesen. Er hatte einen Garten bestellt, genau wie sie, und immer darin gearbeitet. Seine Frau war im Dorf fast nie zu sehen, nicht im Entferntesten wie ich, die täglich mit ihnen zusammensaß. Von einem anderen sprachen sie etwas abwertend; er hatte ständig am Funkgerät gehockt und Kontakt zur Außenwelt gehalten. An ihnen, den Dorfmenschen, schien er wenig interessiert zu sein. Aber er hatte etwas höchst Außergewöhnliches gehabt: eine Uhr, die noch nicht einmal eine Batterie brauchte! Bei unseren Zusammenkünften liefen pausenlos die Radios, Musik und Nachrichten in Tok Pisin sendend, bis hin zum bevorstehenden Besuch eines Missionars in den Lokalnachrichten. Batterien wurden in solchen Mengen verbraucht, dass sie sogar in den kleinen Dorfläden angeboten wurden, die nur Grundbedarf für das tägliche Leben vorrätig hatten. Die besondere Uhr stellte sich heraus als eine Kuckucksuhr, für deren Besichtigung die Dorfbewohner sogar Schlange gestanden vor dem Stationshaus hatten.

Ein anderer Missionar, so kicherten die Frauen verhalten, war offensichtlich nur an seiner Frau interessiert. Immer, wenn er mit dem Schiff nach Lae fahren wollte, hatte er den Mund seiner Frau gebissen. Ich brauchte einen Moment, bis ich begriff: so also konnte man Küssen auch deuten.

Und was würde einmal von uns in ihren Augen übrigbleiben? fragte ich mich manchmal. Sicherlich war ich keine Missionarsfrau, die sich im Dorf, bei den Einheimischen, rarmachte. Mein Mann saß nicht pausenlos am Funkgerät und schon gar nicht biss er meinen Mund vor einer Abreise. Jahre später habe ich durch einen Brief von Gananui erfahren, wie ich in den Annalen von Biliau geführt wurde. „Die Dorfleute sagen, Gabi hat den Bauch von Gananui versiegelt", schrieb meine Freundin mir nach Deutschland. Sie hatte meine Informationen verwertet und tatsächlich keine weiteren Kinder geboren. Von mir war also die Erinnerung an eine „Bauchversieglerin" geblieben, was von Michael geblieben ist, weiß ich nicht.

Ich beobachtete den Umgang der Frauen untereinander, mit ihren Kindern und auch mit ihren Ehemännern. Die Frauen stillten ihre Kinder in einem Alter von drei bis zu fünf Jahren. Während der Stillzeit wurde ein Kind grundsätzlich nicht bestraft, es galt offensichtlich als nicht strafreif. Ein kleiner Klaps vielleicht manchmal, begleitet von einem *„save nau?*, weißt du jetzt?" konnte vorkommen. Ansonsten genossen Kleinkinder die unumschränkte Freiheit, auszuprobieren, Fehler zu begehen, eben Kind zu sein. Abrupt mit dem Ende der Stillzeit setzte eine recht strenge Erziehung mit strikten Regeln ein. Von nun an mussten die Kinder lernen, was die *tumbuna,* die Ahnen hinterlassen hatten.

Mitgefühl konnte ich im gegenseitigen Umgang eigentlich nicht erkennen, zumindest kein in Gesten ausgedrücktes. Die Gegebenheiten waren, wie sie eben waren, und wurden unsentimental als solche hingenommen. Bai, einer jungen, hübschen Frau, wurde beim Stillen unter einer Kokospalme sitzend, ihr erstes Kind von einer herunterfallenden Kokosnuss erschlagen. Sie trauerte um ihr Kind, wie es wohl jede Frau getan hätte. Als ich mich neben sie setzte und meine Hand in ihre schob, wollte sie diese fast nicht mehr loslassen. Von Seiten der Dorffrauen habe ich keine Geste dieser Art wahrgenommen.

Verblüfft hat mich das Niugini-Verständnis von Kunst. Kunst, erkannte ich, war für die Niuginis nicht schöpferisches Schaffen oder Neues kreieren, Kunst bedeutete: alles exakt nach dem Vorbild der Ahnen herzustellen, und zwar bis ins kleinste Detail.

Die Frauen lebten, soweit erkennbar, ein höchst restriktives Leben unter der strengen Fuchtel der Dorfältesten. Für individuelle Entfaltungsmöglichkeiten schien kein Raum vorgesehen. Aber vielleicht hatten einige Frauen bereits in sich eine geheime Kammer geöffnet, in der sie Sehnsucht nach Individualität spürten? Ich meinte, zu erkennen, dass die einst übergestülpte weiße Kultur die Frauen den Alltag, die vorgegebenen Regeln nicht mehr unhinterfragt hinnehmen ließ. Etwas war da geschehen, das bei wachen, intelligenten Frauen eine gewisse Rebellion hervorgerufen hatte. Die Dorfältesten jedenfalls hatten nicht mehr das gewohnt übliche, leichte Sagen bei den Frauen. Spürbar war für mich schon damals eine unbestimmte Sehnsucht nach Veränderung, nach anderer Lebensgestaltung. Auch einen gewissen Drang nach einem Ausbrechen aus dem gewohnten Rollenverhalten, meinte ich zu erkennen.

Ich bezweifle nicht, dass die bewertende Kultur, die von den Weißen, seien es Missionare oder die vielen nachfolgenden Geschäftsleute, in dieses Land getragen wurde, verändernd auf die Wertvorstellungen der Menschen in Niugini gewirkt haben muss. Es fällt mir aber schwer, zu erkennen, dass hier Menschen betroffen sein sollen, die bis zu diesem Zeitpunkt in einer geradezu paradiesischen „Steinzeitkultur" gelebt hätten. Noch in Büchern aus den 1980er Jahren, von männlichen Ethnologen verfasst, wird das Leben der Einheimischen vor dem Eintreffen der Weißen als authentisches Dasein beschrieben, das zu erhalten erstrebenswert sei. Geschildert wird hauptsächlich das kultische Leben der Männer. Auch Frauen kommen vor, insbesondere solche, die sich rituell bei Todesfällen in der Familie ein Fingerglied nach dem anderen abhacken. Immer wieder frage ich mich, ob diese Frauen wohl glücklicher waren als die in Biliau zu der Zeit, als ich sie erlebte. Wie hätten diese Frauen Worte finden sollen, um den Widerstreit ihrer Gefühle auszudrücken, den die Begegnung mit der anderen, weißen Kultur ausgelöst hatte? Mit Sicherheit hat die Begegnung mit der „weißen" Kultur bei den Niuginis Spuren hinterlassen; nur regt sich in mir ein gewisser Widerspruch, diese pauschal als schädlich zu bewerten.

Jahre später, als ich in der Asylberatung tätig war, begann ich zögernd, Erfahrungen aus der Niuginizeit mit Eindrücken aus meiner derzeitigen Arbeit zu vergleichen. Wieder arbeitete ich mit Menschen, die tief in ihrer Tradition verwurzelt waren. Aber dennoch hatten sie sich auf den Weg gemacht und ihr Land, ihren

Kulturkreis verlassen. Aus höchst unterschiedlichen Gründen, sei es Anarchie, ein totalitäres Regime, Krieg oder auch schlicht Armut in ihrem Land, waren sie nach Deutschland gekommen. Ist es nicht immer so gewesen, dass Traditionen gepflegt werden, sich aber – genau wie Sprachen – in ständiger Veränderung befinden?

In Niugini waren wir, weil *wir* uns auf den Weg gemacht hatten. Die Niuginis hatten uns gewiss nicht gerufen, so wie sie keinen Weißen in ihr Land gerufen haben. Aber nun waren wir hier und die Zeit konnte nicht zurückgedreht, die Einflüsse der „weißen" Kultur nicht rückgängig gemacht werden. Mir stellte sich die Frage, ob die Weißen in dieser uralten Kultur von Niugini vielleicht nicht nur zerstörerisch gewirkt, sondern auch andere, vorher unbegangene Wege eröffnet hatten? Sicher, es waren Fehler von den ersten Missionaren begangen worden, konnten sie doch nicht wissen, dass so einige „Bekehrte" durchaus nicht unberechnend gehandelt hatten, wie sich erst viel später durch die im Lande entstehenden Cargo-Kulte (Anmerkung, s.S. 81) zeigen würde. Die Missionare waren aber in dem ehrlichen Interesse gekommen, dem Land nicht nur ihren Glauben sondern auch Fortschritt zu bringen. Die nachfolgenden Geschäftsleute und insbesondere die Pflanzer verfolgten dieses Interesse mit Sicherheit nicht in gleichem Maße, für sie stand eher der eigene Gewinn im Vordergrund.

Ich habe mich in dieser Zeit in Biliau so leicht gefühlt. Unser Leben nahm Gestalt an, Alltagsleben entstand, jeden Tag begrüßte ich mit Freude. Ich hatte zwei Hausmädchen gefunden, die gern für einen Missionshaushalt arbeiten wollten. Wir hatten einander beschnuppert und waren uns sympathisch. Von den Dorfleuten konnte ich frischgefangenen, köstlichen Fisch sowie Hummer und Krabben in Mengen kaufen. Nie wieder haben wir uns an Meeresfrüchten so satt gegessen wie in Biliau. Amos war dabei, im Dorf und bei den Hausmädchen zum kleinen „King" zu werden. Manchmal stellte sich der kleine Kerl mitten auf den Dorfplatz und rief *kaikai,* Essen! Die Dorffrauen überschlugen sich, welche als erste seine Bedürfnisse stillen durfte. Amos bezauberte alle mit seinem Geplapper in Tok Pisin, lernte nebenbei Tok Biliau und spielte mit seiner schwarzen Freundin Nunni vom Nachbarhaus. Manchmal musste ich beim Anblick der beiden spielenden Windelkinder einen Kloß der Rührung schlucken.

Nunni war die jüngste Tochter des Stationsmanagers Karkar. Der war so etwas wie der Hausmeister der Station und bewohnte das Haus gleich neben uns. Ob er wirklich Karkar hieß oder nur so genannt wurde, weiß ich nicht. Er stammte von Karkar Island, einer Insel, die von Biliau aus zu sehen war. Er wurde mit den Dorfleuten von Biliau, glaube ich, weniger warm als die jeweiligen Missionare. Das Stammesdenken schien hier noch immer eine entscheidende Bedeutung zu haben. Karkar und die Dorfleute begegneten einander außerordentlich distanziert. Ähnliches habe ich später noch oft bemerkt. In Niugini wurden Menschen, die ihre Sippe, ihren Stamm oder ihren Sprachkreis verlassen hatten, nie mehr wirklich heimisch. Sie lebten ein isoliertes Familienleben, vergleichbar mit dem einer deutschen Kleinfamilie.

Jeden Morgen kamen unsere Hausmädchen Langpain und Wasai, begrüßten Amos liebevoll – und der Tag konnte beginnen. Wir besprachen die anfallenden Arbeiten, teilten sie auf und gingen die Alltagsarbeit an. In einem Haushalt in den Tropen waren Sauberkeit und Hygiene weitaus wichtiger als daheim. Nur ein einziger übersehener Krümel konnte eine Straße von Ameisen bewirken. Wäsche war fast täglich zu waschen, denn Kleidung wurde nicht gewechselt, wenn sie schmutzig war, sondern, wenn sie verschwitzt war – und das konnte mehrmals täglich der Fall sein. Hinzu kam, dass ich ein Windelkind hatte und somit jeden Tag ein kleiner Berg von Windeln entstand. Es gibt einen Film, den Michael und meine Tochter Janna zu Amos' Hochzeit auf Video überspielten. Er zeigt unter anderem ein schwarzes und ein weißes Windelkind, die mit einem Ball spielend in dicken Windelpaketen herumwatscheln – ein köstlicher Anblick.

Für die Frauen im Biliaudorf war mein Stationsleben offensichtlich jenseits ihres Interesses. Dorf und Station, das waren zwei getrennte Welten. Ich hätte schon einige Jahre mit ihnen im Dorf leben müssen, um eine der ihren zu werden. Aber ich war nun mal keine Margaret Mead, ich war als Missionarsfrau in dieses Land gekommen. Heute ist mir klar, dass ich nur eine Art Schnupperkurs in der Niuginikultur machen konnte. Somit können auch meine Erkenntnisse aus dem Erlebten lediglich die Schlussfolgerungen einer interessierten Missionarsfrau wiedergeben. Sie erheben keineswegs Anspruch auf ethnologisch sachliche Richtigkeit.

Über die Beziehungen der Paare untereinander kann ich nicht viel berichten. Ich glaube nicht, dass ein zu großer Abstand der Grund dafür ist oder die Tatsache, dass ich nicht im Dorf mit den Menschen gelebt habe. Über dem Thema Paarbeziehung schwebte in meinen Augen ein übergroßes *tambu,* Tabu, wie eine Dunstglocke. Noch nicht einmal meine Freundin Gananui wagte ich bei vertraulichen Gesprächen nach der Beziehung zu ihrem Mann zu fragen – ebenso wie sie mich nie etwas Diesbezügliches fragte. Etwas wie ein Instinkt warnte mich, dieses Thema zu berühren. Eine ganze Zeit lang hatte ich Schwierigkeiten, den Frauen ihren jeweiligen Mann zuzuordnen, so unemotional und unterkühlt habe ich die Frauen im Umgang mit ihren Ehemännern erlebt. Nie habe ich einen verdeckt vertraulichen Blickaustausch wahrgenommen oder verstohlenes Händchenhalten. Händchenhaltende Männer waren dagegen häufiger zu beobachten. Aber da waren doch all diese Kinder – die mussten doch irgendwie irgendwann entstanden sein?

Die Häuser im Dorf ähnelten einander ungemein. Alle waren auf Holzpfosten errichtet. Die Wände bestanden aus geflochtenen Schilfmatten mit teils wunderschönen Mustern. Kunaigras bedeckte die Dächer, und *limbum*, eine weiche, federnde Holzart, diente als Fußboden. Der Abstand zwischen den Häusern betrug bis zu zehn Metern. Wie hätte da so etwas wie Privatleben stattfinden sollen? Musste solch eine geflochtene Wand nicht jegliches Geräusch durchlassen? Ich hatte keine Antwort darauf, bis ich einmal Gananui in ihren Garten begleitete. Die Gärten waren ziemlich ausgedehnt, eher Felder, und jeder war zum Schutz vor wilden Schweinen von dicken Holzzäunen umgeben. Gananui zeigte mir, wie Taro, Süßkartoffeln, Yam, und anderes Gemüse angebaut wurden. Sie zeigte mir auch ihr Gartenhaus, das wie eine etwas kleinere Ausgabe ihres Hauses im Dorf aussah, und erklärte mir, dass die Dorfleute häufig im Gartenhaus übernachteten. Da endlich wurde mir bewusst, wie eben doch so etwas wie Privatleben für Paare entstehen konnte.

Ich fragte Gananui, ob ich einmal einen Tag mit ihr von morgens bis abends verbringen könnte. Ich wollte so gerne erleben, wie der Alltag für die Frauen wirklich aussah. „*Em inap*, das geht, meinte sie, „komm morgen Früh gleich nach Sonnenaufgang, und du wirst wissen, wie wir leben." Michael versprach mir, einen ganzen Tag lang Amos zu betreuen, so dass ich mich auf mein Abenteuer einlassen konnte.

Als ich am nächsten Morgen bei Gananuis Haus anlangte, aß sie gerade mit Shirley und Richard Taros vom vorabendlichen Essen, dazu gab es süßen schwarzen Tee. Ihr Mann war schon lange vor der Dämmerung zusammen mit anderen Männern des Dorfes zum Fischfang aufgebrochen. Wir frühstückten noch zusammen, als ihre Mutter auftauchte und uns in den Garten scheuchte. Sie würde die Kinder übernehmen, wir sollten uns endlich an die Arbeit begeben. Beim Anblick dieser Frau war deutlich erkennbar, woher Gananuis Schönheit stammte. Sie war ebenfalls schlank und hochgewachsen, hatte das gleiche zart geschnittene Gesicht – ein paar Falten darin, die Haare angegraut, die Brüste herabhängende Beutel, aber sie war noch immer eine ausgesprochen gutaussehende Frau. Gananui nahm zwei leere Wasserflaschen mit sowie zwei leere Kanister, dann zogen wir beide los. Wir verließen das Dorf, schlenderten ein Stück am Strand entlang und erreichten nicht lange danach den Urwald. Es war für mich das erste Mal, dass ich in diese exotische Welt der Schatten eintauchte. Unvermittelt fühlte ich mich wie eingehüllt von nie zuvor gehörten Geräuschen, von Gerüchen und Farben – meine Sinne streckten ihre Fühler aus. Gananui lauschte dem Ruf eines Vogels und erklärte mir, zu welcher Art er gehörte. Wir gelangten zu einer Quelle, wo die Dorfleute ihr Wasser schöpften und wo auch sie die mitgebrachten Wasserflaschen füllte. Tief im Schatten des Dschungels lag diese Quelle, ihr Plätschern schien mir von Geheimnissen umgeben, fast meinte ich, Kobolde darumherum geistern zu sehen. Der Schatten wurde bald von Sonnenstrahlen durchbrochen. Später ließen wir ihn ganz hinter uns und erreichten eine Lichtung, deren helles, gleißendes Sonnenlicht meine Augen blendete. Wir wanderten weiter, an eingezäunten Gärten vorbei, bis wir Gananuis Garten erreicht hatten. „Müsst ihr eure

Gärten nur vor den Schweinen schützen, nicht vor irgendwelchen Nachbarn?", fragte ich, als Gananui einfach bei ihrem Garten ein Holztor beiseite schob. Ein höchsterstaunter Blick traf mich. „Warum sollten wir unsere Gärten vor anderen schützen?", fragte sie mich, „es hat doch jeder seinen eigenen Garten. Wenn einmal ein schlechtes Erntejahr ist, teilen wir sowieso unsere Ernte miteinander."

Dann legte sie los. Steine flogen auf einen Haufen, Unkraut flog auf andere Haufen, sie hackte und lockerte die Erde, Schweiß lief aus ihrem Kraushaar ins Gesicht, in die Augen, wurde ungeduldig weggewischt, Wasser wurde in kleinen Schlucken getrunken – bis zum Mittag arbeitete sie, ohne eine Pause einzulegen, und ich tat mein Bestes, mit ihr Schritt zu halten. Sie hackte von einer Bananenpalme eine Staude Goldbananen ab, eine winzige, überaus wohlschmeckende Bananensorte. Wir setzten uns in ihrem Gartenhaus in den Schatten zur Mittagspause. Lange dauerte sie nicht. Schon war Gananui dabei, trockenes Reisig zu sammeln, häufte die Unkrauthaufen darauf, und zündete alles an. Das würde der Erde *gutpela gris,* gutes Fett, geben, meinte sie. Zum Abschluss erntete sie Taros, Yams, Süßkartoffeln und verschiedene Blattgemüse und sammelte noch etwas dürres Feuerholz unter den Bäumen ein. Sie füllte ihren Netzsack mit den zerkleinerten Holzzweigen und schichtete die geernteten Gartenfrüchte darauf. Danach faltete sie ein Handtuch, legte es auf ihren Vorderkopf, hängte den Netzsack mit dem Tragegurt darauf, balancierte das Gewicht der Last auf ihrem Rücken aus, und wir machten uns auf den Rückweg ins Dorf. An der Quelle befüllte Gananui ihre Wasserkanister, und bald umfing uns wieder die geschäftige Atmosphäre des Dorfes. Shirley und Richard stürzten auf ihre Mutter zu, sie nahm sie in die Arme, und wir beiden klatschnaßgeschwitzten Frauen wanderten erst einmal zum Baden ans Meer.

Schon beim Zurückkommen hörte ich das vertraute Geräusch der kokosraspelnden Frauen. Das war der Zeitpunkt, zu dem ich gewöhnlich in das Dorf kam: die Frauen waren zurück von ihren Gärten und begannen, das Abendessen zu richten. Gananui bereitete ihr Gemüse zu, schälte Taro, Yams und Süßkartoffeln in kleinen, mit dem Messer von sich abgewandten Bewegungen. Sie holte bereitliegende, reife Kokosnüsse, halbierte sie mit einem Buschmesser, „*maski long susu bilong ol,* egal, was aus ihrer Milch wird", und setzte sich auf ihren Hocker zum Kokosraspeln. In jedem Haushalt der Einheimischen gab es einen solchen Hocker: ganz einfach aus Holz zusammengefügt, konnten die Frauen darauf sitzen und an dem vorne angebrachten, gezackten Metallkratzer, ihre Kokosnüsse zu Flocken raspeln. Diese wurden dann mit – nach Möglichkeit heißem – Wasser übergossen, das Fett wurde ausgedrückt, der Vorgang wiederholt, und so wurde einem häufig fleischlosen Essen doch ein Nährwert zugeführt, was auch noch wohlschmeckend war. Während das Essen auf der Feuerstelle köchelte, holte sie aus dem Haus ihre getrockneten Agavenfasern, um weiter an ihrem begonnenen *bilum,* dem Netzsack, zu arbeiten. Nach dem Abendessen wanderte ich nachdenklich im Schein meiner Taschenlampe den Hügel hinauf nach Hause. Das Erlebte passierte noch einmal in Bildern meinen Kopf. Ich nahm noch einmal den Geruch der feuchten, moschusartigen Luft des Urwalds und den würzigen Geruch der Gartenerde auf. Gananui wühlte in dieser Erde und saß später, Sisalfasern aneinanderreihend, vor ihrem Haus. An diesem Abend hatte ich zu Hause viel zu berichten.

Langpain, eines unserer Hausmädchen, war ein lebensfrohes, quirlig kicherndes Geschöpf. Gerne besuchte sie ihre Schwester in der Mittagspause, die mit einem Lehrer auf der Station verheiratet war und einen Sohn etwa im Alter von Amos hatte. Oft brachte sie Jerry, den Sohn ihrer Schwester mit zu Amos, so dass wir zusammen dem Spielen der beiden Kleinkinder zuschauten.

Nach einigen Monaten meldete Langpains Vater sie bei mir als Hausmädchen ab. Sie sei schwanger und könne nicht mehr in einem Missionshaushalt arbeiten. Wie sich herausstellte – nur durch die Dorffrauen gelangte ich zu dieser Erkenntnis – hatte Langpain sich von ihrem Lehrerschwager schwängern lassen, während ihre Schwester im Garten gearbeitet hatte. Ihr im Missionshaushalt gestiegener Brautpreis muss dadurch wohl erheblich gesunken sein. Viele Jahre später habe ich Langpain einmal auf dem Markt in Madang getroffen und war tief betroffen. Aus der quirligen jungen Frau, die ich als Überfliegerin eingestuft hatte, war eine müde, frühzeitig gealterte Frau mit glanzlosen Augen geworden.

Wie sehr habe ich das Zusammensein mit den Biliaufrauen genossen, auch wenn ich dabei immer wieder an Tabugrenzen stieß. Unbewusst war mir klar, dass ich nur einen winzigen Einblick in eine uralte Kultur tun konnte. Ich begegnete den Frauen mit offenen, wissbegierigen Augen und spürte, dass sie mich dafür mochten. Das war mir zu diesem Zeitpunkt genug. Deshalb nehme ich gewiss nicht für mich in Anspruch, tiefe Eindrücke in eine „Steinzeitkultur" gewonnen zu haben. Unter Menschenfressern habe ich mit Sicherheit auch nicht gelebt. Ich habe Menschen „er-lebt", die im Umbruch waren, die alte Werte pflegten und gleichzeitig begannen, sie in Frage zu stellen.

Bilums, Netzsäcke aus Biliau, würde ich noch heute aus zig anderen heraus erkennen. Irgendetwas arbeiteten die Frauen immer, selbst, wenn wir teetrinkend und sie betelnusskauend zusammensaßen. Ich sehe das Bild der Frauen vor mir, wie sie ein *bilum* herstellen. Bis so ein *bilum* benutzt werden konnte, war viel Arbeit notwendig. Erst mussten die Fasern aus den Agaven herausgelöst werden und trocknen. Die Fasern mussten sodann immer wieder vorsichtig aneinandergestückelt und zu einer Schnur gerollt werden. Das taten die Frauen „so nebenbei", wenn wir zusammensaßen. Geschickt ein paar Fasern aneinander auf dem haarlosen Oberschenkel zusammenrollen, wieder ein paar Fasern dazu rollen – die Schnur wuchs und wuchs. Im nächsten Arbeitsgang wurden die Schnüre eingefärbt – die Biliaufrauen stellten farbenfrohe mittelgroße und große *bilums* her.

Nach dem Trocknen im Farbbad begann das Knüpfen. Bei jeder Reihe wurden Schilfgrasstreifen eingelegt, die für den gleichmäßigen Abstand der einzelnen Reihen des Netzsackes sorgten. Ein fertiges *bilum* war etwas wie ein Wunderwerk.

Ein gefülltes *bilum* mochte etwa so aussehen: Im unteren Bereich war gesammeltes Feuerholz eingeschichtet, darauf eine Lage Gartenfrüchte wie Süßkartoffeln und Taro – alles der leicht gerundeten Form des *bilums* angepasst. Nun eine zusammengefaltete Decke darauf, und auf diese wurde ein Säugling gebettet. Dieses Wunderwerk wurde dann mit dem Gurt, auf dem Kraushaar liegend, über dem gebeugten Rücken einer Frau getragen.

Michael machte seine ersten Buschtrips, Ein- oder Zweitagesausflüge in andere Küstendörfer, meist zusammen mit mehreren Dorfältesten und jungen Männern als Trägern. Wenn er zurückkehrte, war immer viel zu berichten. Einmal kam er nach einer viertägigen Abwesenheit wieder und erzählte erschöpft, wie es ihm ergangen war. Da waren sie also am Strand entlanggewandert, dann hinein in den Dschungel. Die Träger mussten den Weg teilweise mit Buschmessern freischlagen. Immer wieder hatte er am zweiten Tag in seiner Erschöpfung gefragt, wie weit es noch sei. Die Antwort war immer *long we liklik,* langer Weg ein bisschen. „Irgendwann", erzählte er mir, „war ich so kaputt, dass ich mich auf dem Weg hingesetzt habe, die Blutegel waren mir egal, die sich an meinen Beinen festgesaugt haben, ich wollte nur noch ausruhen. Am Abend im Dorf habe ich sie mir mit meinem Feuerzeug abgebrannt. " Ich teilte ihm meine neuesten Eindrücke mit. An diesem Abend saßen wir noch lange, nachdem der Generator ausgeschaltet war, im Schein einer Kerosinlampe im Wohnzimmer zusammen.

Gananui hielt *Sandeskul,* Sonntagsschule, sprich Kindergottesdienst. Ich war ein paar Mal dabei, dann meinte sie, ich könne doch auch mal … Die eifrigen Kinder hatte ich einige Sonntage erlebt; sie genossen es, Neues aufzunehmen und waren hellwach bei der Sache. Mein Tok Pisin war inzwischen genug gereift, so dass ich es versuchen wollte. Ich arbeitete eine Art Lehrprobe aus nach Vorlagen in Tok Pisin, die vorgaben, am Ende des Kindergottesdienstes, die Kinder eine Schablone ausmalen zu lassen. Im Kindergottesdienst arbeitete ich konzentriert mit den Kindern, meine Unsicherheit verschwand und ein Draht zwischen uns entstand. Begeistert waren sie dabei, Lieder *wantaim eksen,* mit Bewegung, zu singen. Vergessen konnte ich meine einstudierten, einmal gelernten Schritte im Unterrichten von Kindern. Diese Kinder waren da, sie mussten nicht aus irgendeiner übersättigten Erziehungsecke abgeholt werden, sie sangen mit Begeisterung und angeschwollenen Halsadern!

Am Ende teilte ich die Blätter aus mit den vorgefertigten Schablonen, die die Kinder ausmalen sollten. Ich hatte nicht bei der Ausarbeitung über das „Wie" des Ausmalens nachgedacht, war ich doch noch zu sehr mit Vorstellungen von daheim behaftet. Kaum hatte ich die Zettel ausgeteilt, schwups, die Bänke der Sonntagsschule leerten sich, und die Kinder eilten nach draußen. Herein kamen sie mit Blütenblättern in verschiedenen Farben. Deren Saft pressten sie aus und bemalten die Schablonen auf ihre ganz eigene Art.

Ich weiß noch, dass ich dieses eindrückliche Erlebnis meinen Eltern in einem Brief beschrieb. Einige Wochen später kam ein Paket mit Buntstiften, die ich im nächsten Kindergottesdienst beglückt an die Kinder verteilte. Sie nahmen die Stifte mit strahlenden Augen entgegen. Dennoch war ich unsicher, ob ich die Kreativität der Kinder bereichert oder verarmt hatte.

Initiationsfest für junge Männer

Wieder einmal machte ich mich auf den Weg zum Dorf. In der Nacht hatte es ein wenig geregnet, und die Luft über dem frisch duftenden Kunaigras flirrte. Die hochstehende Sonne saugte sich satt an der Luftfeuchtigkeit, so dass meine Haut bereits nach wenigen Schritten von einem Schweißfilm überzogen war. Als ich mit Amos im Dorf anlangte, spürte ich eine Veränderung. Zunächst konnte ich sie nicht einordnen, aber sie war da, irgendetwas empfand ich als ungewohnt. Wir saßen, wie so oft, zusammen, die Dorffrauen erledigten eine Arbeit nebenbei, unsere Kinder spielten in unserem Blickbereich, wir unterhielten uns – aber etwas war anders. Es kam wie eine Eingebung zu mir. „Wo sind die jungen Männer?" fragte ich die Frauen. Etwas wie Ungeduld, Missmut lag urplötzlich in der Luft. Eine der Frauen deutete in Richtung Urwald, der jenseits des Dorfes begann. „*Long hap*, dort drüben", meinte sie. Eine Art Reserviertheit ging auf einmal von den Frauen aus. Hatte ich eine falsche Frage gestellt? Eine andere Frau fügte in leicht aggressivem Ton hinzu: „Wir sagen über Dich, dass Du eine Frau bist, die eine von uns sein könnte – aber Du bist eben auch eine Missionarsfrau. Wir sind Christen geworden, aber unsere Ahnen sprechen mit uns, und wir sind froh, wenn wir sie hören. Wir möchten das, was die Ahnen uns zu sagen haben, an unsere Kinder weitergeben. Deshalb pflegen wir neben den christlichen Riten auch noch unsere alten, von den Ahnen überlieferten Kulte."

Meine Gedanken galoppierten! Jetzt nur ja keinen Fehler begehen! „Seit wir hier sind, seid ihr meiner Familie immer mit Freundlichkeit begegnet", antwortete ich, sorgfältig meine Worte abwägend. „Ich mag euch und spüre, dass ihr mich mögt. Weil ich euch mag, möchte ich verstehen, wie ihr denkt und fühlt. Mein Mann und ich haben keine Vorbehalte gegenüber euren überlieferten Kulten, im Gegenteil, wir möchten sie gerne kennenlernen". Noch während ich redete, spürte ich, wie die Frauen entspannter wurden und damit die Stimmung zwischen uns.

Erst, als ich mit Gananui später wie so oft am Strand zusammen saß, wurde meine Neugierde gestillt. Die Jugendlichen, im Alter von ungefähr sechzehn Jahren, pflegten, zusammen mit den *ol big man*, den Dorfältesten, in den Busch zu gehen, wenn etliche Jungen das Alter für die Initiation erreicht hatten. Den Zeitpunkt dafür bestimmten die Dorfältesten. Den Frauen sagte niemand Bescheid, übergangslos waren die Jungen weg, und den Frauen war die Bedeutung dafür klar. Im Busch wurden die Jungen in der Tradition der Ahnen unterrichtet. Was genau gelehrt wurde, wusste keine der Frauen, eben *save bilong tumbuna,* das Wissen der Ahnen. Die Jungen mussten fasten, durften täglich nur bestimmtes Gemüse, wie eine Kochbanane, zu sich nehmen, das diente der Reinigung. Welche Riten sie durchliefen, durften die Frauen nicht wissen. Dass am Ende der vierwöchigen Zeit der Vorbereitung ein Beschneidungs-Ritual stattfand, wussten sie dagegen. Die Dorfältesten waren sogar dazu übergegangen, sich dafür von der Krankenstation eine Desinfektionslösung zu besorgen.

Beim so vertrauten Zusammensitzen empfand ich wieder einmal, wie wundervoll es doch war, eine Freundin zu haben, die sich für mich so weit öffnete. Gananui saß neben mir, wobei ich spürte, dass sie sich hatte überwinden müssen, mir all das zu offenbaren. Ihr Geruch hatte sich verändert, wie mir mit einem Mal auffiel. Schon früher hatte ich bemerkt, dass Schweißgeruch von schwarzen und weißen Menschen sich unterschied. Hatte „unser" Schweißgeruch etwas Säuerliches, so hatte der von Schwarzen eine Art metallischen Beigeschmack. Aber, was mir hier auffiel, das war Angst, ich roch Angst! „Hattest du vorhin Angst"? fragte ich Gananui behutsam. Sie legte ihre Hand auf meinen Oberschenkel und sagte: „Ooo Gabi ooo, ich hatte mächtig Angst, dass sie von mir verlangen würden, nicht mehr mit Dir befreundet zu sein!"

Die jungen Männer waren weg, und die Dorffrauen ergingen sich in eifrigen Vorbereitungen. Die Regenzeit hatte eingesetzt, und das Strandleben war zu einer Abwehr von Sandflöhen geworden. Schon der Weg hinunter durch das Kunaigras zum Dorf oder zum Strand hatte sich zu einer schweißtreibenden Unternehmung entwickelt. Manches Mal saß ich nach einer Dusche im Sessel und begann, mich schon wieder nach der nächsten zu sehnen. Amos entwickelte einen Ausschlag gegen die hohe Luftfeuchtigkeit, der nur mit einer bestimmten Lotion zu behandeln war. An einem Morgen kam unser Hausmädchen Wasai mit einer Nachricht von Gananui: „Morgen ist der große Tag. Ihr seid eingeladen, beim Initiationsfest dabei zu sein"!

Wir hatten uns „ganz in Weiß" gekleidet und wanderten den Hügel hinunter ins Dorf. Dort herrschte Festtagsstimmung. Alle Frauen waren mit Essensvorbereitungen beschäftigt; sie trugen Baströcke und zeigten bloße Brüste. Die Schweine waren bereits geschlachtet und lagen zerteilt auf Bananenblättern bereit. Auf den Innereien saßen Berge von Fliegen, die von daneben sitzenden Kindern mit Palmwedeln träge ein wenig verscheucht wurden. Es war mehr Funktion als Absicht. Auf dem Dorfplatz waren Schilfmatten ausgebreitet. Hier ließen wir uns nieder und warteten mit den Dorfleuten auf das große Ereignis. Im Warten waren die Niuginis ganz groß, das wusste ich von früheren Ereignissen.

Aus der Ferne war das Geräusch von Gesängen und Trommeln zu vernehmen. Es kam näher, und eine Gruppe von geschmückten, tanzenden Menschen tauchte auf. Das war eine *Singsing*-Gruppe, wurde mir erklärt. Sie hatte die Aufgabe, die Ankommenden mit ihren Gesängen in das Dorf zu „ziehen". Die Ankommenden, das waren die jungen Männer, die eine nicht näher zu beschreibende Zeit hinter sich gebracht hatten. In dieser Zeit waren sie in den überlieferten Traditionen ihrer Ahnen unterwiesen worden, von denen noch nicht einmal die Dorffrauen Genaues wissen durften. Die *Singsing*-Gruppe war nun deutlicher zu sehen und auch das, was sie da ins Dorf „zog": eine Reihe sichtlich abgemagerter junger Männer mit hervorgetretenen Rippen, gekleidet in rote *laplaps*, die eine geflochtene Basttasche in der Hand hielten. Dahinter folgten die jungen Mädchen des Dorfes, aufgereiht nach der Größe ihrer Brüste. Die *Singsing*-Gruppe bewegte sich mit den nachfolgenden Gruppen durch das Dorf und drehte eine Ehrenrunde. Danach nahmen die jungen Männer Aufstellung auf dem Dorfplatz, die Mädchen entfernten sich und eilten zu den Essensvorbereitungen – sie waren nur schmückendes Beiwerk gewesen.

Vor den jungen Männern stehende Dorfälteste reichten ihnen nun eine Kostprobe ihres traditionellen Essens. Sie nahmen je einen Bissen Taro, Kochbanane, Süßkartoffel, und Yamsfrucht in den Mund. Hinter ihnen stehende Männer begannen, sie mit Wedeln symbolisch auszupeitschen, so dass sie die Bissen wieder ausspuckten. Damit war das Fasten offiziell beendet. Die jungen Männer waren zu vollberechtigten Männern ihrer Gesellschaft geworden und die Mädchen hatten die Wahl, sich einen von ihnen als Ehemann auszusuchen.

Das folgende Festessen war köstlich. Als besonders köstlich empfanden wir es, dass wir überhaupt dabei sein durften. Mehrere Stunden saßen wir auf dem Dorfplatz zusammen und unterhielten uns mit den Dorfleuten. Das Essen wurde über den Feuerstellen warm gehalten und immer wieder etwas davon angeboten. Gananui hielt sich von uns ein wenig entfernt, wie ich verstehend bemerkte – unsere Freundschaft stand, wie sich gezeigt hatte, auf recht fragilen Fundamenten. Obwohl ich aufmerksam war, konnte ich kein einziges der Mädchen bei der avisierten „Bräutigamswahl" entdecken. Aber dadurch wollte ich mir dieses besondere Erlebnis nicht verderben lassen. Als wir uns am Abend im Schein unserer Taschenlampen auf den Heimweg machten, klangen in meinen Ohren noch die Melodien der *Singsing*-Gruppe nach.

Niemals habe ich mich in Begesin so heimisch gefühlt wie in Biliau. Biliau erschien mir wie die Antwort auf alles, was ich mir jemals gewünscht hatte. Ich fühlte mich dort zutiefst „zu Hause", am Ort meiner Bestimmung angekommen. Oft habe ich später gedacht: hätte man uns in Biliau gelassen, ich hätte sicherlich nie das Bedürfnis gehabt, dieses Land zu verlassen. Wie es scheint, sind Erfahrungen weder etwas, das wir uns aussuchen, noch etwas, das wir vermeiden können.

Unsere Zeit in Biliau neigte sich dem Ende zu und wir machten uns schweren Herzens daran, wieder einmal unsere Überseetonnen zu packen. Ich bringe es nicht fertig, die Trauer, den Abschiedsschmerz zu beschreiben. Es blieb mir nur, die notwendigen praktischen Schritte zu tun – und dann hieß es Abschiednehmen. Abschied von Menschen, einem Haus, Gegenständen, Gerüchen, Melodien, tiefen Eindrücken. Abschied nehmen, das war und ist ein schwieriges Thema für mich.

Die Simbang, die uns gebracht hatte, war im Morgengrauen da, um uns abzuholen und nach Madang zu bringen. Von dort sollten wir weiterfliegen nach Begesin. Ein letztes Mal wanderte ich mit Amos auf der Hüfte durch das taufeuchte Kunaigras den Pfad hinunter zum Strand. Weiter draußen sah ich die Simbang ankern und musste bei der Erinnerung an unsere Ankunft meine Trauer schlucken. Wie damals stieg nach der kurzen Dämmerung die Sonne über dem Meer auf und ließ noch einmal all das, was ich liebgewonnen hatte, aufleuchten. Im Dorf machten wir kurz Halt, ließen unsere Blicke über die Häuser schweifen und folgten dem Weg weiter zum Strand. Wieder standen die hochgewachsenen Menschen hier, darunter meine Freundin Gananui mit Mann und Kindern. Wir hatten am Vorabend unseren echten Abschied genommen, waren vertraut am Strand gesessen und hatten uns gegenseitig unserer Zuneigung versichert. Nun stand sie da wie eine Fremde, war eingereiht in die Reihe der Dorffrauen. Nein, nicht sie, die mir so nahe ist, schluchzte etwas in mir. Sie blieb sich treu, löste sich aus den Reihen, und wir hielten einander an den Händen, schauten uns in die Augen. Danach schüttelten Michael und ich unzählig viele Hände, bestiegen schließlich ein Motorboot und setzten zum Schiff über. Die Simbang nahm Kurs auf Madang, die Menschen am Strand schwanden zu winzigen Punkten – und so endete einer der glücklichsten Abschnitte meines Lebens.

Ankunft auf der Außenstation Begesin

Neben dem Flughafen von Madang hatte die Mission ihren Hangar für die Cessnas gebaut, mit denen die Außenstationen angeflogen wurden. Schon bei der Ankunft im Land war ich in Port Moresby etwas ängstlich in das Flugzeug nach Lae gestiegen. Es war mir so klein erschienen. Als ich nun zum ersten Mal eine Cessna sah, konnte ich mir nicht vorstellen, dass in solch einem winzigen Flugzeug mehrere Menschen und auch noch Fracht Platz finden sollten. Aber die Arbeiter waren bereits dabei, unsere Überseetonnen in den unteren Teil der Cessna zu verstauen. Sie nannten es „den Bauch des Vogels füllen“. Inzwischen schien es mir selbstverständlich, dass in Tok Pisin das Wort für Taube und Flugzeug dasselbe war. Zu meinem Schrecken wurde auch Dolly, unsere kleine Hündin, die wir in Biliau geschenkt bekommen hatten, im Bauch der Cessna in einer Box verladen. Terry, der australische Pilot, forderte uns nun zum Einsteigen auf und überprüfte selbst das Anlegen der Sicherheitsgurte. Wir rollten auf die Startpiste, nahmen Fahrt auf, und bald hob der kleine Vogel ab. Wir waren auf dem Weg zu „unserer" Station.

Zum ersten Mal flog ich über eine endlos scheinende Landschaft aus Regenwald – sie kam mir überwältigend schön vor. Michael saß auf dem Vordersitz neben Terry und unterhielt sich mit ihm. Nach ein paar Minuten stellte er offensichtlich eine Frage nach einem Dorf im Busch, das wir gerade überflogen. Auf einmal lag die kleine Cessna und wir in ihr auf der Seite und mir blieb fast die Luft weg! Nach einer guten halben Stunde drehte Michael sich um und bedeutete mir, nach vorne zu schauen. Ich sah ein kleines Dorf, daneben eine Grasbahn, in weiterer Entfernung einen Fluss, und jenseits davon glitzerten mehrere Wellblechdächer im Sonnenlicht. Wir waren im Anflug auf Begesin. Erst später wurde mir klar, warum Terry plötzlich so angespannt gewirkt hatte bei dieser Landung. Der „Flugplatz" in Begesin war nur eine Graspiste und erschwerend kam hinzu, dass gleich am Anfang der Bahn ein Graben und am Ende ein Hügel lag. Der Pilot musste die Cessna sehr präzise am Beginn der Landebahn aufsetzen, um die Bremsung auf der kurzen Graspiste zu schaffen.

Wir stiegen aus, Hitze schlug uns entgegen, fremde dunkle Gesichter blickten uns neugierig an. Ein Weißer bewegte sich auf uns zu und begrüßte uns freundlich auf Deutsch. Das war Heiner, der Vorgänger von Michael, der nach einer kurzen Einweisung nach Deutschland zurückkehren sollte. Unsere Überseetonnen wurden ausgeladen. Endlich sprang auch wieder Dolly aufgeregt um Amos herum. Junge, kräftige Männer luden sich unsere Habseligkeiten auf, und wir folgten Heiner einen Trampelpfad hinunter zu einem Fluss. Ich war etwas ängstlich, als Heiner einfach in den Fluss stieg und in durchschritt. „Da musst du von jetzt an immer durch, wenn du von hier weg willst!" rief Heiner, im Umdrehen in mein verblüfftes Gesicht. „Gefährlich ist das nur in der Regenzeit, wenn der Ujapan Hochwasser führt oder nachts wegen der Schlangen!" setzte er hinzu. Na toll, dachte ich, aber von nun an wirst du mir keine Unsicherheit mehr anmerken. Nach Durchquerung des Flusses ging es wieder einen Pfad durch Kunaigras bergauf. Brütende Hitze lag über dem Kunaigras, die Luft flimmerte vor meinen Augen. Auf der Anhöhe angekommen, begrüßte uns Hetta, die Frau von Heiner. Sie würde mich in meinen Teil der zu übernehmenden Arbeit einweisen. Jetzt waren erst einmal die Lastträger zu entlohnen, deshalb stand sie vor dem *salthouse,* einer kleinen Buschhütte neben dem Stationshaus.

Noch jetzt kann ich die Beklemmung spüren, die mich bei der Ankunft in Begesin überfiel. Durch ein Zusammenwirken von Eindrücken war mir deutlich geworden, dass ich mich hier niemals so zu Hause fühlen würde wie in Biliau. Ich kann nicht benennen, was im Einzelnen dieses Gefühl ausgelöst hat. Es war diffus da. War es das Abgeschnittensein von der Außenwelt durch die nichtvorhandene Straßenverbindung, war es der Weg vom Flugplatz zum Haus, oder der Anblick meiner sichtlich am Ende ihrer Nerven angelangten Vorgängerin? Während ich in Biliau jeden Tag als kleine Kostbarkeit erlebt hatte, wurde mir hier plötzlich bewusst, auf einer Insel zu wohnen. Ich versuchte, auf dieser Station heimisch zu werden, wobei mir mein herrlich erfrischendes Kind eine große Hilfe war. Aber die Magie des fraglosen Glücklichseins ist nicht zurückgekehrt.

Die Missionsstation bestand aus einem wellblechgedecken Holzhaus in U-Form auf Betonpfosten. Alle Zimmer der Vorderfront mündeten auf eine überdachte Veranda, von Heiner freundlich in Rot und Weiß gestrichen. Gleich rechts daneben lag das Waschhaus, ein Gebäude ohne Wände, ebenfalls mit einem Dach aus Wellblech. Gegenüber dem Missionshaus befand sich das „Mädchenhaus", dessen Fenster wie beim Missionshaus alle mit Fliegengittern versehen waren. Zwischen Wasch- und Mädchenhaus wuchs ein riesiger Brotfruchtbaum. Vor dem Küchenfenster des Missionshauses erhob sich ein Guavabaum, an dem Heiner für seine Kinder eine Schaukel angebracht hatte. Südlich vom Missionshaus lag der von Hetta angelegte Ananasgarten, den ich weiter bepflanzte. Das war eigentlich keine Arbeit, es bedeutete lediglich: von einer geernteten Ananas die stachelige Blüte abdrehen, einpflanzen, einige Monate zu warten – und der Ananasgarten wuchs und gedieh. Gleich hinter dem Ananasgarten war der *workshop,* der Arbeits- und Geräteschuppen. In ihm war der dieselbetriebene Generator untergebracht, zusammen mit den Arbeitsgeräten, wie z.B. der Rasenmäher. Gegenüber stand das *salthouse,* eine Buschhütte, in der Dinge gelagert wurden, um die Lastträger für die Transporte vom Flugplatz zur Station auszuzahlen. Das waren Grundmittel des täglichen Lebens, wie Streichhölzer, Salz (daher der Name *salthouse*), Schmierseife und Reis sowie eine Waage, um das Gewicht der getragenen Lasten zu wiegen. Etwas außerhalb stand der *store,* der stationseigene Einkaufsladen, ein Wellblechschuppen, wo Grundnahrungsmittel sowie einige einfache Textilien zum Verkauf angeboten wurden.

Der Rasen, oder besser, die Grasfläche um das Haus, war wegen der Schlangen immer kurz zu halten. Hetta wies mich in die Bezahlung der Lastträger ein. Die vom Flugplatz zur Station getragene Fracht musste gewogen und dann in Absprache mit den Trägern in Naturalien entlohnt werden. Sie erklärte mir weiter, dass sie in Madang im *Lutheran Supply House*, einem missionseigenen Supermarkt eine *standing order*, eine dauerhafte Bestellung, hatte. Das bedeutete, dass alle zwei Wochen, wenn ein Flugzeug kam, die gleichen Lebensmittel geliefert wurden. Die Grundnahrungsmittel mussten dabei bedacht werden, die man in etwa zwei Wochen benötigte. Ich war heilfroh, eine so erfahrene Außenstationsfrau zur Seite zu haben. Zusammen stellten wir eine auf die Bedürfnisse unserer Familie abgestimmte *standing order* fertig. In der Regenzeit, wenn keine Landung möglich war, würde der Pilot uns sogar diese dauerhafte Bestellung auf dem Flugplatz, zusammen mit der Post, abwerfen.

Wir lernten, das Funkgerät, unsere einzige Kontaktmöglichkeit zur Außenwelt, zu bedienen. „Foxtrott Sierra", das waren wir. Jede Station hatte ihren Code und zu bestimmten Zeiten konnten wir mit der Zentrale in Madang oder mit dem Missionskrankenhaus in Yagaum sprechen – immer in dem Bewusstsein, dass alle mithörten. Weiter gehörte zu unserem Lernprogramm, wie wir vor jeder Ankunft eines Flugzeugs dem Piloten einen Wetterbericht zu funken hatten. Da die Gras-Landepiste extrem kurz für eine Cessna war, musste der Pilot genau über die Feuchtigkeit des Grases, Windstärke und Windrichtung unterrichtet werden. Die Schweine des Dorfes *Konogul,* gleich neben der Grasflugpiste, waren unbedingt daran zu hindern, sich bei Landung und Start auf der Piste herumzutreiben. Dazu hatten wir je eine Reihe von Jungen aus dem Dorf entlang der Bahn Aufstellung nehmen zu lassen, die genau die Dorfschweine im Auge behielten.

Heiner führte Michael in die Arbeit eines Außenstations-Missionars ein und ich lernte von Hetta, welche Aufgaben einer Frau auf einer Missionsstation zukamen. Ziemlich bald wurde mir klar, welche Bedeutung die klassische Rollenverteilung hatte. Die Männer konnten ungehemmt – da beruflich von Nöten – ihrer Abenteuerlust frönen, während die Frauen den Alltag zu meistern hatten. Mit Letzterem konnte man zwar nicht so gut punkten, auch war es wesentlich langweiliger, aber die Nerven wurden ganz offensichtlich viel mehr beansprucht als beim Abenteuerleben. Sicher, nicht alle Außenstationspaare lebten diese Art der Rollenverteilung, aber genau die sah ich bereits auf mich zukommen. In meiner grenzenlosen Naivität fasste ich den festen Entschluss, mich diesem Schicksal nicht zu ergeben.

Wir lernten die Stationsleute kennen, also den einheimischen Pastor, die Lehrer und sonstige Stationsmitarbeiter mit ihren Familien. Butut, der Stationsmanager und seine Frau waren uns sofort sympathisch. Diese Frau wurde ansatzweise ein Gananui-Ersatz für mich, von der ich noch viel lernen sollte. Pastor Aisaip war ein gedrungener, stämmiger Mann und eine seltsam schillernde Persönlichkeit – etwas Charismatisches ging von ihm aus. Seine Frau, erkennbar keine gebildete Frau, hatte eine große Ausstrahlung von Wärme. Die Lehrer mit ihren jeweiligen Frauen dagegen hinterließen bei uns keinen tiefen Eindruck. Es schien uns eher so, als seien sie austauschbar. Tatsächlich wechselten sie auch häufig. Sie unterrichteten in Tok Pisin unter anderen Fächern auch Englisch. Als ich später ihr Englisch hörte, wurde ich an den Geschäftsmann auf der Simbang erinnert, der das Lehrprogramm der Bibelschulen bemängelt hatte. Zu dieser Zeit wurden die Schulen auf Missionsstationen noch Bibelschulen genannt. Erst auf einer Synode der evangelischen Kirche Papua Niuginis, ich glaube, es war 1973, wurden sie umbenannt in *Tok Ples Skuls,* also Schulen, die in der lokalen Sprache unterrichteten.

Alle Stationsleute begegneten uns mit großer Offenheit, und Amos schien von Anfang der Liebling aller zu sein. Die Älteren unter ihnen hatten wohl schon öfter erlebt, wie eine Missionarsfamilie ging und eine neue kam und ich glaube, dass sie keiner von uns nachtrauerten. Es schien der Niugini-Mentalität zu entsprechen, die Gegebenheiten hinzunehmen, wie sie waren.

Von Hetta lernte ich, wie den Frauen Hygienestunden zu erteilen waren. Bei den einheimischen Frauen war keinerlei Grundwissen vorhanden über die Gefährlichkeit von Bakterien oder über die Vorbeugung von Erkrankungen durch Sauberkeit. Wenn ein Kind erkrankte, fanden sich die Frauen eben beim *doktaboi* ein – oder, im schlimmeren Fall, beim Zauberer. Immer wieder musste der Versuch unternommen werden, die Frauen von der Wichtigkeit der Hygienemaßnahmen zu überzeugen. Einmal „erwischte" mich Hetta, wie ich Amos nach dem Mittagsschlaf seine vorne geschlossenen Sandalen anziehen wollte. Ein Griff, und sie hatte die Sandalen geschnappt. „Mach das nie wieder!" rief sie erregt. „Du musst immer erst in sie reinschauen oder sie ausklopfen! Wenn dich ein Skorpion gestochen hat, wirst du oder dein Kind wünschen, lieber tot zu sein, als diese Schmerzen zu ertragen."

Anfangs war ich basserstaunt, als junge Frau mit so viel Respekt behandelt zu werden. Aber Hetta erklärte mir, das sei hier so üblich. „Du hast ein Kind, noch dazu einen Sohn, und somit bist du *Mama bilong Amos,* die Mutter von Amos." Ältere Stationsleute sprachen Michael mit *Brata,* Bruder an, was den jungen Außenarbeitern nicht zustand, sie hatten ihn *Papa* zu nennen. Die Menschen hier im Busch hatten nicht die Leichtigkeit der Küstenleute von Biliau. Sie kamen mir schwerer, erdiger vor.

Nach zwei Wochen Einarbeitungszeit war es so weit. Heiner und Hetta übergaben uns die Station, so dass wir zusammen zu einem *Mumu*-Essen eingeladen wurden. Für unsere Vorgänger sollte es das Abschiedsessen, für uns das Begrüßungsessen sein. Wir liefen zusammen zum Haus des Stationsmanagers Butut, wobei uns Heiner auf dem Weg warnte: „Glaubt nur ja nicht, dass es nun bald etwas zu Essen gibt. Jetzt werden erst einmal Reden gehalten, dann noch mal Reden und noch mal Reden. Zu Essen gibt es erst irgendwann später". So war es dann auch. Die Reden schienen kein Ende zu nehmen. Es schien, als müsse jeder seinen Teil beitragen, egal, ob das Gleiche schon vom Vorredner gesagt worden war. Das sollten wir noch häufig erleben. Aber in diesem Fall war es von Vorteil, in einer reinen Männerwelt eine Frau zu sein. Hetta und ich konnten die Männer ohne jegliche Skrupel in ihrer Männerwelt belassen und uns den viel interessanteren Vorbereitungen des *Mumu*-Essens widmen.

Die Männer hatten schon am Nachmittag ein Erdloch ausgehoben, wie uns die Frauen berichteten. Sie hatten auch ein Schwein geschlachtet und zerlegt. In dem Erdloch war bereits vor Stunden ein Holzfeuer entzündet und darauf Steine erhitzt worden. Damit hatte die Arbeit der Frauen begonnen. Sie hatten das gewürzte Schweinefleisch auf den Steinen ausgebreitet und Feldfrüchte wie Taro, Süßkartoffeln und Yams darauf gebettet. Nun hatten sie alles mit Bananenblättern dicht abgedeckt und Erde darüber geschaufelt. Wie lange? war meine Frage, da ich schon immer gerne von anderen Kochrezepte erfragte. „*Ooo*", verlegenes Schulterzucken war die Antwort, „*long taim liklik*, lange Zeit ein bisschen". Wie oft habe ich das noch gehört, aber lange gebraucht, bis ich damit umgehen konnte. Später habe ich diese Worte sogar gemocht, zeigten sie doch ein viel lockereres Verhältnis im Umgang mit Zeit im Vergleich zu unserem.

Irgendwann hatten die Männer es doch geschafft, ihre wichtigen Reden zu beenden. Sie gesellten sich zu uns Frauen und die Männer fingen an, die Erde aus der Grube vorsichtig abzutragen. Noch heute kann ich mich an den wunderbaren Duft erinnern, der sich verbreitete. Um uns herum war das Zirpen der Zikaden zu hören, daneben das „Onk onk" der Frösche, und über allem schwebte, immer kräftiger werdend, dieser absolut köstliche Duft. Amos war in meinen Armen eingeschlafen, so dass wir ihn auf eine zusammengefaltete Decke neben der Bastmatte betteten, auf der wir hockten. Lange saßen wir mit den Stationsleuten zusammen, genossen das herrliche Mahl, und für Michael und mich war es ein Stückchen wie ein Hineinwachsen in die Stationsgemeinschaft. Dann machten wir vier uns zusammen mit unseren Kindern auf den Heimweg. Im Haus nahm jeder noch eine Eimerdusche, und wir fielen todmüde in unsere Betten.

Am nächsten Morgen war es so weit. Heiner und Hetta sollten unsere Familie verlassen und sich auf den Weg nach Deutschland machen. Ein Stück Trauer fühlte ich bei dem Gedanken, von nun an ohne diese beiden Menschen hier zu leben. Aber da war auch ein Gefühl von Herausforderung in mir, jetzt unser Leben auf dieser Station in Angriff zu nehmen. Ein letztes Mal schritten wir zusammen den Weg hinunter durch das Kunaigras zum Fluss Ujapan, durchquerten ihn, kletterten den Hügel hinauf zur Graspiste. Michael hatte dem Piloten den Wetterbericht am Funkgerät durchgegeben und schon am Ende des Weges konnten wir die sich nähernde Cessna hören. Eilig stellten wir die Jungen zur „Schweinewache" auf, warteten ein wenig, *long taim liklik,* lange Zeit ein bisschen, schoß es mir durch den Kopf, und schon kam das *balus,* die Taube oder das Flugzeug, angeschwebt. Exakt zwei Meter nach dem Beginn der Piste hatte Terry die Cessna aufgesetzt, wie ich staunend erkannte. Heiner und Hetta mussten Hände schütteln ohne Ende, während ihr Gepäck verladen wurde, dann kam die Zeit für unseren Abschied. Wieder einmal war Abschied zu nehmen von Menschen, die uns unendlich viel gegeben hatten. Sie stiegen ins Flugzeug. Terry, der meine Trauer sah, meinte lakonisch: „*You`ll manage*, du wirst es schaffen", dann stieg auch er ein und startete das Flugzeug. Plötzlich war alles Vergangenheit. Das Flugzeug hob ab, die Wochen mit den beiden flogen noch einmal an mir vorbei. Gespräche mit ihnen,

Sätze, die sie gesagt hatten, Dinge, über die wir gelacht hatten – Vergangenheit. Ohne Worte, eher sprachlos, machten Michael und ich uns auf den Weg zu „unserem" Haus, in dem wir noch tagelang die Gegenwart der Menschen vermissen würden, die es so lange mit Leben gefüllt hatten.

TEIL 2

Zeit, was ist das ?

Es war nicht leicht, die Lücke auszufüllen, die durch die Abreise der beiden entstanden war. Mir fehlte – trotz Hettas offensichtlicher Erschöpfung – ihre starke Persönlichkeit, ihre Sicherheit, ihr Beurteilungsvermögen. Ich hatte mich fürs Leben auf einer Außenstation vorbereitet gehalten. Und doch traf mich jede neu zu bewältigende Schwierigkeit wie ein Keulenschlag. Nichts wollte funktionieren, wie ich es wollte. Ich begann, der vorher kritisch betrachteten Erschöpfung meinen Tribut zu zollen. Aus einer selbstbewussten, lebensbejahenden jungen Frau wurde ein Fragezeichen. Mir schien, als könne ich nichts, als würde ich zu einem Nichts. Fassungslosigkeit, Ohnmacht, Traurigkeit waren plötzlich meine Begleiter. Ich fühlte mich „von allen guten Geistern verlassen", ließ mich immer tiefer ziehen von diesem Gefühl, das Lachen mochte mir nicht mehr gelingen.

Michael wollte zu einem Buschtrip aufbrechen, da er vorhatte, zusammen mit Pastor Aisaip einige Dörfer zu besuchen. „Wie kann ich dich allein lassen in dieser Verfassung?" fragte er mich ratlos. Ebenso ratlos antwortete ich: „Irgendwie muss es ja weitergehen, vielleicht habe ich mich ja bis zu deiner Rückkehr gefangen". Leicht fiel uns beiden der Abschied nicht. Sein Weggehen nahm ich zum Anlass, noch tiefer in meinem Loch zu versinken – jetzt war ich auch noch ganz auf mich alleine gestellt.

Spätabends, Amos lag längst im Bett, hörte ich draußen jemanden husten. Das „Abendkonzert" der Zikaden war in vollem Gange, aber deutlich hörte ich dieses Husten, es schien nur wenige Meter entfernt vom Haus zu sein. Ich spähte nach draußen und nahm den Schein einer Kerosinlampe wahr, tatsächlich nur wenige Meter neben dem Fliegengitter des Fensters. Auf einmal wusste ich – es war wie eine Eingebung – das war niemand, der meinem Kind und mir Böses wollte, das war jemand, der uns beschützen wollte. Ich trat nach draußen, um mich zu vergewissern, obwohl ich mir innerlich schon sicher war. Hatte Hetta mir nicht erzählt, dass sich Einheimische nie bei Dunkelheit einem Haus näherten, ohne sich durch Husten bemerkbar zu machen? „Das gehört bei den Einheimischen zum Anstand", hatte sie gesagt. „Im Dorf könnte sonst die Vermutung entstehen, dass sie jemanden belauschen, bestehlen oder gar verzaubern wollen".

Als ich vor die Tür trat, rief mir Sinaraum, einer unserer Außenarbeiter gleich „*Gut Nait, Mama*!" zu. Er war selbstverständlich gekommen, um während der Nacht über Amos und mich zu wachen, schließlich war doch Papa nicht da, der sonst diese Aufgabe wahrnahm. Dieser junge Mann hatte sich mit Pfeil und Bogen bewaffnet und wollte bis zum Morgengrauen beim Haus wachen.

Ich kehrte ins Haus zurück, setzte mich im Schein meiner Kerosinlampe ins Wohnzimmer; die Bitterkeit der letzten Wochen bröckelte von mir ab wie eine getrocknete Schlammkruste. Ich war gar nie verlassen gewesen, ich war kein Nichts. Der junge Einheimische da draußen zeigte mir das deutlich. Ein tiefer Seufzer, all die trübseligen Gedanken herauslassend, entwich mir. Ich fühlte mich lebendig, wollte mich nicht mehr in meinem Loch vergraben. Ab morgen, so nahm ich mir vor, würde ich mich dem Leben hier wieder öffnen.

Am nächsten Morgen war ich ein anderer Mensch. Meine Sinne waren wieder aufnahmefähig, die Tropensonne schien mir nicht mehr unerträglich heiß, sie strahlte für mich vom klaren Himmel. Ich fing an, im Haus umzuräumen, wollte es zu unserem gestalten. Die dunklen Holzwände im Wohnzimmer störten mich – war da nicht im *workshop* ein Eimer mit weißer Ölfarbe gewesen? Ich ging rüber, fand den Eimer, suchte mir ein paar dicke Pinsel dazu aus und legte im Haus los. Amos saugte die veränderte Stimmung auf, spielte neben mir, wobei wir zusammen einige seiner Kinderlieder sangen. Das Gefühl von Leichtigkeit kehrte zurück, mein vorher quengeliges Kind hatte mit mir das Lachen wieder erlernt.

Am Nachmittag tat ich zum ersten Mal etwas, das zu einem Ritual werden sollte. Ich füllte etwas Tee in einen Beutel, packte mir Amos auf die Hüfte, und wanderte über die Station, um mit einer der Mamas Tee zu trinken. Das Kapitel „Einsamkeit" war abgeschlossen. Später würden mich die Mamas beobachten, bei wem ich wohl heute einkehrte, sie würden dazustoßen und wir würden zu mehreren Frauen zusammensitzen. Als Michael von seinem Buschtrip zurückkam, fand er eine veränderte, frohe Frau und ein Haus mit hellem Wohnzimmer vor. Am Abend setzten wir uns im Wohnzimmer zusammen, Michael holte seine Gitarre, und wir sangen mit Amos seine ihm bekannten Lieder. Zum Abschluss war wie immer „Kumbaya my Lord, kumbaya" dran. In Vorfreude grinste Michael zu mir mit Amos auf dem Schoß herüber, stimmte das Lied an, und unser Söhnchen sang erwartungsgemäß mit Begeisterung „Kumbaya Milo, kumbaya"! Milo hieß das Kakaopulver, das wir Amos morgens in seine Milch rührten.

Die Tage in Begesin flossen träge dahin, unsere Einstellung zur Zeit begann sich zu ändern. Michael rief die Pastoren des Begesin-Bezirks zu einem *bung,* einem Treffen, über Radio Madang zusammen. Am Freitag um vier Uhr nachmittags sollte es beginnen. Er bereitete sich vor, überlegte, welche Punkte zu besprechen waren. Am Freitag um vier Uhr war er pünktlich in dem Schulhaus, das auch als Kirche genutzt wurde. Kein Mensch war da, noch nicht einmal Pastor Aisaip von der Station. Manfred ging zum Haus des Pastors, um zu fragen, wo denn nur alle seien. Der schlug sich lachend auf die Oberschenkel. „Hast du wirklich gedacht, es könnte schon einer da sein"? fragte er. „Die Leute kommen aus den Dörfern, manche leben fünf Tagesmärsche von der Station entfernt. Wenn die ersten heute Abend ankommen, dann würde mich das wundern!" Michael kam zurück und beantwortete meinen erstaunten Blick: „Was sind wir doch noch „deutsch" in unserem Denken! Da setze ich ein *bung* an und denke auch noch, die Leute müssten pünktlich ankommen!" Natürlich, erklärten wir uns selbst, die Teilnehmer von weit außerhalb mussten nach ihrem Tagesmarsch in einem der Dörfer übernachten. Danach hatten sie wieder einen oder gar zwei Tage zu marschieren – und wir mit unserer deutschen Zeitvorstellung erwarteten Pünktlichkeit. Wir haben später noch oft gelacht, wenn wir uns an dieses Anfangserlebnis erinnerten. Mit der Zeit lernten wir, diese ganz andere Einstellung zu Zeit sogar zu mögen – und besonders mochten wir sie, als wir wieder in Deutschland waren und unter *Zeit-Druck* standen. Tatsächlich begann das *bung* am Sonntagabend und noch am Montag trafen letzte Teilnehmer ein. Manchmal kehrte Michael ziemlich genervt von diesem *bung* zurück. Die Art der Gesprächsführung war wohl etwas für unser deutsches Denken ungewöhnlich Anstrengendes. Er jammerte: „Immer, wenn ich meine, einen Punkt abgearbeitet zu haben, steht wieder einer auf, rollt das Thema von vorne auf, bringt neue Gesichtspunkte". Es war wie bei dem Abschiedsessen für Heiner und Hetta. Jeder musste seinen Teil beitragen, von allen wurde akzeptiert, wenn jemand ein Thema noch nicht für abschließend erörtert hielt. Erbost stöhnte Michael: „Da denke ich, jetzt etwas genügend zur Diskussion gestellt zu haben und will zur Abstimmung übergehen. Und schon steht wieder einer da und fängt bei Punkt A an!" Die Art der Abstimmung beschrieb er mir so anschaulich, dass ich zutiefst belustigt ins Bett sank, während er sich noch auf der Kirchenbank durch lange Diskussionen quälte. „Also, da steht einer auf und sagt *yumi redi long vot,* wir sind fertig zur Abstimmung. Ein anderer hebt die Hand und sagt *mi pes*, ich bin der erste. Dann wieder einer *mi seken*, ich stimme zu. Abstimmung gelaufen, denke ich. Mitnichten, ausgerechnet der Mann, der vorher zur Abstimmung aufgefordert hat, steht plötzlich da und sagt: „Brüder, aber diesen Punkt haben wir noch nicht bedacht", und das Ganze geht von vorne los!"

Ich setzte das beim Wiederfinden meiner guten Stimmung begonnene Ritual fort und besuchte fast jeden Nachmittag mit Amos die Mamas auf einen Tee. Auch Yagamar und Sisies nahmen Amos häufig mit zu den Frauen auf der Station, wobei er offensichtlich viel Spaß hatte und Dinge erlebte, von denen ich nichts wusste. Einmal saßen wir bei unseren nachmittäglichen Treffen bei Mama Butut zusammen und Amos kletterte auf ihren Schoß. Mit großer Selbstverständlichkeit schob er ihre Bluse hoch und bettelte: „*Mama Butut, susu plis*, Brust (oder Milch) bitte". Mit der gleichen Selbstverständlichkeit nahm sie eine Brust in die Hand und spritzte Milch quer durch den Raum! Beim Abendessen erzählte ich Michael von dieser Begebenheit und Amos hörte aufmerksam zu. Sehr bestimmt fuhr er fort: „Das ist nicht nur die Brust von Benny, das ist auch meine, und ich habe auch schon davon getrinkt!" Benny war Mama Bututs Sohn, den sie mit drei Jahren noch stillte und Amos sagte wörtlich nicht „getrinkt", sondern, nach Art der Begesinleute, denen R oder L gleich galt, „Blust" und „getlinkt".

Auch in Begesin wurde die Liturgie im Gottesdienst in Graged gepflegt und zumindest Michael wurde in dieser Sprache immer besser, während ich stur dabei blieb, dass Tok Pisin die schönere Sprache sei. Allerdings freundete ich mich mit dieser Liturgie so an, dass sie für mich ein fester Sonntagsbestandteil wurde. Noch, als wir viel später in Deutschland an einem Sonntagmorgen im Badezimmer vor dem Spiegel standen, haben wir miteinander die Melodien dieser Liturgie gesummt und auch der Wortlaut war uns noch lange geläufig.

Während wir in Begesin lebten, gab es in Tok Pisin noch Wörter, die offensichtlich aus der deutschen Kolonialzeit stammten. Michael erzählte mir von den *wokbois*, dass ihnen Wörter wie *hamma, maisel* und *subka* geläufig seien, also Hammer, Meißel und Schubkarre. Kürzlich habe ich meiner Tochter Janna gegenüber, die gerade dabei ist, ihre Dissertation über „Die zunehmende Anglisierung von Tok Pisin" zu schreiben, die Vielfalt angesprochen, die für mich Tok Pisin zu bieten hat. Sie meinte nur trocken: „Sei froh, dass du nicht mitkriegst, wie sich die Sprache verändert hat. Von der ursprünglichen Sprache, die uns so viel Freude bereitet hat, ist nicht mehr viel übrig". Das hat mich mit Bedauern an meine damalige Begeisterung erinnert über eine Wegbeschreibung, die ich für ein Charakteristikum der Sprache Tok Pisin hielt. Aisaip hatte mir den Weg zum Dorf Begesin beschrieben: „*long as bilong kumurere yu mas tainim long han sut,* am Fuß des Eukalyptusbaumes musst du nach rechts einbiegen" – das fand ich köstlich und musste es mir immer wieder von allen Seiten durch den Kopf gehen lassen. *As* ist ein Wort mit Mehrfachbedeutung, es steht für Fuß (eines Baumes), aber auch für Grund (einer Sache, einer Handhabung), für Begründung, und auch für Hintern. *Kumurere*, Eukalyptusbaum – wie hätte ein Weißer, der mit der Natur in Niugini nicht vertraut war, wissen sollen, welcher Baum gemeint war? *Han Sut,* die Hand, die schießt, bedeutet natürlich „rechts", du musst nach rechts abbiegen. Nein, ich möchte lieber nicht wissen, wie sich die geliebte Sprache in ein verniedlichtes und verenglischtes „Etwas" vermischt hat.

Die Gottesdienste in Begesin wurden in einem der Schulhäuser abgehalten. Eine Stunde vor Beginn riefen die *garamuts,* die Baumtrommeln, in einem bestimmten Rhythmus, nach einer halben Stunde in einem anderen, und zum Beginn des Gottesdienstes riefen sie heftig „kommt!" Die Stationsleute hielten abwechselnd die Predigt und keiner nahm offenbar für sich in Anspruch, „der Weisheit letzten Schluss" gezogen zu haben. Eine Predigt wurde eher verstanden wie ein gemeinsames Nachdenken über einen Bibeltext. War ein Prediger mit seiner Auslegung fertig, konnte es durchaus vorkommen, dass ein oder zwei andere nach vorne schritten, um ihr Verständnis des Textes hinzuzufügen. Das löste keinerlei Erstaunen aus, es wurde gelassen angenommen wie so Vieles. Zum Gottesdienst kamen alle immer ganz sonntäglich gekleidet, die Kinder gehörten selbstverständlich dazu. Schweine und gelbe Hunde gingen ein und aus, wobei die Hunde eher verjagt wurden als die Schweine. Wenn ein Kleinkind einmal zu sehr störte, konnte es durchaus vorkommen, dass der Prediger ein lautes „*Givim em susu,* Gib ihm die Brust!" ertönen ließ.

Die Trockenzeit dauerte lange an in diesem Jahr und unser Regenwasser in den Wassertanks neben dem Haus wurde bedenklich knapp, so dass ich neben der Toilette einen Eimer mit Wasser aufstellte, damit nicht nach jedem Toilettengang ein ganzer Spülkasten geleert wurde. Abends brachten wir Amos abwechselnd oder gemeinsam zu Bett und erzählten ihm ein deutsches Märchen. Wir hatten uns vorgenommen, dass er nicht nur in der Niugini-Kultur heimisch werden, sondern auch etwas von unseren deutschen Vorstellungen in sich aufnehmen sollte. Heute war ich an der Reihe, Amos „Rotkäppchen und der Wolf" zu erzählen, wobei Michael dasselbe am Vorabend getan hatte. Wir hatten uns zu Dritt auf Amos` Bett zurechtgekuschelt und ich erzählte. Als ich bei „und die Wackersteine rumpelten in seinem Bauch" angelangt war, fuhr ein hellwacher Amos, von dem wir geglaubt hatten, er sei am Einschlafen, hoch und empörte sich: „Rumpelte und pumpelte in seinem Bauch, heißt das"! Im Wohnzimmer setzten wir uns danach zusammen und überlegten, wie mit der Wasserknappheit umzugehen war. Das noch vorhandene Wasser mussten wir auf jeden Fall zum Kochen nutzen. Wäsche waschen konnte ich auch mit den Stationsfrauen im Ujapan. Uns selbst könnten wir eigentlich auch im Ujapan waschen, fanden wir auf einmal. Vielleicht könnte das sogar eine Bereicherung unseres bisherigen Lebens bedeuten?

Am nächsten Nachmittag setzten wir unseren Entschluss um. Ich ging mit Amos und den Frauen in den Ujapan zum Waschen, Michael mit den Männern etwas oberhalb, wie das in dieser Kultur so üblich war. Ein wenig fremd war es zunächst schon, wenn ich mit Seife, Shampoo und Handtuch in der Hand mit Mama Butut und ihren Kindern zum Ujapan pilgerte. Es brauchte einige Zeit der Gewöhnung, um dieser neuen Gegebenheit ihren Charme abzugewinnen. Eines Abends aber war es soweit. Wir saßen frisch gewaschen auf den Steinen. Sunei, die älteste Tochter von Mama Butut, kämmte, auf einem Felsen sitzend, ihr Kraushaar. Ich sah sie an – und ein fassungsloses Staunen stieg in mir auf. „Black is beautiful!", wurde plötzlich in mir zur letztgültigen Sicherheit! *Waswas long wara Ujapan*, Baden im Fluss Ujapan – etwas regt sich noch heute in mir, wenn ich an die fröhliche Ausgelassenheit der Kinder und die seltsame Vertrautheit von uns Frauen zurückdenke.

Wir lebten schon einige Zeit in Begesin, Alltag war eingekehrt, meine Hygienestunden bei den Frauen der Station und im Dorf waren so etwas wie Routine geworden. Die Entlohnung der Lastträger nach der Ankunft eines Flugzeugs machte mich nicht mehr nervös, sondern ich wollte sie nur möglichst schnell hinter mich bringen, um mich gleich in die eingegangene Post zu versenken. Briefe von zu Hause waren zu meiner zweiten Nahrung geworden, schon die Handschrift auf dem Umschlag machte mich gierig auf das Lesen des Inhalts. Inzwischen hatte ich auch gelernt, mit meiner *standing order* umzugehen. Wenn wirklich einmal Lebensmittel knapp wurden, hatte ich die Möglichkeit, von den Hausmädchen z.B. ein Huhn schlachten zu lassen. Anfangs hatten wir immer über das zähe Hühnerfleisch gestaunt, das auch nach langer Garzeit merkwürdig fest blieb. Es sind eben Freilandhühner, so glaubten wir, da entwickele sich nun mal Muskelfleisch. Bis Michael eines Tages feixend herein kam und mir erklärte, was er beobachtet hatte, nämlich, wie die Hühner geschlachtet wurden. „Ich habe meinen Augen kaum getraut", sagte er. „Die schlachten das Huhn nicht, wie wir uns das vorstellen, indem sie es köpfen und ausbluten lassen – sie stecken es einfach kopfüber in brodelndes Wasser!" Das also war die Erklärung für das ewig zähe Hühnerfleisch.

Eine weiße Missis kann nähen – auch, wenn sie es nicht kann

Ich hatte mich einigermaßen gemütlich in meinem Alltagsleben eingerichtet, als dem abrupt ein Ende gesetzt wurde. An einem Vormittag kam eine Abordnung von Frauen der Station zu mir und fragte mich ultimativ, wann ich denn endlich mit Nähstunden beginnen wolle. „Ja, aber ich kann doch gar nicht nähen" meinte ich verblüfft, wurde aber eines Besseren belehrt: „Du bist eine weiße Missis, also kannst Du natürlich nähen!" Ich war dermaßen fassungslos, dass ich dem nichts entgegensetzte. Diesen Nachmittag habe ich nicht mit den Mamas verbracht, ich war viel zu beschäftigt, zu grübeln, wie ausgerechnet ich die an mich gestellten Erwartungen erfüllen sollte. Klar, da standen in dem einen Schulgebäude all diese Nähmaschinen, die mit einer Handkurbel zu bedienen waren – ich hatte sie bisher leicht belustigt zur Kenntnis genommen, aber nie mit einer mir anzutragenden Aufgabe verbunden.

Beim Mittagessen hatte ich Michael vom Besuch der Delegation berichtet, und auch er war ratlos, wie ich mich verhalten solle. Endlich, am Abend hatte ich die zündende Idee. Ich plante sowieso, an einem der nächsten Tage mit Amos nach Madang zu fliegen, um vor der zu erwartenden Regenzeit noch einmal Einkäufe zu tätigen. Da hatte ich doch im *Lutheran Supply House* die Schnittmuster gesehen, die Schritt für Schritt erklärten, wie ein Rock oder ein Kleid zu nähen war. Und eine *meri blaus*, eine der Blusen der einheimischen Frauen, hatte ich unter Tante Bertas Anleitung damals in Lae doch auch schon genäht. So wollte ich es machen und mit diesem Vorhaben konnte ich mich langsam wieder beruhigen. Zwei Tage später flog ich mit Amos nach Madang, fand tatsächlich die erwarteten Schnittmuster und kaufte gleich noch eine Nähmaschine mit Fußpedal dazu. Wieder zu Hause in Begesin machte ich mich eifrig daran, anhand der „Step by Step"-Schnittmuster, das Nähen zu üben. Ich habe in der Zukunft viele schöne Dinge genäht, sogar Bermudashorts mit Taschen, und ich habe ein Schnittmuster für einen Sechsbahnenrock entworfen. Nun war ich erst einmal dabei, selbst mit Nadel und Faden umgehen zu lernen. Ich brauchte Tage, bis ich mich so weit sicherfühlte, aber dann gab ich Mama Butut Bescheid, dass es losgehen könne mit den Nähstunden. Oft, wenn ich später mit den Frauen zusammensaß und wir nähten und dabei plauderten, habe ich an Tante Berta gedacht, die mich die Grundkenntnisse der Nähkunst gelehrt hatte und war heilfroh darüber.

Eines Morgens fiel mir in der Küche auf, dass der Kühlschrank stinkend vor sich hin rußte. Und dieser merkwürdige Geruch, der da auf einmal in der Luft lag … Schon beim Öffnen der Tür ahnte ich nichts Gutes, was sich als richtig erwies. Aus dem Gefrierfach tropfte eine stinkende Brühe auf die darunter liegenden Lebensmittel. Der Kühlschrank kühlte nicht mehr, es schien sogar Hitze von ihm auszugehen! Ich rief nach Michael, der draußen mit den *wokbois* dabei war, das gemähte Gras zusammenzurechen. Er schaute sich die Sache an und meinte: „Mir scheint, da haben wir ein ernstes Problem!" Das hatten wir. Meine gestern eingetroffene Dauerbestellung war bereits verdorben, nun mussten wir also zusehen, wie wir uns ernähren konnten. Den ganzen Nachmittag versuchte Michael, den Kühlschrank zu reparieren – vergeblich. Er hatte Teile ausgewechselt, hatte einen neuen Docht für das Kerosin eingebaut, aber entscheidende Ersatzteile fehlten. Am Abend setzte er sich frustriert an das Funkgerät und bestellte einen Mechaniker. Es dauerte sechs Tage, bis ein Mechaniker mit Ersatzteilen anrücken konnte. In diesen sechs Tagen lernten wir, was es bedeutet, in den Tropen ohne Kühlschrank zu existieren. Von da an haben wir diesen Kühlschrank als kleine Kostbarkeit empfunden.

Der *store*, der Stationsladen, war ein Treffpunkt für die Stations- und Dorfleute. Für Michael war er ein Ort, an dem er unbefangen mit den Dorfleuten in Kontakt treten konnte. Die Leute saßen vor dem *store*, Betelnüsse wurden gekaut, und oft war kreischendes Lachen von dort zu vernehmen. Die Waren wurden in zweiwöchentlichem Abstand von einem Flugzeug eingeflogen, das dann auch unsere *standing order* sowie die Post mitbrachte. Kurz nach Ankunft eines Flugzeugs versammelten sich gewöhnlich die Dorfleute, um die gebrachten Waren in Augenschein zu nehmen. Die Bestellung für den *store* stellte Michael mit Butut und Aisaip zusammen. Einmal hatten sie bei einer ihrer Zusammenstellungen besonders viel Spaß, ich hörte sie brüllend lachen! Belustigt dachte ich, na ja, da sind wieder mal die Jungs dabei, in ihrer Männerwelt aufzugehen. Weiter dachte ich nicht nach. Nach der Landung des nächsten Flugzeugs entlohnte ich wie gewohnt die Lastträger und war wie immer begierig auf die Post. Beim flüchtigen Durchsehen des Postsackes hatte ich einen dicken Brief in der gestochenen Handschrift meiner Mutter entdeckt; dessen Inhalt gedachte ich, mir baldmöglichst einzuverleiben. Auf dem Weg zu unserem Haus hörte ich Gekreisch und Tumult aus der Ecke des *stores* kommen. Ich kehrte um, da ich unbedingt erfahren wollte, was da wohl los war. Pastor Aisaip stand da, mit leuchtenden Augen einen Gegenstand hochhaltend. Einen BH, einen Büstenhalter, hielt er in der Hand, wie ich beim Näherkommen erkannte. Er schwenkte ihn in der hochgehaltenen Hand und rief: „Ihr Frauen, zäunt eure Brüste ein! Lasst sie nicht nutzlos rumhängen, sie wollen einen Zaun!" Immer wieder ließ er seine Aufforderung ertönen, das kreischende Antwortgelächter schien ihn anzuspornen, er wurde immer lauter! Tief aus meinem Inneren stieg ein glucksendes Lachen auf – das also hatte das brüllende Gelächter der „Jungs" ausgelöst. Ja, und am Abend erzählte mir Michael, dass die BHs reißenden Absatz gefunden hätten.

Unsere erste Regenzeit in Begesin begann und setzte dem gemeinsamen Waschen und Baden ein Ende. Wir schwelgten im Reichtum des Regenwassers, duschten wieder mit Wonne, so dass das ritualhafte Baden und Wäschewaschen im Ujapan in Vergessenheit geriet. An einem Morgen kam der *doktaboi*, der Krankenpfleger der Station zu uns und erklärte, er sei es Leid, die Begesinleute medizinisch zu versorgen. Er kam von Buka Island, einer Insel, deren Menschen besonders schwarz sind. Die Einheimischen nannten sie deshalb *skin diwai*, Baumhaut, was sich auf einen bestimmten Baum mit schwarzer Rinde bezog. Resigniert erzählte er, wie oft er den Begesinleuten gesagt hatte, sie müssten seine Frau bei der Gartenarbeit tatkräftiger unterstützen. Schließlich war er mit der Krankenversorgung beschäftigt und konnte den Anteil der Gartenarbeit, der von den Männern getragen wurde, nicht wahrnehmen. Sie hatten ihm immer wieder Besserung gelobt, aber nie war wirklich etwas geschehen. Auch sein Vorschlag, dann wenigstens seine Arbeit mehr mit Gartenfrüchten zu honorieren, hatte nichts genützt! „Den Zauberer müssen sie doch auch bezahlen", empörte er sich, „nur ich, der eine Familie zu ernähren hat, soll umsonst für sie arbeiten"! Ratlos hörten wir ihn an. Sicherlich hatte das wieder etwas mit dem allgegenwärtigen Stammesdenken zu tun. Er war eben kein Begesin, er war *skin diwai*, ein Mann von der Insel Buka. Sie nahmen zwar seine Dienste in Anspruch, aber einer der Ihren konnte er nie werden. Es gab keinen Grund, zu versuchen, diesen Mann umzustimmen. Im Gegenteil, sollten die Begesins ruhig einmal merken, was ihr Verhalten bewirkte. Wir verabschiedeten uns von dem verbitterten Mann, nicht ahnend, was durch diesen Abschied auf uns zukam.

An einem der nächsten Sonntage, wie immer hatten die *garamuts,* die Baumtrommeln, zum Gottesdienst gerufen, kam, was kommen musste. Am Ende des Gottesdienstes – wir wollten gerade aufbrechen – trat einer der Dorfältesten von Konogul, dem Dorf jenseits des Ujapans nach vorne. „So kann es nicht weitergehen!" donnerte er. „Unsere Frauen können ihre kranken Kinder nur noch zu

Orkap, dem Zauberer, bringen. Sicher, er hilft ihnen, wo er kann. Aber er gewinnt wieder viel mehr Einfluss auf die Menschen in Konogul, als er vorher hatte." Eine der endlosen Debatten, die wir schon kannten, begann. Jeder gab seinen Standpunkt zur Sachlage ausführlich zum Besten, der Nachredner wiederholte das Gehörte und fügte seine eigene Ansicht hinzu. Es gab viele, die etwas zu sagen hatten, wie immer. Butut hielt den Dorfältesten die Säumigkeit ihrer eigenen Dorfleute vor, die ihre Lage durch ihr Verhalten selbst verschuldet hätten. Aber die verteidigten erbittert ihren Standpunkt, dass etwas zu geschehen habe, schließlich lebten sie in einem Dorf gleich neben der Missionsstation. Ihre Aufgabe war es, die Christen und auch die Ungetauften in ihrem Dorf anzuleiten. Die Debatte hatte sich mindestens eineinhalb Stunden hingezogen, als Pastor Aisaip erklärte, er habe da einen guten Gedanken. Jetzt sollten alle erst einmal nach Hause gehen, er müsse den Gedanken noch „in seinem Bauch herumdrehen", dann würde er handeln. Und das tat er.

Am Nachmittag, wir hatten gerade Kaffee getrunken, hustete jemand vor der Tür. Sofort war uns klar – das konnte nur Aisaip sein. Noch nie hatte er an unsere Tür geklopft, stets hatte er sich wie ein abendlicher Besucher durch Husten bemerkbar gemacht. Bedächtig nahm er Platz, sprach über die begonnene Regenzeit, nahm Amos liebevoll auf den Schoß, wollte gerne auch eine Tasse Kaffee trinken. Mann, dachte ich genervt, spuck es schon aus! Und langsam entwickelte er vor uns das, was er „in seinem Bauch umgedreht" hatte. Ich, seine Schwester, sei doch eine anerkannte Frau auf der Station. Zu meinem Hygieneunterricht und meinen Nähstunden würden die Frauen gerne kommen, sogar aus Konogul nähmen jetzt viel mehr Frauen als früher teil. Und da ich Frau eines Missionars sei, sei ich sicher auch in der Lage, die Versorgung der Kranken zu übernehmen … Mein erstes Gefühl war spontane Abwehr. Wie sollte ich, jung und unerfahren, ohne entsprechende Ausbildung eine solche Aufgabe übernehmen? Aber der listige alte Fuchs wusste, wie er vorzugehen hatte. Würde diese Arbeit nicht die Mission den Menschen ein ganzes Stück näher, sie zum Nachdenken über das Christentum bringen? Sogar über das „Wie" seines Plans hatte er schon nachgedacht. Ich könnte doch ins Missionshospital nach Yagaum gehen und mich dort entsprechend schulen lassen. Ich brauchte mich noch nicht zu entscheiden, nein, aber wir sollten doch einmal in aller Ruhe darüber nachdenken …

Alles in mir war in Aufruhr nach seinem Weggehen. Ich – arbeiten wie eine Krankenschwester? Wie sollte das gut gehen, war das überhaupt zu verantworten? Lauter Fragezeichen stellten sich mir. Wundversorgung konnte ich mir vorstellen, ja, aber Spritzen geben und Entbindungen? Ich doch nicht! Und was war mit all den Leprakranken, die ich immer vor der *dispensary* gesehen hatte? Würde ich mit meinen Ekelgefühlen umgehen können? Im Gespräch mit Michael tastete ich mich an die sich in mir auftürmenden Fragen heran. Irgendwann war ich so weit – es könnte tatsächlich machbar sein. Dieses und jenes „Aber" musste noch gesprächsweise ausgeräumt werden, dann war ich bereit. Entschlossen hob ich meinen Kopf und sagte: „Ich will es versuchen!"

Übernahme der Krankenversorgung. In weiße Haut spritzen – geht das?

Die zwei Wochen in Yagaum waren die anstrengendsten Wochen meines bisherigen Lebens. Ich folgte Fiona auf Schritt und Tritt, saugte jedes ihrer Worte auf, machte mir abends Notizen, lernte und lernte. Bei einigen Entbindungen sah ich zu, tat nicht einen Handstreich – aber eine Ahnung entstand dafür, wie glücklich ich einmal sein würde, junges, neugeborenes Leben in meinen Händen zu spüren. In Yagaum sah ich zum ersten Mal, wie Einheimische in einem Krankenhaus lebten. Das hatte ich bisher nur in Büchern über Afrika, etwa über Albert Schweitzer, gelesen. Fiona war eine ebenso gute Beobachterin, wie Erzählerin. „Wenn ein Einheimischer krank wird, ist das für ihn nicht einfach eine Krankheit, die auch noch einen Namen hat. Er, die ganze Person ist krank. Irgendetwas ist mit ihm geschehen von außen oder jemand hat ihn verzaubert – der ganze Mensch ist krank", erklärte sie mir. „Das hat nichts für ihn mit einem betroffenen Organ zu tun und darauf dürfen wir auch gar nicht versuchen, es zu reduzieren. Wir müssen ihn in seinem Kranksein ernstnehmen und versuchen – neben all den medizinischen Untersuchungen – herauszufinden, wann er begonnen hat, sich krank zu fühlen."

Die Krankenzimmer in Yagaum sahen in etwa so aus, wie ich sie mir nach Büchern über Lambarene vorgestellt hatte. Die Angehörigen waren um die Kranken herum, die Ärzte nahmen sie als Gesprächspartner ernst. Mit ihnen wurden die Maßnahmen zur Gesundung der Patienten abgesprochen. Eine Krankenhausküche gab es selbstverständlich nicht. Die Familie oder die Sippe besorgte die Mahlzeiten für die Patienten. Den Angehörigen war die Möglichkeit eingeräumt worden, gleich vor den Krankenbaracken eine Feuerstelle zu errichten, wo die Frauen in Grüppchen davorhockten und ihr traditionelles Essen zubereiteten, was laut Fiona, wesentlich zur Genesung der Kranken beitrug.

Wieder zu Hause in Begesin erzählte und erzählte ich, und verarbeitete dabei viele der neuen Eindrücke. Danach richteten wir das Zimmer am Ende des Hauses als *dispensary*, als Krankenstation, ein, womit ein neuer Lebensabschnitt beginnen konnte.

Am intensivsten habe ich meine erste Entbindung in Erinnerung. Ich wurde an einem Vormittag zum Dorf Konogul gerufen, gleich hinter dem Fluss Ujapan und neben dem Flugplatz gelegen. Eine Frau lag dort in den Wehen, *long taim liklik*, lange Zeit ein bisschen, bei der es nicht vorangehen wollte. Aufgeregt nahm ich meine bereitstehende Tasche und marschierte los. Unterwegs versuchte ich zu rekapitulieren, was ich bei Fiona gesehen und gelernt hatte und meinte, dabei ihre Worte zu hören. Bei meiner Ankunft traf ich eine Stimmung an, die ich noch oft erleben würde. Vor dem Haus hockten schweigend ein paar Männer zusammen, offensichtlich ratlos den Geräuschen lauschend, die aus dem Haus drangen. Im Haus saß eine Gruppe von Frauen um die Kreißende herum. Es wurde Tee gereicht und miteinander geredet. Hatte die betroffene Frau eine Wehe, strich ihr eine der anderen über den Rücken. Heute war sie an der Reihe, irgendwann würde es wieder eine von ihnen sein. Und doch hatten sie erkannt, dass heute etwas anders war. Als ich eintrat, erklärten sie mir, dass die Frau schon seit gestern Abend in den Wehen lag. Eigentlich hätte das Kind längst da sein müssen, es war ja nicht ihr erstes, aber heute hätten sie beschlossen, nach mir zu rufen, weil etwas nicht in Ordnung sei. Entschlossen stellte ich meine Tasche ab und versuchte, wie von Fiona gelernt, die Lage des Ungeborenen zu ertasten. Ich war mir sicher, ganz eindeutig fühlte ich es: das Kind lag quer. Eine erneute Wehe erfasste die Frau, ihr Leib wurde hart, und ich wartete ab, während die anderen Frauen wieder über ihren Rücken strichen, sie anfassten und streichelten. Dann versuchte ich erneut die erlernten Handgriffe, und wieder war ich mir sicher: das ist eine eindeutige Querlage. Auf meiner Stirn stand Angstschweiß. In diesem ratlosen Moment – so erinnere ich mich – habe ich zum ersten Mal die Richtigkeit meines Entschlusses, die Krankenversorgung zu übernehmen, angezweifelt. Es sollte nicht das letzte Mal sein.

Wir saßen neben der armen Frau, die von einer Wehe nach der anderen erfasst wurde und immer gequälter ihren Schmerz herausschrie. Nach einer Weile hielt ich es nicht mehr aus. Ich schrieb Michael eine Nachricht, in der ich ihn bat, über Funk ein *emergency balus,* ein Notfallflugzeug, zu rufen, und gab sie einem der draußen sitzenden Männer, der damit zur Station eilte. Die Frau wurde noch ungefähr eine Stunde von Wehen geschüttelt, bis wir weit aus der Ferne das herannahende Flugzeug hörten. Nun überschlugen sich die Ereignisse. Gerade hatte ich die Männer gebeten, die Frau schleunigst hinüber zum Flugplatz zu tragen, als sie von einer Wehe erfasst wurde und laut schrie. Die Männer ließen sie erschrocken zu Boden sinken, ihr Tuch glitt zu Boden und ich sah eine Bewegung über ihren Leib gleiten. Das Geräusch des herannahenden Flugzeugs war lauter zu vernehmen und schon kam wieder eine Wehe da. Es geschah etwas, das ich immer wieder wie ein Wunder erleben sollte. Die Männer wurden ohne viel Federlesens von den Frauen hinausgescheucht. Eine der Frauen stützte die Gebärende von hinten und hob sie in die Hocke. Dann ging alles ungemein fix: ich sah zuerst etwas Dunkles rund aus der Vagina hervorquellen, eine erneute Wehe, und diese Mal kam ein Köpfchen zum Vorschein mit dem Gesicht nach unten. Es drehte sich zur Seite, die Schultern kamen aufrecht nach, ein letztes stöhnendes Pressen – und das ganze Neugeborene glitt in meine Hände. Ein unbeschreibliches Glücksgefühl erfüllte mich, erfüllte mein ganzes Sein. Leben, das war neugeborenes Leben!

Aber nun holte mich die Wirklichkeit jäh ein. Von draußen hörte ich die erregte Stimme von Terry, immer ungehaltener werdend. Noch völlig erfüllt von meinem beseligten Gefühl trat ich nach draußen und wurde von einem kaum zu bändigenden Terry überfallen. Was mir einfalle, brüllte er mich an, ein Notfallflugzeug anzufordern, woraufhin er seine geplanten Flüge über den Haufen geworfen habe, hergeflogen sei ohne Ladung – und das alles umsonst! Ich versuchte, ihm den Fall zu erklären, war aber noch zu erfüllt von dem Erlebten, um meine Worte richtig zum Ausdruck bringen zu können. Terry machte auf dem Absatz kehrt, ich kehrte ratlos und bedeppert ins Haus zurück und beendete aufgewühlt meine Arbeit.

Zu Hause fand ich Michael im *workshop*, wo er wieder einmal dabei war, den Generator zu reparieren. Flehendlich bat ich ihn, mit mir ins Haus zu kommen, weil ich dringend jemanden brauchte, mit dem ich reden konnte. Im Haus setzte ich erst einmal Kaffee auf, und wir setzten uns zusammen. Ich habe, glaube ich, lange gebraucht, bis aus meinen Worten etwas Sinnvolles entstand. Wieder und wieder versuchte ich, beim Rekapitulieren zu begreifen, was abgelaufen war. Ich fühlte mich noch wochenlang wie eine Versagerin und konnte keine Erklärung für mein, wie ich meinte, Fehlverhalten finden. Dieses Erlebnis hätte mich fast aus der Bahn geworfen, so sehr fing ich dadurch an, mein Beurteilungsvermögen anzuzweifeln. Erst Monate später habe ich mich bei einem Besuch in Madang mit einem Arzt unterhalten, ihm diese Begebenheit geschildert und dabei großen Trost erfahren. Er meinte nämlich, es sei durchaus möglich, dass meine Diagnose der Querlage richtig gewesen sei, das Kind sich aber bei einer der letzten Wehen noch gedreht hätte.

Auch bei meiner ersten Spritze habe ich mich nicht gerade mit Ruhm bekleckert. Ein Pastor aus einem entfernten Dorf war zu Besuch bei Pastor Aisaip. Er hatte ein tropisches Geschwür, dem nach meinem damaligen Wissensstand nur mit Penicillin beizukommen war. Ganz nervös sah ich mich vor die Situation gestellt, mein in Yagaum erlerntes Wissen umzusetzen. Ich setzte die Nadel in meiner Angst viel zu langsam, was sicher schmerzhaft war, und ich setzte sie auch noch viel zu flach. Der arme Mann hatte tagelang eine regelrechte Beule am Oberschenkel. Das war natürlich für Pastor Aisaip ein gefundenes Fressen. Noch nach Wochen zog er mich mit dem *buk*, das ich gespritzt hatte, auf. Später habe ich solche offenen Geschwüre mit Traubenzucker behandelt und war damit mindestens so erfolgreich wie mit Penicillin. Von einer deutschen Krankenschwester, die lange Jahre in der Altenpflege mit offen gelegenen Patienten gearbeitet hat, habe ich diesen Rat erhalten und umgesetzt. Nach dem Auftragen von Traubenzucker war allerdings in den Tropen sehr darauf zu achten, dass die Fliegen keine Möglichkeit erhielten, mit der Wunde in Berührung zu kommen.

Am Beginn der Krankenversorgung stellte ich den Einheimischen die „falschen" Fragen, wenn ich ein Bild von ihrer Krankheit gewinnen wollte. So fragte ich z.B. „was hast du?" und meinte, nun eine Beschreibung der Krankheit zu erhalten. Es kam aber nichts, niemand konnte mir auf diese Frage seine Krankheitssymptome schildern. Nachdem ich dazu übergegangen war, zu fragen „wo fühlst du den Schmerz?" oder „wo sitzt dein Problem?", erhielt ich auf einmal recht detaillierte Beschreibungen der jeweiligen Krankheit. Anfangs vermied ich das Spritzen, als handle es sich um eine Krankheit. Aber es ließ sich einfach auf Dauer nicht vermeiden. Da waren all die Kleinkinder und Säuglinge, die im Falle einer Malariaerkrankung das Chloroquin nicht schlucken konnten oder es wegen des bitteren Geschmacks wieder ausspieen. Hatte ich, von Yagaum zurückkehrend, meiner Freundin Elke in Deutschland euphorisch geschrieben „... so habe ich in zwei Wochen in Yagaum gelernt, wozu Minderbegabte drei Jahre brauchen", so berichtete ich nun: „Ich hasse das Spritzen! Neun kleinen, schreienden Kinder habe ich heute Spritzen gesetzt – meine Hände zitterten zum Schluss wie die einer Gewohnheitssäuferin!" Vor allem, wenn ich eine magere, alte, faltige Frau spritzen sollte, hatte ich mit heftiger Angst zu kämpfen, weil ich nicht wusste, wo die Nadel anzusetzen war. Aber irgendwann war diese Angst überwunden und Routine kehrte ein.

Entbindungen wurden mir zum liebsten Teil der Krankenversorgung, vor allem die problemlosen lösten ein tiefes Glücksgefühl in mir aus. Nun gehörte ich dazu, war ein Mitglied in der Reihe der Mamas, die eine der Gebärenden begleitete. Jedes Neugeborene schien mir wie ein kleines Wunder. Die Atmosphäre bei den Entbindungen war eine ganz besondere. Wir saßen bei einer Tasse Tee zusammen, die Gebärende war eine von uns; wir kümmerten uns gemeinsam um sie. Durch Mama Butut lernte ich verstehen, warum die einheimischen Frauen lieber hockend als liegend entbinden. Sie erzählte mir, dass sie vier ihrer sechs Kinder alleine im Garten geboren hätte. Sie hatte immer ein Loch in die Erde gegraben, es mit Bananenblättern ausgelegt und darüber hockend ihr Kind herausgepresst. „So wie ihr das macht" schnaubte sie, „so braucht man ja viel zu viel Kraft!" Das schien mir durchaus Sinn zu machen. Wann mit der Geburt zu rechnen war, erkannte man an der Lautstärke, mit der die Gebärende ihren Schmerz herausschrie.

Bei einer meiner ersten Entbindungen meinte ich, jetzt müsse es bald so weit sein. Aber Mama Butut erklärte mir: „Das dauert noch lange – sie schreit doch noch gar nicht laut genug!" Sie bestand darauf, die Nabelschnur mit einer Rasierklinge zu durchtrennen, o.k. wenn ich unbedingt meinte, sie müsse desinfiziert werden, damit würde sie auch leben können. Ich durfte die Nabelschnur auch mit meinen Zangen abklemmen, aber dann kam sie mit ihrer Rasierklinge und achtete bei männlichen Neugeborenen peinlich darauf, beim Durchtrennen von oben nach unten zu schneiden – denn umgekehrt würde sich der Junge ja angeblich mal ins Gesicht pinkeln! Die Frauen entbanden immer über dem Fußboden hockend. Das mag vielleicht unhygienisch klingen, schien mir in der Umgebung aber nur natürlich. In den Buschhäusern bestand der Fußboden aus Limbum, weichen Holzlatten mit Lücken dazwischen. Nach einer Entbindung wurde die Frau mit Wasser gesäubert und alles Blut gleich mit durch die Ritzen im Fußboden gespült. Wenn Mutter und Kind versorgt waren, hoben wir Frauen unter dem Haus ein tiefes Loch aus und vergruben die Nachgeburt. Nach mancher Entbindung erhielt eine Tochter meinen Namen, und so könnte es sein, dass heute in Begesin noch einige Gabis existieren.

Eines Nachmittags wurde ich zu Mama Aisaip gerufen, die ihr viertes Kind entbinden sollte. Gleich bei meiner Ankunft meinte Aisaip, der mit seinen Kindern vor dem Haus saß, es werde Schwierigkeiten geben, denn für Wehen sei es viel zu früh. Besorgt trat ich ins Haus, fand aber alles vor wie gewohnt, und beruhigte mich langsam. Die Wehen verstärkten sich, die Entbindung nahm ihren üblichen Verlauf. Erst beim Anblick des Neugeborenen erinnerte ich mich wieder an Aisaips Vorahnung. Eindeutig war dieses Kind eine Frühgeburt, es war mager, hatte dünne Ärmchen und Beinchen, es war völlig „unfertig". Wir Frauen schauten uns ungläubig an, als wir sahen, dass die Ohren noch nicht eingerollt und die äußeren Schamlippen des winzigen Mädchens sich noch nicht geschlossen hatten. Wir legten das kleine Wesen an Mama Aisaips Brust, sie versuchte, es zu stillen, aber es lag einfach nur – immerhin atmend – wie leblos da. Nachdem wir am Abend mit allem fertig waren, gingen beklommen auseinander.

Auf dem Weg zu unserem Haus grübelte ich, was zu tun sei, um dieses winzige Wesen am Leben zu erhalten. Ratlos betrat ich das Haus, Amos rannte mir entgegen und hüpfte in meine Arme. Ich sog den Duft meines Kindes ein, das offenbar bereits von Michael gebadet worden war – und eine Erkenntnis kam. Rasch berichtete ich Michael, was geschehen war und meine eben gefundene Lösungsmöglichkeit. Sofort machten wir uns daran, das alte Gitterbettchen von Amos hervorzuräumen und mit Desinfektionslösung zu säubern. Ich fand in der Küche die Fläschchen von Amos, dazu eine noch eingeschweißte Packung mit Saugern und kochte alles aus, während Michael Amos zu Bett brachte. Dann machten wir beide uns auf den Weg zu Aisaips Haus. Angekommen, erklärte ich ihm, dass so ein Frühgeborenes mehr Wärme brauche und wir … Er war schon auf dem Weg ins Haus. Wir folgten ihm und er sagte, er sei unsicher, ob seine Frau überleben würde, sie sei ungewöhnlich schwach. Drinnen nahm er das Neugeborene behutsam von der Brust seiner schlafenden Frau, hüllte es in eine warme Decke und reichte es mir, als sei es das Selbstverständlichste von der Welt. „Nimm sie", rief er, „vielleicht kannst du sie auf dieser Erde halten". Draußen vor der Tür bat er mich, das Kind hochzuheben, hoch zum Himmel, damit Gott es sehen könne. *„Nem bilong dispela pikinini em i Ainimes!"*, rief er feierlich, „der Name dieses Kindes ist Ainimes!" Beim Weggehen schaute er uns versonnen nach.

Auf dem Weg zurück fragte Michael belustigt: „Hast du das gemerkt, wie hier wieder magisches Denken und christlicher Glaube vermischt wurden?" Ich schaute ihn fragend an. Ich hatte nichts gemerkt, ich war tief beeindruckt gewesen. Michael war noch immer belustigt. „Der alte Gauner", sagte er, „wenn jemand einen Namen hat, können ihn die Geister nicht so leicht töten! Umgekehrt gilt das genauso. Wenn die anderen meinen Namen nicht kennen, habe ich Macht über sie. Denk doch nur mal an die Märchen, die wir Amos erzählen, denk an Rumpelstilzchen!"

Die Zeit danach wurde zu einer Kraftprobe für mich. Ich legte um Ainimes mit Decken eingehüllte heiße Wasserflaschen. Nie hätte ich es für möglich gehalten, dass ich mich im tropischen Klima einmal nach Wärmflaschen sehnen könnte. Alle zwei Stunden stellte ich den Wecker, um Ainimes ein Fläschchen mit Milch zu geben. Schon, wenn sie nur ein paar Gramm nuckelte, schon, wenn sie überhaupt nuckelte, war ich überglücklich. Manchmal strich ich vergeblich mit dem Sauger über ihre Lippen. Während ich um ihr Leben kämpfte, kämpfte Mama Aisaip um das ihrige. Tagsüber erledigte ich, wie gewohnt, meine Krankenversorgung, alle andere Arbeit beließ ich bei Michael und den Hausmädchen. Tage- und nächtelang hielten wir alle den Atem an in der bangen Frage, ob das Unterfangen gelingen würde. Ich weiß nicht mehr, nach wie vielen Tagen und erschöpfenden Nächten ich Ainimes ein Fläschchen gab, und sie es zufrieden halbleer saugte. Sie saugte richtig kräftig, wie ein gesundes Baby das eben tut. Das war der Punkt, an dem ich mir gewiss war, dass sie überleben würde. Manchmal kam Aisaip vorbei, erzählte von der Genesung seiner Frau und schaute mir glücklich zu, wie ich seiner Tochter ein Fläschchen gab. Eines Tages übergab ich ihm sein Kind mit den Worten: „Du hast ihr einen Namen gegeben, sie ist dein Kind. Wenn der Körper Deiner Frau noch verstehen soll, dass sie auch ihr Kind ist, muss sie so schnell wie möglich beginnen, sie zu stillen". Genau so selbstverständlich, wie er sie mir gegeben hatte, nahm er Ainimes in seine Arme und brachte sie seiner Frau. Das erstarkte Kind sog aus seiner wieder zu Kräften gekommenen Mutter die Muttermilch hervor, die es so problemlos vertrug, wie es meine Pulvermilch vertragen hatte.

Diese Geschichte geht eigentlich erst Monate später weiter, aber den anderen Teil möchte ich gleich jetzt erzählen. Immer wieder ging ich mit Amos nachmittags neben anderen Besuchen auch zu Mama Aisaip zum Teetrinken. Jedes Mal reichte sie mir Ainimes dabei angelegentlich herüber und ich hielt dieses wachsende kleine Mädchen beglückt in meinen Armen. Einmal, Ainimes war vielleicht acht Monate alt, streckte sie bei meinem Weggehen flehendlich ihre Ärmchen nach mir aus. Auf meinen fragenden Blick hin übergab mir Mama Aisaip das Kind mit den Worten: „Sie will mit Dir gehen, weil sie weiß, dass sie nur Deinetwegen noch auf der Erde ist." Von da an hatten wir ein neues Ritual. Ainimes musste nicht mehr flehen, ich nahm sie einfach mit in unser Haus. Hier saßen wir zu dritt, jedes Kind bekam sein Glas Milch mit Milopulver und nach einer Stunde brachte ich Ainimes zurück zu ihrer Mutter. Noch viele Jahre später, als wir in Amron lebten, kam in Abständen ein mit Gartenfrüchten gefülltes *bilum* bei uns an. Uns war jedes Mal sofort klar, dass Mama Aisaip uns wieder einmal bedacht hatte.

Natürlich hatte Aisaip allen möglichen Leuten von der wundersamen Rettung seiner jüngsten Tochter berichtet, die – eigentlich dem Tode geweiht – von mir „auf dieser Erde" festgehalten worden war. Ich meinte, sogar seine Wortwahl zu kennen. Es dauerte nicht lange, bis die jungen Mütter zu mir kamen, und ebenfalls nach Glasfläschchen und Milchpulver verlangten. Ich nahm mir viel Zeit, zu erklären, dass Muttermilch viel gesünder und natürlicher für ein Baby sei. Zudem hätten unzureichend oder gar nicht ausgekochte Fläschchen und Sauger mit Sicherheit den Tod einiger Säuglinge bedeutet. Es nützte nichts – für diese Frauen bedeutete das nur, dass ich ihnen die *strongpela marasin,* die starke Medizin, die Ainimes das Leben gerettet hatte, vorenthielt.

Die Versorgung der Kranken war zu einem festen Bestandteil meines Tagesablaufs geworden, ich konnte mir mein Leben anders gar nicht mehr vorstellen. Selbst die Behandlung der Leprakranken, vor der ich mich anfangs so arg gefürchtet und geekelt hatte, hatte ihren Schrecken verloren. Zum einen hatte ich bereits in Yagaum gelernt, dass Lepra bei weitem nicht so ansteckend ist, wie es mir durch Bücher und Filme vermittelt worden war. Zum anderen waren die Leprakranken schon in den 1970er Jahren in Niugini durch ein Programm der australischen Regierung erfasst und hatten ihre Karte, auf der die Medikamentenration notiert war. So musste ich am „Lepratag" lediglich das richtige Medikament verabreichen und auf der Karte eintragen. Jährlich einmal reisten von der Regierung angestellte Krankenschwestern- und Pfleger durch die Buschdörfer und überprüften die Karten. Ich fühlte mich auf der sicheren Seite, aber ich konnte mir meine Erfahrungen eben nicht auswählen.

An einem Vormittag in der Regenzeit war unter den wartenden Patienten ein Mann, dem ich seine Leprakarte bereits oft ausgefüllt hatte. Schon auf dem Weg zur *dispensary* bemerkte ich etwas verwundert, dass die anderen Wartenden irgendwie von diesem Mann Abstand zu halten versuchten. Spätestens, als er die Krankenstation betreten hatte, stellte sich die Frage nicht mehr, warum das so war. Sofort bei seinem Eintreten überfiel mich ein übelkeiterregender Gestank. Er jammerte, er habe neben dem Feuer geschlafen und sein Knie müsse wohl im Schlaf in das Feuer geraten sein. Ich wusste, dass bei Leprakranken in den befallenen Körperteilen die Gefühlsnerven, also auch der Schmerznerv, abstirbt. Ich bat den Mann, auf der Liege Platz zu nehmen, um mir seine Wunde ansehen zu können. Noch nie zuvor hatte ich etwas derart Ekeliges gesehen. Er hatte mit Sicherheit einige Tage nach dem Vorfall gewartet, bevor er sich zum Kommen entschlossen hatte. In diesen Tagen hatten die Tropenfliegen Zeit gehabt, ihre Eier in seine Brandwunde zu legen. In der stinkenden Wunde wimmelten die Fliegenlarven in Massen herum. Ich rannte am Haus entlang in die Küche und bereitete eine Schüssel mit Desinfektionslösung vor. Von nun an folgte ein Vorgang, den zu beschreiben mir sogar Michael gegenüber etwas peinlich war. Ich hatte mich bereits zu sicher gewähnt in dem, was ich vertragen konnte. Etwa eine Stunde lang legte ich dem Mann eine mit Desinfektionslösung getränkte Kompresse nach der anderen auf und rannte dann am Haus entlang über die Veranda zur Toilette, um mich zu übergeben. Erneut eine Kompresse und wieder folgte würgendes Rennen. Zum Abschluss gab ich ihm eine Penicillinspritze, und dieses schreckliche Erlebnis wiederholte sich noch sieben Tage, bis zögerlich eine Hautbildung einsetzte. In diesen sieben Tagen habe ich so manches Mal meinen Entschluss, die Krankenversorgung zu übernehmen, zutiefst bereut.

Alle vier Wochen kamen vom Missionshospital in Yagaum die *baby clinic nurses.* Das waren einheimische Krankenschwestern, deren Aufgabe es war, die medizinische Versorgung der Kinder von der Geburt bis zu einem Alter von drei Jahren zu gewährleisten. Sie pflegten, bei uns zu übernachten, und am nächsten Tag – die Mütter waren über Radio Madang informiert worden – Routineuntersuchungen an den Kleinkindern durchzuführen. Die Kinder wurden gewogen, bekamen ihre fälligen Impfungen, und Blutproben wurden mitgenommen, deren Ergebnis ich nötigenfalls zur weiteren Behandlung mitgeteilt bekam. Wir freuten uns immer auf den Besuch dieser jungen Frauen, denn sie bedeuteten jedes Mal zwei gesprächsreiche Abende.

Bei einem dieser Besuche brachten Lehrer von der Station einen Schuljungen, der sich im Garten mit seinem Buschmesser am Schienbein einen tiefen Schnitt zugefügt hatte. Sofort war klar, dass dieser Schnitt genäht werden mußte. Ich war heilfroh, nicht auf die Behelfskünste meines Schmetterlingsverbands angewiesen zu sein und schaute neugierig zu, als der Junge behandelt wurde: Esther, die ältere der Schwestern, gab ihm eine lokale Betäubungsspritze, aber ich konnte erkennen, dass sie die Spritze höchst ungeschickt ansetzte. Die Nadel wurde zwar richtig eingeführt, aber die Spitze der Nadel blieb nicht im Fleisch stecken, sondern sie stand außerhalb, so dass die Betäubungsflüssigkeit das Fleisch nicht erreichte – sie floss außen auf die Wunde. Nach einer kurzen Wartezeit begann Esther zu nähen und ich schaute fassungslos zu, wie sich mit einem scheußlichen Geräusch die Halbrundnadel mit dem Faden immer wieder in das unbetäubte Fleisch bohrte. Der Junge gab keinen Mucks von sich, Schmerztränen liefen seine Wangen herab, aber er ertrug jeden Stich, meine Hand schmerzhaft umklammernd, ohne einen Laut von sich zu geben.

Eines Abends, wir hatten gerade Amos zu Bett gebracht, klagte Michael plötzlich über starke Schmerzen in der Lendenengegend. Wir hofften, die Schmerzen würden vergehen, aber sie wurden immer stärker. Als Michael sich nur noch in seinem Schmerz wand, erinnerten wir uns an die *emergency box*, die Notfallkiste, die auf jeder Außenstation vorhanden war. In ihr waren z.B. Medikamente gegen Malaria Tropica und starke Schmerzmittel. Diese Kiste war versiegelt. Wir hatten uns bei Übernahme der Station verpflichten müssen, das Siegel nur in äußersten Notfällen zu lösen. War jetzt solch ein Notfall eingetreten? Irgendwann, als Michael vor Schmerzen schrie, beschloss ich, dass der Zeitpunkt gekommen sei. Ich brach die Kiste auf, fand darin ein sehr starkes Schmerzmittel sowie Kanülen und Spritzen. Ich überflog den Beschreibungszettel des Mittels und dachte: „Das ist es, das kann ihm helfen". Mit vor Aufregung zitternden Fingern sägte ich die Ampulle mit dem Schmerzmittel auf und sog es in die Kanüle, setzte die Spritze an – und sah entsetzt auf die weiße Haut vor mir. Weiße Haut, ich hatte noch nie in weiße Haut gespritzt. „Stich endlich zu!" rief Michael, „es macht nichts, wenn es weh tut. Hauptsache, diese Schmerzen hören auf!" Entschlossen stieß ich die Nadel in die weiße Haut vor mir und drückte die Spritze langsam aus. Nach ungefähr zehn Minuten waren die Schmerzen abgeklungen und den Rest der Nacht zwang ich Michael, literweise zu trinken. Am Morgen war es so weit, dass er die Nierensteinchen, die für die Kolik verantwortlich gewesen waren, ausscheiden konnte. Zum Glück mussten wir die *emergency box* nie mehr wieder in Anspruch nehmen und das in dieser dramatischen Nacht entstandene Wir-Gefühl hat uns noch lange Zeit getragen. Immer wieder, wenn wir mit dem Begriff *yumi,* wir, in Form von du-ich in Tok Pisin in Berührung kamen, haben wir uns angeschaut und uns an diese Nacht erinnert.

Sanguma-Singsing, Todeszauber-Tanzfest mit Folgen

Die Trockenperiode neigte sich dem Ende zu, so dass unser Wasser in den Regentonnen langsam knapp wurde. Aber dafür war die Luftfeuchtigkeit tief gesunken, was das Durchatmen endlich wieder erleichterte. Längst waren alle durch die vorherige Regenzeit entstandenen Schäden beseitigt. Mit den Hausmädchen hatte ich sämtliche Wände im Haus abgewaschen und die gestockten Wäschestücke gereinigt, denn während einer Regenzeit schimmelte und stockte einfach alles. Das Ungeziefer flüchtete vermehrt ins Haus; eine Gegenwehr war schwierig. Feuchtigkeit legte sich über alles wie ein Film. Hatten wir anfangs den Reichtum an Wasser freudig begrüßt, so wurden wir mit der Zeit der Luftfeuchtigkeit überdrüssig. Jetzt waren wir wieder einmal dabei, uns nach Regen zu sehnen. Michael klopfte die auf Betonpfählen stehenden Regenwassertonnen ab und meinte: „Ein paar wenige Wochen können wir damit noch bestreiten, wenn wir uns stark einschränken". Er hatte mit Amos im *workshop* gerade einen Schemel gebaut und vor der Toilette aufgestellt. Amos erklärte mir strahlend, er könne jetzt im Stehen pinkeln

Sing Sing im Hochland

wie der Papa! Michael ließ ihn ebenfalls die am Wassertank angelehnte Leiter hochsteigen. Amos klopfte mit wichtiger Miene an den Tank und meinte im Tonfall seines Vaters: „Geht noch bisschen". Wir versuchten seit einigen Wochen, mehr Zeit mit ihm zu verbringen, um ihn nicht zu sehr dem Einfluss der Hausmädchen zu überlassen. Michael bezog ihn immer öfter in Arbeiten auf der Station ein. Unser abendliches Märchenerzählen hatten wir um das Miteinandersingen deutscher Lieder erweitert.

Michael unterhielt sich gerne mit Aisaip und Butut, zu meinem Erstaunen aber auch mit Orkap, dem Zauberer und Medizinmann aus dem Dorf Konogul. Ich weiß nicht, wie viele Gespräche stattgefunden hatten, als er mir berichtete, sie seien übereingekommen, auf der Station ein *Sanguma-Singsing*, ein Todeszauber-Tanzfest abzuhalten. Ich war einigermaßen fassungslos. „Ist das denn nicht viel zu gefährlich?" fragte ich. Aber Michael erklärte mir, er habe das Gespräch mit Orkap im Beisein von Aisaip und Butut geführt. „Es soll kein echtes Todeszauber-Singsing sein", versicherte er mir. „Orkap hat uns erzählt, dass bisher erst ein einziger Weißer dabei war. Sie wollen nur den traditionellen Schmuck anlegen und die Tänze vorführen und ich kann das Ganze filmen. Zu Tode gezaubert wird dabei niemand." Eine ungute Vorahnung beschlich mich, die ich kaum in Worte fassen konnte. Michael beschwichtigte mich weiter: „Schon bei den Vorbereitungen wollen Butut und Aisaip dabei sein und sicherstellen, dass kein Ernst aus der Sache wird. Du weißt doch, die beiden sind erfahrene, respektierte Männer!" Jaja, dachte ich, und ihr Jungs wollt mal wieder eurer Lust am Abenteuer frönen. So nahmen die Dinge ihren Lauf …

Der Tag des Singsings war gekommen. Michael war beschäftigt, mit Butut und Aisaip Kabel zu verlegen, und zwar vom *workshop* aus quer über die Station zu dem Grasplatz, auf dem das Singsing stattfinden sollte. An die Kabelenden wurden starke Lampen angeschlossen, damit Michael in deren Licht das Singsing in der Nacht filmen und fotografieren konnte. Orkap kam herüber, um sich alles anzusehen. Er hatte sich etwas ganz Besonderes ausgedacht, um meine Reserviertheit ihm gegenüber zu durchbrechen. Ich hatte immer noch Schwierigkeiten, diesem Mann natürlich und freundlich zu begegnen. Meine Gefühle ihm gegenüber waren eher zwiespältiger Natur, ich sah in ihm so etwas wie einen Freundfeind. Und das, obwohl oder vielleicht auch, weil ich ihm erst vor wenigen Tagen eine Katze geschenkt hatte. Diese große gelbe Katze und ich, wir hatten uns auf Anhieb nicht gemocht. Den von unseren Vorgängern überlassenen Hund Kalap hatte ich flugs ins Herz geschlossen, während die Katze und mich dagegen von Anfang an ein Gefühl tiefer Abneigung verband. Orkap hatte bei einem seiner seltenen Besuche in der Krankenstation diese Katze hochgelobt, so dass ich sie ihm kurzentschlossen geschenkt hatte, worüber sie anscheinend auch heilfroh war. Heute wollte er mir eine Freude bereiten und schenkte Amos einen Lendenschurz, den er ihm auch gleich unter meinen wachsamen Augen anlegte. Noch immer war mir das Gefühl der Unbefangenheit Orkap gegenüber verwehrt, ich hielt es für höchst angebracht, ihn genau zu beobachten. Stolz und glücklich hüpfte unser weißes Kind in seinem Lendenschurz herum und wollte immer wieder damit fotografiert werden.

Am Abend in der Dämmerung kam die Singsing-Gruppe, allen voran Orkap. Die Männer trugen mannshohe, mit Kakadufedern geschmückte und reich bemalte Holzschilde herbei. Dann begannen sie auf dem Grasplatz, sich gegenseitig zu schminken, wobei sie bei mit verhaltener Stimme rituelle Lieder sangen. Eine geheimnisvolle Stimmung breitete sich auf dem Platz aus. Ich saß mit Amos bei den Mamas auf einer Schilfmatte und wollte mir nichts entgehen lassen. Michael löste sich aus einer Männergruppe. Zu ihr gehörten, wie ich etwas beruhigt bemerkt hatte, auch Aisaip und Butut. Er setzte sich neben mich und meinte: „Siehst du, es läuft alles ganz friedlich ab; es gibt überhaupt keinen Grund zur Beunruhigung". Wie immer wurde es rasch dunkel, so dass Michael zum *workshop* ging, um den Generator anzuwerfen. Im Licht der starken Lampen löste sich die geheimnisvolle Stimmung zunächst ein wenig. Aber der rituelle Gesang der Männer ließ sie fix zurückkehren. Beklommen überlegte ich, wie unglaublich interessant es doch sei, ein solches Geschehen, das bisher nur ein einziger Weißer gesehen hatte, miterleben zu dürfen.

Plötzlich geschah etwas völlig Unerwartetes. Aufmerksam wurden wir durch die aufschauenden Männer der sich gegenseitig schminkenden Singsing-Gruppe. Sie blickten auf etwas, das außerhalb des Scheins der starken Lampen lag. Gebannt schauten wir alle in ihre Blickrichtung – und sahen eine fertig geschmückte Reihe von Männern herankommen, die aus dem Nichts zu kommen schien. Wir tauschten ratlose Blicke aus. Ich sah, wie Aisaip sich aus seiner Gruppe löste und auf die Ankömmlinge zumarschierte. Knisternde Spannung erfüllte die Luft, mir schien die Luft fast nicht mehr zu atmen zu sein. Ich sah Orkap ebenfalls hinzutreten, dann Butut, gleich danach Michael. Sie redeten erregt miteinander. Die geheimnisvolle Atmosphäre war einer angespannten gewichen, minutenlang sprachen die Männer miteinander. Endlich kehrten sie mit gesenkten Köpfen zu ihrer jeweiligen Gruppe zurück, während die Neuankömmlinge neben den Männern von Orkap Aufstellung nahmen. Die bestellte Singsing-Gruppe setzte ihre unterbrochenen Vorbereitungen fort, beendete das Schminken, während die neu hinzugekommene Gruppe ihre Schilde in das Gras steckte und sich setzte. Diese Männer verströmten etwas überaus Bedrohliches. Es schien, als wollten sie uns eine andere Wirklichkeit aufzeigen. Ein eigenartiger Geruch umgab sie, denn Blattwedel an den Oberarmen sonderten bei jeder Bewegung einen starken, süßlichen Duft ab. Die Frauen erklärten mir, das sei *lip tanget*, ein Blatt, das die Einheimischen zu Zauberzwecken benützten. Diese Männer bewirkten, dass nichts mehr so war wie vorher. Anspannung lag fühlbar in der Luft. Selbst die Hunde müssen sie gespürt haben, denn ich sah, wie Kalap und Dolly sich mit eingezogenem Schwanz davonschlichen.

Orkaps Gruppe war fertig mit Schminken. Die mitgebrachten Schilde wurden am Rücken eingesteckt, Kopfschmuck aus Kaurimuscheln und Kakadufedern wurde aufgesetzt und an die Oberarme *lip tanget,* Zauberblatt-Büschel gebunden. Orkap hatte durch seine Nasenscheidewand einen Keilerstoßzahn geführt und erschien mir dadurch noch unheimlicher. Seine Männer nahmen ihre *kundus,* Trommeln, in die Hand und formten einen Kreis. In unmittelbarer Nähe tat die andere Gruppe das gleiche. Kehlige Gesänge begannen, begleitet von rhythmischem Stampfen und Trommelschlägen. Wie gebannt schaute ich zu. Michael kam zu mir und erzählte, die andere Gruppe habe von Orkaps Singsingplänen auf der Station erfahren und beschlossen, in Konkurrenz zu ihm ein eigenes *kaima*, das Wort in der Begesinsprache für Todeszauber-Tanzfest, abzuhalten. Wie sie es in Erfahrung gebracht hatten, und warum sie eine Gegengruppe gebildet hatten, wußte sich niemand zu erklären. Ob ihnen klar war, dass er Orkap für das Singsing bezahlte und sie auch etwas haben wollten, oder ob reines Rivalitätsdenken sie bewegte – er hatte keine Ahnung. Aber nun waren sie da, und Aisaip war höchst wachsam und wollte die Situation auf keinen Fall außer Kontrolle geraten lassen. Sicher war nur eines: die Gegengruppe hatte vor, „Ernst" zu machen. Sie hatte im Gegensatz zu Orkaps Gruppe die Vorbereitungen für ein *kaima* voll durchgezogen, hatte mindestens zwei Wochen im Busch gefastet, dabei täglich nur etwas Ingwer gekaut und rituelle Reinigungen vollzogen. Ziemlich entmutigt nahm ich diese hastig mitgeteilten Informationen zur Kenntnis, da sie doch meine düsteren Vorahnungen bestätigten.

Das Todeszauber-Tanzfest setze sich fort. Es war unnötig, zu wissen, dass hier zwei rivalisierende Gruppen tanzten, denn das war nur zu deutlich spürbar. Die beiden fochten offensichtlich ihren ureigensten Kampf miteinander aus. Sie sangen und trommelten sich nebeneinander in Ekstase. Mittlerweile meinte ich, ein gespanntes Drahtseil zwischen ihnen zu sehen. Längst blickte ich nicht mehr voller Spannung auf die Gruppen, da eine bange Furcht mich ergriffen hatte. Das Stampfen erschien mir immer bedrohlicher, meine innere Anspannung war deutlich steigend spürbar. Genau versuchte ich, zu beobachten, was da im Einzelnen vor sich ging, fühlte jedoch gleichzeitig eine bleierne Müdigkeit. Ich fing mich wieder und sah Orkaps Gesicht in meinem Inneren und in der Realität vor mir. Pass auf, schrie es in mir! Dieser Mann ist nicht einfach irgendein Mann! Etwas Dumpfes hatte von mir Besitz ergriffen, meine Wahrnehmung schien gestört. Aus der Gegengruppe sah ich einen Mann, der wie ein Geschoss auf uns zukam. Auf Schultern und Fersen schnellte dieser Mann wie ein gespannter Bogen meterweit durch die Luft. Er sei durch das Fasten in Trance, meinten die Frauen neben mir.

Er stieß seltsame Laute aus und hatte Schaum auf den Lippen. Fassungslos schauten wir Frauen uns das an, Blickkontakt untereinander war nicht mehr möglich, wir waren völlig gefangen im Geschehen. Kurz vor uns sank er in sich zusammen, einige Männer seiner Gruppe eilten herbei, nahmen ihm seinen Schild ab. Er blieb röchelnd liegen.

Das rhythmische Stampfen und Trommeln setzte sich fort, mir war, als geriete ich selbst in Trance. Die ganze Nacht über hämmerte dieses Trommeln, Stampfen und Singen auf mich ein. Die Gesänge wiederholten sich, wurden lauter, drängender. Michael filmte und filmte, er fotografierte und fotografierte. Aisaip eilte mit finsterem Gesicht zwischen den Gruppen hin und her. Urplötzlich, im Morgengrauen war das ganze spukhafte Geschen vorbei. Ich konnte noch beobachten, wie aus beiden Gruppen Pfeile abgeschossen wurden in jede Himmelsrichtung, nicht wirklich abgeschossen, aber Pfeil und Bogen wurden vier Mal in eine Richtung gehalten. Es waren imaginäre Pfeile, wie mir später bewusst wurde. Ganz schnell, kaum wahrnehmbar, wurden die Schilde abgenommen und an einen Baum gelehnt. Die Zeremonie war vorüber; das Geschehene schien ganz plötzlich unwirklich. Vorbei, es war endlich vorbei.

Etwas unbeholfen stand ich auf. Nach der langen Nacht, die ich auf einer Bastmatte sitzend verbracht hatte, fühlte ich mich bleiern und steif. Ich verabschiedete mich von den Frauen und machte mich auf den Weg in die Wirklichkeit. Auf der Veranda begrüßten mich die Hunde mit wedelndem Schwanz. „Ihr habt es richtig gemacht", sagte ich, „ihr seid einfach abgehauen!" Im Haus legte ich mein schlafendes Kind in sein Bett. Als Michael eintrat, stand der Kaffee bereits auf dem Tisch und wir versuchten gemeinsam, das Erlebte in Worte zu fassen und zu verstehen. Wir saßen lange zusammen, jeder trug seine Sicht des Geschehens bei, trotzdem habe ich bis heute nicht begriffen, was in dieser unwirklich scheinenden Nacht tatsächlich geschehen ist. Erst durch das Herantapsen unseres ausgeschlafenen Sohnes konnten wir dem Tag wieder etwas an Leichtigkeit abgewinnen. Wie trügerisch sie allerdings war, erfuhren wir erst zwei Tage später.

Am Morgen dieses Tages begab ich wie immer zum Waschhaus, um mit den Hausmädchen die anstehenden Aufgaben zu besprechen. Normalerweise waren sie um diese Zeit bereits an der Feuerstelle hinter dem Waschhaus beim Frühstück. Als ich keine der beiden sehen konnte, schlussfolgerte ich, ihnen stecke sicher noch die lange Nacht des Singsings in den Knochen und kehrte zum Haus zurück. Amos kam und wollte sein Frühstück, so dass wir eine Weile zusammensaßen. Danach machte er sich auf den Weg zum Waschhaus. Auch er konnte „seine" Mädchen nicht finden und ich sah ihn vom Küchenfenster aus zum Mädchenhaus laufen. Es dauerte eine Weile, bis er wieder erschien und zu mir eilte. „Sisies ist arg krank", rief er aufgeregt, „Du musst schnell zu ihr gehen!" Ich eilte sofort hinüber ins Mädchenhaus, wo ich Sisies im Bett vorfand. Sie hatte Fieber, das war auch ohne Fieberthermometer offensichtlich. „Hast du vielleicht Malaria?" fragte ich. Yagamar, die neben ihr hockte, erklärte mir für sie, es sei kein Fieber, nein, „sie will sterben". Erbost fragte ich, wieso denn gleich vom Sterben die Rede sei, nur, weil hier jemand mit Fieber im Bett lag. Aber sie blieb beharrlich dabei, Sisies wolle sterben. Ich versuchte, durch Fragen die Art der Erkrankung herauszufinden, traf aber auf Unverständnis und bekam mürrische Antworten. Irgendwann wurde Yagamar meine Fragerei zu viel und sie platzte heraus: „Das kannst du sowieso nicht verstehen, das ist keine normale Krankheit, das ist *Sanguma*, Todeszauber!" Durch meinen Körper ging ein Ruck. Da war sie wieder, diese lange unwirkliche Nacht; ich meinte, das Stampfen zu fühlen und die Gesänge zu hören. „Ein Pfeil hat sie bei dem Singsing getroffen!", sagte Yagamar heftig. „Aber Yagamar", versuchte ich zu erklären, „das waren keine echten Pfeile bei dem Singsing. Ich habe doch mit meinen eigenen Augen gesehen, dass die Männer nur so getan haben, als würden sie Pfeile abschießen". Aber Yagamar blieb bei ihrer Sicht der Dinge und da ich keine Möglichkeit fand, ihr zu helfen, verließ ich das Mädchenhaus.

Beim Mittagessen erzählte ich Michael die Geschichte. Er reagierte überaus alarmiert und durch seine Reaktion schrillten auch in mir plötzlich die Alarmglocken. Sofort machte er sich auf den Weg zu Aisaip. Ungefähr eine Stunde später kamen beide und betraten das Mädchenhaus mit ernster Miene. So weit kannte ich die Regeln dieser Kultur inzwischen, dass mir klar war: ein Mann hätte niemals allein das Mädchenhaus betreten dürfen. Sie blieben lange im Mädchenhaus und Michael erklärte mir später, Aisaip habe Sisies genauestens befragt, wie, wann, und wodurch sie sich verzaubert gefühlt habe. Auch ihre Krankheitssymptome wollte er in allen Details wissen und, wie sie sich Hilfe vorstellen könne.

Schließlich kamen sie zu mir und erklärten, Sisies wolle mit Michael ein Abendmahl feiern, so könnte man ihr eventuell helfen. Aisaip erläuterte: „Das ist so bei uns, Sisies fühlt sich verzaubert, weil sie den Pfeil auf sich zukommen sehen hatte. Es ergibt überhaupt keinen Sinn, zu versuchen, ihr das auszureden. Sie würde dadurch nur ihr Vertrauen zu uns verlieren, aber sich immer noch für verzaubert halten. Also muss man sie ernstnehmen und ihre Wünsche befolgen. Das ist unsere einzige Möglichkeit, ihr vielleicht, vielleicht, zu helfen". Noch am selben Abend begleitete ich Michael ins Mädchenhaus, wo er dem Wunsch des Mädchens folgend mit ihr ein Abendmahl feierte. Auf dem Weg zu unserem Haus meinte Michael: „Ich kann mir nicht helfen, aber irgendetwas sagt mir, dass die Sache noch nicht ausgestanden ist". Er sollte leider Recht behalten.

Am nächsten Morgen fand ich Sisies immer noch mit Kopf- und Bauchschmerzen apathisch im Bett. Ich besprach mich mit Yagamar, und sie meinte, jetzt sei es an der Zeit, die Familie von Sisies zu benachrichtigen. Gleich wollte sie einen der Schuljungen, der aus dem Dorf von Sisies stammte, mit einer Botschaft losschicken. Dem konnte ich nur zustimmen, denn die ganze Sache wurde mir zunehmend unheimlicher. Nach zwei Tagen traf Sisies Familie auf der Station ein und zeigte sich vom Anblick ihrer grau zusammengefallenen Tochter sehr betroffen. Einen ganzen Abend brauchten sie dann offensichtlich, um eine erneute Lösungsmöglichkeit des Problems zu erarbeiten.

Am nächsten Morgen erklärten sie mir, ich solle Sisies an drei aufeinander folgenden Tagen jeweils eine Penicillinspritze geben. Da ich mir bewusst war, dass Einwände gegen diesen sicher vorgetragenen Beschluss nicht wirken würden, stimmte ich gelassen zu und tat, was von mir erwartet wurde. Ich gab Sisies ihre drei Spritzen, aber ihr Zustand verschlechterte sich trotzdem von Tag zu Tag. Als auch nach der dritten Spritze keinerlei Besserung zu verzeichnen war, nahm ihre Familie sie mit in ihr Dorf. Sie verabschiedeten sich traurig und mein Herz zog sich beim Anblick der mit ihrer Tragbahre davonziehenden Familie zusammen. Erst Wochen später erfuhren wir durch Aisaip, dass Sisies von ihrem Dorfzauberer einen Gegenzauber erhalten hatte und wieder wohlauf war. Es dauerte noch lange, bis ich in mir das Erlebte einigermaßen verarbeitet hatte und wieder etwas wie „Normalität" einkehrte.

Buschtrips – wie einfach ist doch das Stationsleben

Michael schilderte seine Erlebnisse bei seiner Rückkehr von Buschtrips immer so anschaulich, dass sich in mir die Lust regte, auch einmal so etwas zu erleben. Dieses Mal war er von einem Dorf zurückgekommen, in dem die Jüngeren, das war die Generation seines Alters, noch nie einen Weißen zu Gesicht bekommen hatten. Er beschrieb, wie die Kinder ihn bei seiner Ankunft wie ein Wesen von einem anderen Stern angeschaut hatten. Obwohl sein Kommen über Radio Madang angekündigt war, hatten sie ihn fassungslos angestarrt, waren dann scheu an ihn herangetreten, und probierten mit angefeuchteten Fingern, das Weiße seiner Haut wegzurubbeln, um die ursprüngliche, schwarze, freizulegen. Über die Strapazen dieser Reise schwieg er, aber sie waren ihm deutlich anzusehen. Dennoch hörte ich ihm fasziniert zu. Ein völlig neuer Gedanke wurde geboren: ich wollte selbst sehen, erfahren, wie es „da draußen" im Busch zuging, wollte am wirklichen Leben in Niugini teilnehmen.

Einige Wochen später war es so weit. Amos hatte inzwischen schon zwei Mal bei Benny im Haus von Mama Butut übernachtet und war jedes Mal beglückt zurückgekehrt. Mit ein wenig bangen Gefühlen machte ich mich daran, zu packen – ob ich meine Furcht vor all dem Getier da draußen wohl in den Griff bekommen konnte? Schlangen lösten in mir noch immer eine Heidenangst aus, und erst vor wenigen Tagen hatte Michael mir mit einer blitzschnellen Bewegung einen Tausendfüßler von den Haaren gestreift, vor dessen Biss ich mich höllisch fürchtete!

Michael packte wie üblich seinen Rucksack selbst, so hatte ich nur für mich zu sorgen. Ein Moskitonetz, Wäsche zum Wechseln nach dem – hoffentlich möglichen – Baden packte ich ein, dazu Toilettenartikel, Socken, eine lange Hose aus dünnem Baumwollstoff, T-Shirts, und Autan – unbedingt wollte ich Autan – ein Mittel gegen Mückenstiche, mitnehmen. Hinter dem Haus schlug ich von einem Zitronenbaum ein paar *mulis,* dünnschalige grüne Zitronen, mit einer bereitstehenden Stange, ab. Zu Anfang hatte ich einmal „einfach so" Zitronen ernten wollen, und war dabei von herabfallenden *kurakums,* riesengroßen roten Ameisen, mit schmerzhaften Bissen übersät worden. Ich hörte dabei Michaels Stimme, der von Buschtrips erzählte: „Wenn ich glaube, jetzt geht nichts mehr, ich kann einfach nicht weiter, mache ich eine Pause, schneide eine *muli* in Schnitze, sauge sie aus – und dann habe ich wieder Kraft". Nachdem auch die *mulis* in meinem Rucksack gelandet waren, fühlte ich mich abgesichert. Reis, Tee und Dosenfleisch sowie Kochgeschirr brauchten wir nicht mitzunehmen, da wir von den Dorfleuten mit Essen versorgt werden würden. Mein Anteil an notwendigen Dingen war gepackt. Morgen konnte es losgehen.

In der Nacht schlief ich unruhig, besorgt hörte ich einen leichten Regen niedergehen, wie das eben auch in der Trockenzeit geschehen konnte. Am Morgen kleidete ich mich sehr bewusst an, dünne lange Baumwollhosen, ein leichtes T-Shirt, Socken und feste Sportschuhe. Michael lief inzwischen wie die Einheimischen barfüßig, selbst auf Buschtrips, er hatte eine dicke Hornhaut an den Füßen entwickelt. Nach dem Frühstück kam Yagamar, um Amos abzuholen, und der zog frohgemut mit ihr von dannen zu Mama Butut. Wir füllten noch unsere Wasserflaschen, draußen warteten schon Aisaip, einige Dorfälteste und die *wokbois*, und dann ging es los. Aus irgendeinem Grund empfand ich es als tröstlich und ermutigend, dass Sinaraum uns begleitete, der gleiche junge Mann, der sonst bei Michaels Buschtrips mit Pfeil und Bogen über Amos und mich wachte.

Wir gingen den gewohnten Weg wie zum Flugplatz. Dem Hügel durch das Kunaigras folgten wir hinunter, durchquerten den seichten Ujapan, und stiegen die Anhöhe hinauf Richtung Flugplatz. Der Ujapan funkelte und blitzte im gleißenden Sonnenlicht; zarte Nebelschleier verhüllten die Hügel in der Ferne dahinter. Der Weg durch das Kunaigras war durch den nächtlichen Regen glatt und rutschig. Erste Ahnungen dessen, was mich erwartete, stiegen in mir auf. Wir ließen das Dorf Konogul links liegen und wandten uns dem Urwald dahinter zu. Die Luft über dem Kunaigras erschien mir drückend; ich meinte, sie nicht atmen zu können. Es war, als hinge sie wie eine stickige Glocke über der freien Grasfläche. Wir schritten kräftiger voran, strebten dem verheißungsvollen Schatten des Urwalds entgegen. Dankbar tauchten wir in seine Kühle ein; mir war, als hätten wir einen anderen Stern betreten. Sonnenstrahlen durchbrachen manchmal das uns schützende Laub, unruhige Akzente in der Kuppel aus Blättern setzend. Der Regenwald umgab uns wie eine Hülle, Vogelstimmen ertönten, die ich vorher nie so klar gehört hatte. Die Vögel schienen uns willkommen zu heißen, helle Rufe von Kakadus und Papageien konnte man vernehmen, zwitschernde Kolibris – alle schienen nur auf uns gewartet zu haben.

Das üppige, Schatten spendende Laub wurde lichter, als wir uns den Gärten der Dorf- und Stationsleute näherten. Diese waren sorgfältig gegen das Eindringen von Schweinen eingezäunt. Frauen bearbeiten ihre Gärten unter gleißender Sonne. Schweißüberströmt hackten sie Unkraut zwischen all den Süßkartoffeln, Yams und Taros heraus, warfen es auf Haufen, um es später zu verbrennen, und ernteten Feldfrüchte für das Abendessen ihrer Familien. Ich sah Bananenstauden, deren Fruchtbündel zum Schutz gegen fliegende Hunde fest in Baumrinde eingebunden waren und wusste durch Mama Bututs Erzählungen, dass sie neun Monate brauchen würden, um zu reifen.

Wir verließen die Gegend der Zivilisation und tauchten erneut in die kühlende, schattige Welt des Regenwalds ein. Wieder erschien es mir, als sei da so etwas wie eine unsichtbare Wand zwischen der hellen und der dunklen Welt. Wir kletterten über verfaulte Baumstämme, die Pfade waren von Büschen überwachsen, dicke Lianen hingen wie Pythons von Baumstämmen herunter. Der Weg wurde glitschig, ich rutschte einmal, ein zweites Mal aus – hier schien in der vergangenen Nacht mehr Regen niedergegangen zu sein als in Begesin. Bei jedem Ausrutscher ließ Sinaraum ein spontanes „*Oh sori, Mama*!" hören. Als ich ein drittes Mal auf dem Hinterteil gelandet war, kam zu dem „*Oh sori, Mama*!", ein vernehmliches Prusten hinzu! Fassungslos schaute ich zu, mit welcher Sicherheit und Mühelosigkeit die Einheimischen den glitschigen Buschpfad vor mir mit ihren Plattfüßen und Zehen „griffen", während ich mit meinen Sportschuhen auf Profilsohlen ständig ausrutschte. Und Sinaraum kicherte sich auch noch einen ab über diese weiße Missis, die mit ihren Schuhen keinen Halt finden konnte. Erbost erinnerte ich mich an die Ratschläge deutscher Ärzte, die in meiner Kindheit das Barfußgehen als sicherstes Mittel gegen Plattfüße empfohlen hatten. Aus welchem Grund sollten Plattfüße vermieden werden, wenn man damit ganz offensichtlich viel besser gehen konnte als mit schlanken Füßen?

Nach etwa vier Stunden Weges, immer wieder kleine Schlucke aus unseren Wasserflaschen nippend, fühlte ich mich bereits wie ein ausgewrungener Lappen. Ich war noch etliche Male ausgerutscht, über Lianen gestolpert, und wünschte mich zurück auf meine vertraute Station, wo ich keine lächerliche Figur abgab. An einer Quelle machten wir endlich Rast. Ich trank meine Wasserflasche leer, füllte sie gleich wieder mit Quellwasser auf, und kippte mir den Inhalt über den Kopf. Wohlig fühlte ich das Wasser an meinem Körper hinabrinnen, wie ich aussah, war mir völlig gleichgültig. Ich atmete tief durch, mein Herzschlag beruhigte sich, meine Sinne wurden wieder aufnahmebereit. Die Einheimischen packten gekochte

Süßkartoffeln aus, die sie in Stücke schnitten und kalt verzehrten. Michael und ich teilten unsere mitgebrachten Früchte miteinander und saugten noch jeder eine aufgeschnittene *muli* aus. Wir saßen als Gruppe zusammen, die gemeinsam ein Stück Weg zurückgelegt hatte. Aisaip führte noch einmal vor, wie die Mama ausgerutscht war, die Männer schlugen sich ausgelassen auf die Schenkel, und ich war so weit, mitlachen zu können. Ausgeruht füllten wir ein letztes Mal unsere Wasserflaschen, schon ging es weiter bergauf und bergab auf dem Weg zu einem entfernt gelegenen Dorf im Busch.

Begierig sog ich wieder die Urwaldgeräusche auf, das Kreischen der Kakadus und das unvermutete, plötzlich neben mir ertönende schrille Zirpen der Zikaden. Die Luft war getränkt von den Gerüchen der feuchten Erde, gleichzeitig lag über allem der Duft des weißen Jasmins. Einmal hielt Aisaip vor uns abrupt an und schaute nach oben. Seinem Blick folgend, sahen wir hoch über uns einen Paradiesvogel fliegen. Fasziniert und voller Ehrfurcht blickten wir alle auf diesen seltenen Vogel, bis auch wirklich nichts mehr von ihm zu sehen war. Wir wanderten durch Schluchten, rechts und links ragte eine grüne Wand aus von Lianen überwucherten Urwaldriesen empor. Wir passierten Lichtungen mit Sagopalmen und tauchten immer wieder in den kühlenden Schatten der dichtbelaubten Bäume des Dschungels ein. Zum ersten Mal in meinem Leben sah ich die weißleuchtenden Trichterblüten von Trompetenbäumen. Wir durchwateten mehrere schäumende Bäche, eingesäumt von Moos und Farnen. Ich vergaß, müde zu sein, fühlte mich trunken von dem Leben, von der Natur, die mich umgab. Gerade begann ich, mich etwas sicherer zu fühlen, da wurde ich jäh vor meine Mutprobe gestellt. Wir waren den schmalen Pfad eines Berghangs hinuntergewandert, ich war ausnahmsweise nicht ausgerutscht und hörte das plätschernde Geräusch von dahin fließendem Wasser – da sah ich „es": vor uns lag in einer engen Schlucht ein kleiner Fluss, eher ein Bach, aber dieser war nicht zu durchwaten, sondern ein gefällter Baumstamm lag als „Brücke" über ihm.

Sinaraum war bereits dabei, als Erster auf dem Stamm, den Bach zu überqueren. Panik erfasste mich, als ich sah, dass dieser Stamm mehrere Meter über der Wasseroberfläche unter Sinaraums Schritten bebte. „Das kann ich nicht", flüsterte ich mit tonloser Stimme zu Michael, „ich kann da nicht rüber!" Er schaute mich erschreckt an. „Verflixt, daran habe ich nicht gedacht, als ich dieses Dorf für deinen ersten Buschtrip ausgesucht habe", meinte er ratlos. In mir schrillten Stimmen, ich sah beim Überschreiten des Bachs meinen sicheren Tod vor Augen, ich bebte vor Angst. Aisaip drehte sich um, schaute in meine Augen, und ich sah etwas wie Verstehen über sein Gesicht huschen. Er nahm die anderen Einheimischen am Ufer des Baches beiseite, erklärte ihnen etwas, das ich nicht verstehen konnte, dann kam er zu uns herüber. Emotionslos erklärte er uns, er wolle mit den anderen ein Stück des Weges weiterwandern und auf der nächsten Anhöhe auf uns

Sinaraum beim Erklettern einer Kokospalme

warten. Als die Gruppe aus dem Gesichtsfeld verschwunden war, hatte Michael schon eine Lösung für mein Problem gefunden. „Ich glaube, ich weiß jetzt, wie du es schaffen kannst", sagte er und führte mich gleich an der Hand zu dem Baumstamm. Er erklärte mir, wie ich meine Höhenangst austricksen könne. So kam es, dass ich zum ersten Mal in meinem Leben auf dem Hinterteil rutschend einen Bach überquerte – und selbst dabei stand ich noch Todesängste aus.

Der Rest des Weges erschien mir wie ein Kinderspiel. Eine gute Stunde vor Einbruch der Dunkelheit war das Dorf erreicht. Schon, als wir die umliegenden Gärten passierten, erklärte mir Michael, die Dorfleute wüssten von unserem Kommen, da keine der Dorffrauen in den Gärten zu sehen war. Am Eingang zum Dorf erwartete uns bereits eine Gruppe von Männern und Jungen. Sie begrüßten uns freundlich, auch wenn sie etwas erstaunt über die Anwesenheit einer Frau zu sein schienen. Dann wurden die Jungen auf die Kokospalmen geschickt. Behände kletterten sie ohne jegliche Sicherung an den Stämmen der Palmen hoch und schlugen junge, grüne Kokosnüsse herunter. Jeder von uns bekam eine *kulau*, eine junge Kokosnuss, in die ein Loch gebohrt war, zum Trinken gereicht. Etwas Köstlicheres, Erfrischenderes hatte ich noch nie zuvor getrunken. Das Fruchtwasser erschien mir kühl, es schien sogar zu moussieren – und ich beschloss, dass allein dieser Genuss schon Entschädigung genug war für die hinter mir liegenden Strapazen.

Jetzt kam, was ich bisher nur aus Schilderungen Michaels kannte: die Missionsspiele begannen. Die Männer führten pantomimisch vor, wie die ersten Missionare zu ihnen gekommen waren, wie sie sich zunächst scheu vor ihnen im Busch versteckt hatten. Sie hatten sich dann vorsichtig hervorgewagt und Kontakt aufgenommen. Der Missionar war daran zu erkennen, dass er ihnen eine Eisenaxt und Streichhölzer schenkte, ihre Bekehrung stellten sie durch unbewaffnetes Zusammensitzen dar. In einem zweiten Spiel zeigten sie uns, wie ein Zauberer einen kranken – durch graue Asche auf dem Körper kenntlich gemachten – Mann behandelt. Der Zauberer sog mit seinem Mund die Krankheit aus den Haaren des Mannes und spuckte sie daneben aus. Nun blies er aus einem Rohr weißen Rauch auf die kranken Körperteile, saugte diesen mit einem Schilfbüschel wieder an, das er neben dem Kranken ausschüttelte. Die Angehörigen des Kranken bezahlten zum Schluss den Zauberer mit flatternden Hühnern, die er, an den Füßen kopfunter an einer Stange hängend, davontrug.

Nach den Spielen wurden wir in das Dorf gebeten, Michael und ich bekamen eine Buschhütte zum Übernachten zugewiesen, die Einheimischen mit Aisaip eine andere. Während wir unsere Moskitonetze über den ausgerollten Matten befestigten, erzählte ich Michael von meinen wilden Wunschträumen nach einem Bad oder einer Dusche. Es war kurz vor Einbruch der Dunkelheit, und Michael zeigte nach draußen: „Träumen ist erlaubt", meinte er lakonisch, „aber schau dir mal die Realität der Dorfbewohner an". Ich sah Männer mit großen, langen Bambusrohren, die sie sich auf die Schultern geladen hatten, in Richtung Dorfplatz vorbeiziehen. „Sie holen das Wasser aus dem Bach, den du auf dem Hinterteil robbend überquert hast", erklärte er mir. „Heute Nacht müssen wir so unangenehm riechend, wie wir sind, schlafen. Mit Wasser wird hier sehr haushalterisch umgegangen".

In der Mitte des Dorfes sah ich im Vorbeigehen an den Feuerstellen vor den Häusern Frauen kauern, die das Essen zubereiteten. Immer wieder wurde uns ein freundliches „*Abinun*, Guten Nachmittag bzw. Guten Abend" zugerufen, und durch den von den Feuerstellen aufsteigenden Duft des Essens wurde mir bewusst, wie hungrig ich mich fühlte. Schon bei den pantomimischen Spielen hatte ich aus der Ferne des Dorfes das „Schrappschrapp" der Frauen beim Kokosnussraspeln gehört und mich auf das Essen gefreut. Auf dem Dorfplatz waren Schilfmatten für die Gäste ausgebreitet, und schon bald eilten die Frauen mit den Kochtöpfen herbei. Während des Essens wurde ich durch die Frauen sorgfältig ausgelotet, die weiße Missis, die da mit Männern zu ihnen gewandert war. Sobald klar war, dass ich eine Mama, also eine von ihnen war, war ich freundlich in ihrer Mitte aufgenommen. Nach dem Essen kam eine der Frauen mit einem Stück Kernseife und einer wassergefüllten, angerosteten Blechtasse zu mir, deren Emailschicht teils abgebröckelt war. Ich erlebte ein unvergessliches Händewaschen: das Wasser wurde tropfenweise über meine Hände gegossen, die ich dann einseifen durfte, und ebenso tropfenweise wurde die Seife wieder abgespült. Meine Hände waren danach tatsächlich sauber, was man von meinem restlichen Körper mit Sicherheit nicht behaupten konnte.

Nach langen Gesprächen, die ich vor Erschöpfung halb dösend an mir vorbeirauschen ließ, suchten Michael und ich im Schein der Kerosinlaterne unsere Hütte auf und krochen sofort unter unsere Moskitonetze. Michael löschte die Laterne, um keine Insekten anzuziehen. Ich fragte noch kleinlaut: „Müssen wir morgen den gleichen Weg zurückgehen?", bekam aber keine Antwort. Ich rollte mich auf die Seite und war in der nächsten Minute eingeschlafen.

Am folgenden Morgen bekamen wir gleich nach Tagesanbruch das typische Frühstück der Einheimischen serviert. Es gab süßen schwarzen Tee, dazu kalte Süßkartoffeln und Taros vom Vorabend. Während Michael mit Aisaip und den Dorfältesten ein *bung* abhielt, in dem Probleme der Dorfleute besprochen wurden, wanderte ich im Dorf herum, um meine durch die Nacht versteiften Muskeln wieder gehfähig zu machen. Einige der Frauen waren noch nicht in ihren Gärten bei der Arbeit und ich hatte Gelegenheit, ein paar Worte „von Frau zu Frau" zu wechseln. Ich erzählte den Frauen etwas aus meinen Hygienestunden und traf auf offene Ohren. Von da an kamen die Frauen mit ihren kranken Kindern regelmäßig den weiten Weg zur Station gewandert, sogar zu den Schwestern der „baby clinic", nachdem sie darüber durch Radio Madang Kenntnis hatten.

Gegen Mittag brachen wir auf und machten uns auf den Rückweg. Erneut musste ich über den Bach meiner Mutprobe robben, dann nahmen wir eine andere Route und übernachteten in einem ähnlichen Dorf, bevor ich mich – um so manche Erfahrung reicher – wieder in meinem Stationsleben einrichtete. Ich trug die tiefen Eindrücke dieses Buschmarsches noch lange in mir und begleitete Michael auch noch auf einigen folgenden Reisen. Vor allem aber ermöglichten mir die Erfahrungen dabei, spätere Erzählungen viel wacher aufnehmen zu können. So berichtete mir Michael einmal von einem seiner Buschtrips: „Wir kampierten neben einem Bach, Sinaraum kochte Reis und Dosenfleisch, Aisaip ging auf die Jagd, kein Dorf war weit und breit in Sicht. Aisaip kam mit seiner Jagdbeute zurück: ein dicker fetter *palai*, eine Baumechse. Sinaraum kochte ihn mit dem Reis und servierte ihn mir stolz auf einem Blechteller." Michael grinste mich an und meinte, sich schüttelnd: „Da habe ich mich zum ersten Mal geweigert, etwas, das sie mir vorsetzten, zu essen. Das war Fett, pures, glibberiges Fett!" Vor allem an einen der folgenden Buschtrips kann ich mich erinnern: ich hatte, nach Atem japsend, ein Dorf erreicht, meine Sehnsucht nach Flüssigkeit, nach einer *kulau,* einer jungen Kokosnuss, war überstark. Am Eingang zu dem Dorf ließ ich mich niedersinken, völlig ermattetet, alles, aber auch wirklich alles, war mir egal, da hörte ich aus einem der Kofferradios im Dorf eine Melodie erklingen: „Spiel dein Lied, Elisabeth", erklang es da auf Deutsch – und mir liefen Tränen der Erschöpfung und Rührung die Wangen hinunter.

Zurück auf unserer Station, begrüßte uns freudestrahlend unser kleiner, durch die Abwesenheit seiner Eltern keineswegs geschädigter, Sohn. Am Abend setzten wir uns im Wohnzimmer zusammen, um wieder so etwas wie Familienstimmung einkehren zu lassen. Amos kuschelte sich zufrieden auf meinem Schoß zurecht, babbelte, wie immer Tok Pisin und Deutsch vermischend, von seinen Erlebnissen bei Mama Butut. Auf einmal kam eine Erinnerung hoch, die ihn weinerlich stimmte: „*Mama, asde ston i paitim mi!*, Mama, gestern hat mich ein Stein gestoßen!", rief er kläglich. Ratlos schauten Michael und ich uns über seinen Kopf hinweg an. Sicher, wir selbst trugen durch unser Erzählen von Märchen dazu bei, dass für Amos alles Geschehen auch einen magischen Anteil haben konnte. Aber dieser Ausruf brachte eindeutig zum Ausdruck, dass er in der animistischen Denkweise der Einheimischen dachte, über die wir schon oft gesprochen hatten. Wir verständigten uns durch Blicke – jetzt war nicht die Zeit, dem auf den Grund zu gehen, das hatte später auch noch seinen Platz. Im Moment stand an, Familie zu leben. Locker fragte Michael: „Der Stein hat also den Weg verlassen und ist zu dir gehüpft"? „Papa, nein", empörte sich Amos, „er ist nicht gehüpft, er hat mich nur gestoßen!" Nachdem wir Amos zu Bett gebracht hatten, setzten wir uns zusammen, um unser weiteres Vorgehen zu überlegen. Schon häufig hatten wir bemerkt, dass die Hausmädchen nicht nur bemüht waren, Amos *Tok Begesin* zu lehren, sie brachten ihm auch im Alltagsumgang zwangsläufig ihre Denkweise nahe. Hellwach, wie der kleine Kerl war, sog er alle Eindrücke in sich auf. Da im Denken der Einheimischen jeder Baum, jede Pflanze, jeder Gegenstand, eben alles, mit Leben, von einem Geist erfüllt ist, musste Amos auch diese Sichtweise übernehmen. Für uns beschlossen wir, unser Söhnchen in Zukunft viel mehr in unser Alltagsleben einzubinden, und ihn weniger dem Einfluss der Hausmädchen zu überlassen.

Besuch einer Gottesanbeterin

Das Wasser in den Regentonnen war bereits äußerst knapp geworden, als der erste Regen einer erneuten Regenzeit heranzog. Erstaunt sahen Yagamar und ich uns hinter dem Waschhaus an, als wir am späten Nachmittag das erste entfernte Rauschen hörten. Wir waren gerade dabei, über dem Feuer *pitpit* zu braten, eine Gemüsesorte, die ich den Dorfleuten besonders gerne abkaufte. Amos und ich liebten den Geschmack dieser Art wilden Zuckerrohrs ganz besonders, wenn es über dem Feuer geröstet wurde, und wir es dann nur mit etwas gesalzener Butter bestrichen. Ich kenne kein deutsches Wort für dieses köstliche Gemüse *pitpit*, das den Eindruck eines Schilfgraskolben erweckt. Kaum hatte der Regen uns erreicht und prasselte auf das Wellblechdach des Waschhauses ein, so mussten wir uns überlaut miteinander verständigen. Es regnete gleich so heftig, dass die Regenrinnen unseres Hauses es nicht mehr schafften, diese Wassermassen in die Regentonnen zu leiten. In wenigen Minuten war der flache Graben, der das auf Betonpfosten gebaute Haus umgab, von Wasser gefüllt. Prompt riss sich Amos die Kleidung vom Leib und stapfte, Lustschreie von sich gebend, durch das Wasser. Auch Yagamar und ich stürzten nach draußen und begrüßten den Regen mit ausgebreiteten Armen. Als das zum Regen gehörende Gewitter uns erreichte, holten wir, schrille Schreie ausstoßend, unser *pitpit* vom Feuer und flüchteten ins Haus. In der Küche knabberten wir im Stehen unsere über dem Feuer gerösteten Gemüsekolben und sahen aus der Sicherheit des Hauses dem Spektakel zu. Aus dem einen Gewitter waren zwei geworden, eines im Osten, eines im Westen des Küchenfensters. Blitze und Donner zischten und dröhnten gleichzeitig von zwei Seiten – obwohl ich wusste, dass wir in dem mit Wellblech abgedeckten Haus sicher waren, schauderte ich doch beim Anblick dieser Naturgewalten.

Am Abend klopfte es spät an der Haustüre. Michael und mir war sofort klar, dass es sich bei dem Klopfenden um einen Weißen handeln mußte, denn Einheimische hätten sich durch Husten bemerkbar gemacht. Ich öffnete die Tür – und herein trat ein eigenartiges Paar: eine große, knochige Frau, beladen mit einem riesigen Rucksack und ein relativ kleiner, ausgemergelt wirkender Mann, der ebenfalls einen Rucksack trug. Sie stellten sich als Shirley und Steven, *bushwalkers*, also Buschwanderer, vor, und baten um eine Übernachtung. Ich nahm Shirley den Rucksack ab und wäre fast unter der unerwarteten Last zusammengebrochen. Entschieden meinte sie, sie bäten nur um ein Bett, Lebensmittel hätten sie genug dabei. Aber ich hatte gerade Brot gebacken, von dem ich ihnen anbot, und wir setzten uns mit ihnen an den Esstisch, während sie genüsslich ihre Mahlzeit einnahmen. Sie berichteten, dass sie Niugini zu Fuß bereisten bzw. erwanderten und viele interessante Begegnungen mit Einheimischen gehabt hätten. Bemerkenswert fanden sie vor allem die unter den Einheimischen kursierenden Gerüchte über die nahende *independence*, die Unabhängigkeit Niuginis. Offensichtlich kursierten die wildesten Vorstellungen darüber, wozu diese Unabhängigkeit führen würde. Davon hatten wir uns hier draußen im Busch überhaupt kein Bild gemacht. Unsere Besucher berichteten, einige Einheimische behaupteten, dann würde der „Cargo" endlich nicht mehr von den Weißen abgefangen, sondern ihnen, den Einheimischen selbst, zukommen. Andere vermuteten Sterben und Morden im Land. Vielerorts waren die Cargokulte wieder aufgeflammt und hatten seltsamste Formen angenommen.

Cargokult, Güterkult, war in Niugini seit Jahren, schon seit der Zeit nach dem Zweiten Weltkrieg, ein Begriff* *Cargo* bedeutet im Englischen nichts anderes als Fracht, Last, Waren. Ursprünglich entstanden aus der Sehnsucht der Einheimischen, an den Lieferungen, die die Weißen erhielten, teilhaben zu können, hatte dieser Kult sonderbare Bewegungen nach sich gezogen. Man erzählte von Flugzeugs- und Schiffswracks, die von den Einheimischen geschmückt und kultisch verehrt wurden. Auch von Gruppen, die unter der Anleitung selbsternannter Führer Geldmünzen mit Menstruationsblut gemischt, vergraben hatten, in der Hoffnung, es werde sich dadurch vermehren. Immer wieder hatten sich im Land Menschen zusammengefunden, denen ihre Führer glaubhaft gemacht hatten, sie könnten ihnen neue Wege aufzeigen, die sie direkt zu dem begehrten Cargo führten. Denn für sie, die Bewohner dieses Landes war er ja gedacht, die Weißen fingen ihn doch offensichtlich nur ab! Unsere Besucher erzählten, und wir redeten uns die Köpfe heiß. Waren die Cargokulte vielleicht ein verzweifelter Versuch der Urbevölkerung, mit ihren Mitteln die materielle Überlegenheit der anderen, weißen Kultur zu überwinden? „Man kann es den Einheimischen gar nicht verdenken", sagte ich zu unseren Gästen. „Selbst hier auf unserer Außenstation kann ich nachvollziehen, wie unverständlich unser Umgehen mit Cargo für sie sein muss". Ein erstaunter Blick des ungleichen Paares traf mich – eine Missionarsfrau, die ihre Überlegungen über ein Thema zum Besten gab, das sie beide wohl längst zu Lasten der Missionare abgehakt hatten. „Schon, wenn ein Flugzeug mit Cargo für

* Anmerkung des Verlages: Eine neuere Darstellung des Cargokults findet Erwähnung in Christopher Hitchens „Der Herr ist kein Hirte", Blessing-Verlag, 2007.

unseren *store* ankommt, stelle ich mir vor, was da in den Köpfen der Einheimischen vor sich gehen muss", versuchte ich zu erklären. „Was wissen sie schon von bargeldlosem Verkehr? Sie sehen, wie Michael ein Papier unterschreibt, aber Geld an den Piloten bezahlt er nicht, jedenfalls nicht vor ihren Augen. Dann bezahle ich sie für den Transport des Cargo vom Flugplatz zur Station in Naturalien. Aber schließlich müssen sie die Waren, die sie im *store* kaufen, wiederum bezahlen!" Steven schaute mich fragend an. „Ihr Missionare bezahlt also die Dorfleute für das Tragen von Waren, die sie hinterher von euch kaufen"? „Nicht nur das", fügte ich an, „Michael kauft ihnen auch Kaffee und Kopra ab, kann aber natürlich nur den üblichen Marktpreis zahlen. Dann lässt er beides ausfliegen, wobei die Leute vermutlich dennoch das Gefühl haben, für ihre Arbeit ungenügend entlohnt worden zu sein!" Wir tauschten behutsame Blicke gegenseitigen Verstehens aus, und ich glaubte zu erkennen, wie die beiden ihre bisherigen Erkenntnisse hinterfragten – waren die Missionen doch nicht die Ausbeuter der Einheimischen, wie sie vermutet hatten?

Weiter, so warnten die beiden, hätten allein schon in Madang über vierhundert Weiße das Land aus Furcht vor der zu 1974 erwarteten Unabhängigkeit verlassen. Sie hatten im Hochland bei Missionaren übernachtet, die ihnen erzählt hätten, wie Stationsmitarbeiter um Aufnahme im Missionarshaus baten. Diese Menschen fürchteten sich davor, bei Beginn der Unabhängigkeit als „Weißenfreunde" als Erste umgebracht zu werden. Klamme Gefühle bemächtigten sich unser bei diesen Schilderungen. Wir hier draußen in unserer Einsamkeit hatten keine Ahnung gehabt von all diesen Umtrieben, wir wähnten uns in unserer Stationswelt völlig sicher, und so schauten wir uns nach diesen Schilderungen höchst betreten an. „Was meint ihr", fragte ich vorsichtig, „wenn es zu dem befürchteten Morden kommen sollte – wo würde es beginnen?" Da waren wir uns schnell einig: wenn, dann wäre das in Port Moresby und in anderen großen Städten der Fall. „Genau das ist unser Problem", sagte Michael trocken, „denn nur über die größeren Städte kommen wir von hier weg. Und nur über Port Moresby können wir das Land verlassen." Trotz alledem, befand ich am Ende dieses aufwühlenden Gesprächs, dieses Pärchen war ein höchst merkwürdiger Besuch. Als wir vor dem Zubettgehen noch eine Dusche nahmen, sagte ich kichernd zu Michael: „Hat dich diese große Frau nicht auch an eine Gottesanbeterin erinnert, die doch nach dem Geschlechtsakt bekanntlich ihren Partner tötet?" Aufgewühlt durch die Gespräche und belustigt zugleich sanken wir an diesem Abend ins Bett.

Am nächsten Morgen, das seltsame Paar war nach dem Frühstück weitergewandert, besprach ich mit Michael, dass es nunmehr höchste Zeit sei, noch einmal vor Beginn der Regenzeit in Madang einzukaufen. Gleich am nächsten Tag sollte ein Flugzeug mit Fracht kommen, in dem ich mit Amos zurückfliegen und Vorräte beschaffen wollte.

Am folgenden Tag, das Flugzeug war bereits unterwegs, setzte ich mich an das Funkgerät, um dem Piloten einen Wetterbericht durchzugeben. Inzwischen musste das Radio vor Amos höllisch geschützt werden. Wann immer der kleine Racker sich nicht beobachtet fühlte, ging er an das Gerät, drückte den – leider auch noch richtigen – Knopf und rief: „Begesin, Roger Roger!" Gerade hatte ich mit dem Piloten Funkkontakt hergestellt, als eine *general message*, eine allgemeine Durchsage, von der Funkzentrale in Kainantu gesendet wurde. Helga Schwan, eine andere Missionarsfrau, war in ihrem Flugzeug tödlich verunglückt. Sie war von ihrer Außenstation mit ihrer kleinen Tochter aufgebrochen, um ihre ältere Tochter im Internat in Wau zu besuchen. Gleich nach dem Start war in einer Flugschleife etwas schief gelaufen und die Cessna war abgestürzt; sie hatte sich wie ein Pfeil in die Erde gebohrt. Ich kann mich nicht mehr erinnern, wie ich es geschafft habe, dem Piloten einen schlüssigen Wetterbericht durchzugeben und dann zum Flugplatz zu gelangen. Den Flug nach Madang habe ich nur „überstanden", ständig wanderten Bilder durch den Kopf von dieser Frau, die ich gekannt hatte, und die es nun plötzlich nicht mehr gab. Von da an entwickelte sich bei mir eine sich stetig steigernde Flugangst.

Erst, nachdem ich wieder zu Hause in Begesin war, konnten Michael und ich in vielen Gesprächen versuchen, dieses tragische Geschehen zu verarbeiten. Wir waren heilfroh, dass Amos nichts von der Durchsage mitbekommen hatte und sich so seine völlige Unbefangenheit gegenüber dem Fliegen erhalten konnte. Denn, um in die Welt „da draußen" zu kommen, mussten wir nun mal fliegen.

Die Kiaps kommen

Bald danach sagten sich die *kiaps* zu Besuch an und wir waren in heller Aufregung. *Kiap*, das war bis zur Unabhängigkeit Niuginis im Jahr 1975, ein Beamter der australischen Regierung, die das Land bis dahin verwaltete. Ein *kiap* stellte Ausweispapiere aus und hatte sogar die Befugnis zur Rechtsprechung. „Unsere" *kiaps* waren drei herrlich verrückte Kerle, zwei Australier und ein Engländer, der von den beiden Australiern als *Pommy bastard* bezeichnet wurde – warum, weiß ich bis heute nicht. Sie wohnten etwa einen Tagesmarsch von uns entfernt in Usino, einer Außenstation der Regierung, und wir hatten sie gleich nach unserem Antritt in Begesin dort besucht. Auch sie waren einmal bei uns zu Besuch gewesen, hatten unser deutsches Essen hochgelobt, waren aber darüber nicht eben erbaut gewesen, dass wir keinen Alkohol im Haus hatten. Sie soffen alle drei wie die Löcher! Als sie sich nun über Funk für die kommende Woche als Besuch anmeldeten, schauten wir uns betreten an. Wieder hatten wir keinen Alkohol im Haus – mussten diese trinkfreudigen Männer nicht vermuten, das sei Absicht? Wir hatten aber durchaus die Absicht, diese herrlich verrückten Kerle echt und nach ihren Vorstellungen zu bewirten. Michael kam die rettende Idee: für Donnerstag der folgenden Woche hatten sich die drei „Verrückten", wie wir sie nannten, angekündigt und am Dienstag zuvor sollte ein *balus*, ein Flugzeug, kommen. Der Bau der Straße, die einmal Madang und Begesin verbinden sollte, war schon so weit fortgeschritten, dass man von Madang aus nur noch ungefähr einen Tagesmarsch bis Begesin brauchte. Er wollte mit dem für sieben Uhr morgens angekündigten Flugzeug nach Madang fliegen, Getränke in einem der *bottle shops,* den Läden für alkoholische Getränke, einkaufen, und sich noch am gleichen Tag auf den Rückmarsch nach Begesin machen. So wollten wir es machen! Inzwischen setzte vermehrt Regen ein, aber wir waren der Meinung, es könne noch gelingen.

Am darauf folgenden Dienstagmorgen kam pünktlich das Flugzeug angeschwebt und Michael bestieg es, wie geplant, mit leerem Rucksack. In Madang sollte er dann gefüllt werden. Ich machte mir weiter keine Gedanken, denn Michael war in letzter Zeit häufig auf Buschtrip gewesen und war inzwischen mit dem Dschungel gut vertraut. Nach dem Abflug der Cessna nahm mein gewohnter Tagesablauf mich in Anspruch, und ich kam gar nicht dazu, mir über Michael Gedanken zu machen. Erst bei Anbruch der Nacht wurde ich unruhig. Es regnet zum Glück nicht, versuchte ich mich zu beruhigen, und meinte, jeden Moment müsse Michael hereinkommen und die bösen Geister der Sorge vertreiben. In meiner Verzweiflung bat ich Yagamar, sie möge zu Butut gehen, und ihm die Lage erklären – er würde sicher wissen, was zu tun sei. Zurückgekehrt, erklärte sie mir, Butut habe sich mit ein paar Schülern im Schein starker Lampen auf den Weg gemacht. Sie wollten Michael entgegengehen und nach ihm rufen, sicher würde er antworten, wenn er nicht zu weit entfernt sei. Nach etwa zwei Stunden kam Butut mit betretener Miene zu mir, und berichtete von der Erfolglosigkeit seiner Unternehmung. Voller Unruhe brachte ich an diesem Abend Amos zu Bett. In seinem Zimmer meinte dieses wunderbare Kerlchen: „Ist wie Papa auf Buschtrip, ich schlaf bei dir in Papas Bett!" Zur Funkzeit saß ich am Radio und meinte, irgendjemand aus Madang würde mir eine Nachricht zukommen lassen – nichts geschah. Am späten Abend sah ich draußen wieder den Schein einer Kerosinlampe, und wusste, ich war nicht allein: Sinaraum passte auf seine Mama und ihr Kind auf. In der Nacht suchten mich Alpträume heim, ich sah Michael, von einer Schlange gebissen, sterbend auf einem Buschpfad liegen. Entsetzt schrak ich aus meinem Traum, glaubte, Geräusche an der Haustüre zu hören, ging im Schein meiner Taschenlampe nachsehen – nichts war zu sehen. Zurück im Bett, streckte ich meine Hand nach Amos aus, fühlte seine warme Haut, und sah mich schon als Witwe, einsam und allein mit meinem Kind, nach Deutschland zurückreisen.

Am nächsten Morgen brauchten mich die Vögel, über deren Geschrei ich mich so oft erbost hatte, nicht zu wecken. Ich empfand ihr Schreien eher wie einen Morgenruf. Wie befreit sprang ich aus dem Bett, stellte mich unter meine Eimerdusche, und spülte einen Teil der nächtlichen Angst von mir ab. Pünktlich um sieben Uhr saß ich vor dem Funkgerät, hörte die vertrauten ersten Durchsagen und wartete auf meinen Einstieg. Das Mikrophon in der Hand wollte ich gerade „Foxtrott Sierra" anmelden – als die Türe sich öffnete und ein sichtlich erschöpfter Michael eintrat. Amos fiel seinem Papa wie immer bei einer Heimkehr jubelnd um den Hals, ich schloss beide in meine Arme, und die Familie war wieder komplett. „Ich bin keine Witwe geworden", schluchzte ich, „ihr seid ja beide noch da"! Ich glaube, dann habe ich erst einmal Kaffee aufgesetzt.

Bei einem Kaffee erzählten wir einander, wie es uns ergangen war, und ich erfuhr nun endlich Michaels Anteil der Geschichte. Er hatte, wie ausgemacht, seinen Rucksack mit diversen Flaschen alkoholischer Getränke gefüllt, die erfahrungsgemäß von den *kiaps* getrunken wurden. Gleich nach seiner Ankunft hatte er seinen Cousin Ulrich angerufen, bei dem wir gewöhnlich übernachteten, wenn wir in Madang waren. Er war Tante Bertas und Onkel Hermanns Sohn, war in Niugini aufgewachsen und lebte jetzt als Stadtmissionar mit seiner Frau Helga und den beiden Söhnen in Madang. Michael hatte mit den beiden noch eine Tasse Kaffe getrunken und ein wenig getratscht, danach hatte Ulrich ihn mit seinem Auto bis ans Ende der ausgebauten Straße gebracht, so weit es nur irgend möglich war. Beide waren der Meinung, in den sieben Stunden bis zum Einbruch der Dunkelheit, müsse der Weg bis Begesin zu schaffen sein. Dann war Michael mit seinem schweren Rucksack losgezogen. Zunächst sah es auch so aus, als hätten sie mit ihrer Einschätzung der Lage richtig gelegen, und Michael kam zügig voran. Die ersten Flüsse konnte er noch mühelos durchwaten. Aber nun kam er in eine Gegend, in der es offensichtlich schon mehr geregnet hatte als bei uns. Einige Flüsse, von denen er vermutet hatte, sie leicht durchqueren zu können, bereiteten ihm ernste Schwierigkeiten. Die Buschpfade in dieser Gegend waren bereits viel glitschiger als erwartet, und zwangen ihn zu mehr Vorsicht. Später wieder kam er schneller voran. Als er noch, wie er einschätzte, eine gute Stunde von Begesin entfernt war, kam die Dämmerung, und ihm wurde bewusst, dass er sich vor Einbruch der völliger Dunkelheit nach einem Unterschlupf für die Nacht umsehen musste. Zum Glück hatte ihm Ulrich „für alle Fälle" eine Kerosinlampe mitgegeben, nur an etwas zu Essen hatten sie beide nicht gedacht.

Rasch fand er ein Gartenhaus in einem der Buschgärten, was ihm deutlich machte, dass er nur noch eine Stunde Fußweg von der Station entfernt sein konnte. Aus weiter Entfernung vernahm er nach einer Weile laut rufende Stimmen. Er eilte mit seiner Kerosinlampe nach draußen, sah am Berghang Menschen mit Lichtern, und beantwortete die Rufe, seine Lampe hin- und herschwenkend. „Aber", meinte er jetzt, „die müssen so beschäftigt gewesen sein mit Rufen, dass sie keine Pause gemacht haben und so meine Antwortrufe gar nicht hören konnten!" Nach diesem Misserfolg hatte er sich über die Flasche Martini hergemacht –

„zumindest die habe ich nur halbvoll hertragen müssen", meinte er nun grinsend – und eine unruhige, hungrige Nacht verbracht. Gleich bei Morgengrauen war er aufgebrochen – den Rest der Geschichte kannte ich. Wir nahmen uns fest vor, nie wieder so leichtfertig zu handeln, allerdings konnten wir der Ankunft der *kiaps* jetzt gelassener entgegensehen. Noch nach Monaten erzählten die Schürfwunden an Michaels Rücken von diesem verrückten und gefährlichen Unterfangen. Dennoch, der Besuch der Kiaps wurde dadurch zu einem unvergesslichen Erlebnis. Sie konnten ihre gewohnte Menge an Alkohol zu sich nehmen, wobei sie immer witziger wurden, und bei einem Fondueessen wollten Begeisterungsrufe wie, „astonishing, great, terrific" nicht mehr abreißen. Im Verlauf des Abends steigerten sich die Redseligkeit und Lustigkeit der *kiaps*, die Geschichten erzählten, bis wir Tränen lachten.

Phil, der australische oberste *kiap,* beschrieb eine Schulung für *luluais,* die einheimische Entsprechung eines *kiaps* oder so etwas wie ein Bürgermeister. Sein Vorgänger hatte ihm geschildert, wie er versucht hatte, einer Gruppe von *luluai*-Anwärtern das Marschieren beizubringen. Das *left-right,* links-rechts, wollte ihnen nicht im Kopf bleiben, so oft er es auch versuchte. So war er auf die rettende Idee verfallen, an ihren Unterschenkeln Blätter zu befestigen: das linke war ein Tarobblatt, das rechte ein Bananenblatt. Die Schilderung der auf das Kommando „Taro, Banana, Taro, Banana!" konzentriert auf ihre Unterschenkel blickenden, marschierenden Männer trieb uns erneut Lachtränen in die Augen! An diesem Abend entstand die Idee, ich könne auf der Station der *kiaps* das Autofahren lernen, und auch bei Bob, dem australischen Verwaltungsbeamten, die Führerscheinprüfung ablegen. So kam es, dass ich Wochen später meinen Führerschein in einem riesigen *truck,* einem Laster, mit Vierradantrieb machte.

Die *kiaps* luden uns wenig später ein, mit ihnen Saidor, eine Küstenstation der Regierung zu besuchen, damit wir *buskanaka,* wie sie uns einschließlich sich selbst bezeichneten, einmal aus der Isolation herauskämen. In Saidor nahm uns die Frau des dortigen *kiaps* in Empfang, es war tatsächlich ein Empfang. Unsere „Verrückten" waren bereits eingetroffen, standen im Wohnzimmer, das eher die Bezeichnung „Salon" verdiente, wir bekamen alle einen Martini in die Hand gedrückt, die Dame des Hauses machte Konversation mit uns – wir waren im gleichen Land, aber gleichzeitig in einer anderen Welt. „Ola man", raunte ich Michael zu, „die leben hier ja blütenweiß!" Er rollte bedeutungsvoll die Augen. Saidor erschien mir fast wie eine Weißenenklave. Die Frauen der dort lebenden Regierungsbeamten führten eine Art von gesellschaftlichem Leben, das ich noch nie erlebt hatte, und sie fühlten sich doch wie in die Wildnis ausgestoßen. Jede hatte einen *houseboy,* einen einheimischen Bediensteten, der die Hausarbeit erledigte und auch die Mahlzeiten zubereitete und servierte. Die Damen unterhielten sich gerne darüber, wie schwierig es doch sei, die *houseboys* so weit zu bringen, dass sie den nötigen „Schliff" bewiesen. Sie sprachen Tok Pisin wie Pidginenglisch, seltsam verfälscht klang es für mich, so wurde *kranki,* was fehlerhaft, falsch, bedeutet, ausgesprochen wie „kränki". Sie trafen sich nachmittags zum Bridgespielen, wobei immer über nicht Anwesende gelästert wurde, wie ich einer Unterhaltung unserer Gastgeberin und ihrer Nachbarin entnahm. Es wurde ein entspanntes Wochenende ohne Arbeit für mich, ich saß mit den Frauen bei einem Tee oder Gin-Tonic auf der Veranda, die Männer spielten *darts,* das bekannte englische Wurfpfeilspiel; aber bald stellte sich ein Gefühl für die Öde ein, die diese Frauen erfüllen musste. Und so fühlte ich mich seltsam erleichtert, als es Zeit war, uns wieder auf den Weg in die vertraute Buschsituation zu machen.

Der Mund hat genug gesprochen

Einige Abende später kam Michael von einem *bung,* einem Treffen mit den Leuten von der Station und denen der Dörfer zurück. „Jetzt wärst du beinahe Witwe geworden", rief er beim Eintreten. „Da lag auf dem Weg eine komisch gestreifte, kleine Schlange. Ich hätte sie wohl glatt übersehen, aber Kalap trottete vor mir, und machte plötzlich auf allen Vieren einen Satz seitwärts! Da habe ich dieses Biest mit dem Schein meiner Taschenlampe fixiert, habe im Kunaigras herum gefühlt, bis ich einen kleinen Zweig zu fassen bekam. Damit klopfte ich auf die Erde, und nach einer Weile schlängelte sie sich davon". Ich war betroffen – wie oft sollte ich noch erleben, dass ich fast zur Witwe wurde? Aber dann sagte ich mir: hör auf, das so theatralisch zu sehen, in Deutschland sind es nicht die Schlangen, da muss sich nur jemand ins Auto setzen, und er kann schon ein paar Minuten später nicht mehr am Leben sein.

Michael berichtete von dem *bung*: es schien mächtig zu knirschen im Gebälk der Station. Die Stationsleute, also Butut und Aisaip, und mit ihnen die Lehrer, waren mit der faulen Bande der Dorfleute heftig zu Gericht gegangen. Diese hatten wohl gewisse Erwartungen an „Mama Mission", waren aber nicht bereit, ihren Teil der Abmachung einzuhalten. Schon der *doktaboi* hatte aus diesem Grund das Handtuch geworfen, aber danach hatten die Dorfältesten erreicht, dass die medizinische Versorgung durch mich weiterlief. Das hatte die Dorfleute ermutigt, noch fauler zu werden. Eigentlich gehörte es zu ihren Aufgaben, sowohl den *doktaboi,* als auch die Lehrer, den Pastor, und sonstige Stationsmitarbeiter wie Butut, bei bestimmten Arbeiten zu unterstützen. Sie hatten beim Hausbau zu helfen, oder beim Dachdecken mit Kunaigras eines der Stationshäuser ihren Anteil zu leisten. Sie mussten die Stationsleute unterstützen beim Anlegen der Gärten oder sie mit Gartenfrüchten versorgen. Da ich die Cargoträger in Naturalien bezahlte, waren die Dorfleute auch mitverantwortlich für das *salthouse,* das Buschhaus, in dem die Naturalien gelagert waren. Das hätte schon nach der letzten Regenzeit dringend ein neues Dach aus Kunaigras gebraucht. Ich bezahlte die Gartenfrüchte, die ich den Dorfleuten abnahm, mit Salz – die einzige Möglichkeit für sie, an Salz zu kommen. Michael kaufte ihnen Kopra und Kaffee ab, ließ beides ausfliegen, und finanzierte auch damit den *store,* den Laden, in dem sie einkauften, vor. Aisaip hatte bei dem *bung* gesagt: „Ihr nehmt und nehmt nur, wann wollt ihr anfangen, wieder etwas zu geben? Unsere Lehrer unterrichten eure Kinder, werden schlecht bezahlt, und ihr lasst sie bei der Gartenarbeit im Stich. Der *doktaboi* ist weggelaufen, weil ihr ihn nicht unterstützt habt. Ich werde nicht weglaufen, aber mein Mund kann auch anders sprechen, ihr werdet es noch merken!" Die Dorfleute blieben relativ unbeeindruckt, trotz dieser harten Rede. Wie immer hatte die Diskussion lange Zeit in Anspruch genommen, jeder musste seinen Beitrag leisten, Argumente wurden wieder und wieder vorgetragen – aber bei den Dorfleuten wollte sich keinerlei Einsicht einstellen. Michael sagte: „Wir kennen das ja, sie reden und reden, wiederholen und wiederholen. Aber auf einmal – für mich völlig unerwartet – war für Aisaip das Maß voll." Er hatte eine flammende Rede gehalten, hatte den Dorfleuten noch einmal ihre Faulheit aufgezeigt, und ihnen die Vorteile des Angebundenseins an die Missionsstation vor Augen gehalten. Als wiederum die Reaktion ausblieb, hatte er zur Abstimmung aufgefordert. Und die richtete sich klar gegen die Faulheit der Dorfleute.

Ein neues Zeitalter sollte von nun an nach Aisaips Willen beginnen, übersetzt aus *Tok Pisin* etwa so: „Bisher haben wir mit dem Mund geredet, der hat aber jetzt Schmerzen, ab jetzt werden der *store,* das *salthouse,* der Flugplatz, und die *dispensary* sprechen". Ungläubig sagte ich zu Michael: „Ist das euer Ernst, ich soll Kranke vor der Tür stehenlassen, ohne ihnen zu helfen?" „Ja, das ist es im Prinzip, was Aisaip da durchgepaukt hat in seiner erbosten Suche nach einer Lösungsmöglichkeit", erklärte er mir. „Und nicht nur das, du sollst auch kein Gemüse von den Dorfleuten kaufen, der *store* verkauft nichts mehr an sie, und der Cargo wird von den Schuljungen zur Station getragen". Ich hegte große Zweifel daran, dass Aisaip auch dieses Mal Recht behalten würde.

Am nächsten Morgen kam Aisaip schon vor zehn Uhr zu uns, grinste mich an, und meinte angelegentlich, er könne jetzt gut eine Tasse Kaffee brauchen. Mehr musste er nicht sagen, mir war auf Anhieb bei seinem Eintreffen klar gewesen, weshalb er gekommen war. Er kannte mich inzwischen gut genug, um zu wissen, welche Probleme ich damit haben würde, eventuell eintreffenden Patienten meine Hilfe zu verweigern. Von wegen „eventuell eintreffende Patienten" – um zehn Uhr saßen die Dorfleute im Schatten der Bäume in Scharen, als hätte es das gestrige *bung* nie gegeben. Alles lief von da an nach Aisaips Plan, und mir wurde wieder einmal bewusst, wie gut dieser Mann seine Landsleute einzuschätzen wusste. Medizinische Versorgung mussten sich die Dorfleute nun von Orkap holen und ihn dafür bezahlen. Ich litt zwar darunter, meinem Helfersyndrom nicht frönen zu können, aber der Zweck heiligte die Mittel. Für das Tragen des Cargos wurden die größeren Schuljungen in Naturalien bezahlt. Und aus dem *store* wurde an die Stationsleute verkauft, aber nicht an die Dorfleute. Es dauerte vielleicht drei Wochen, und die Dorfleute erschienen eines Morgens auf der Station. Sie nahmen ihre Arbeit auf, als hätten sie nie etwas anderes getan.

Besuche aus Deutschland

Eines Nachts wachte ich von einem seltsamen Geräusch auf und griff wie gewohnt zu meiner Taschenlampe. Was war das? Mir war, als hätte ich ein Fiepen gehört. Ich ließ den Strahl meiner Taschenlampe über die Wände gleiten, über die Decke, und dann über den Fußboden. Plötzlich, an der Tür zum Badezimmer sah ich etwas huschen – eine Maus vielleicht? Aber da war doch noch etwas Helles gewesen! Ich entzündete mit einem Streichholz die Kerosinlampe, die immer neben meinem Bett bereitstand, dabei meinte ich, wieder ein Geräusch zu hören, dieses Mal klang es eher wie das Trappeln von winzigen Füßchen. Ich leuchtete herum, sah an der Badezimmertüre etwas Kleines, Helles, liegen, das mich spontan an die Erdnussflips erinnerte, die Amos so gerne aß. Im Nähertreten erkannte ich im Schein meiner Lampe eine kleine, nackte, offensichtlich neugeborene Maus. Aber, wo war die ausgewachsene Maus, die ich vorher gesehen hatte? Michael, der nun auch aufgewacht war, fackelte nicht lange. „Die haben wir zumindest!", rief er, und erschlug den kleinen „Engerling" mit seinem Schuh. Dann warteten wir lange auf die Mäusemutter, bis uns klar wurde, dass die sich rar machen würde, so lange die Lampe brannte. Nachdem wir die Lampe ausgemacht und uns wieder hingelegt hatten, war kurz später wieder ein leises Traptrap zu hören. Am nächsten Tag stellten wir Mausefallen auf und hatten innerhalb kürzester Zeit Mutter und Vater Maus gefangen. Und dann tauchten nacheinander sieben kleine, fast nackte Mäuschen auf, die wir entschlossen erschlugen – wer wollte schon sein Haus mit Mäusen teilen? Wir hatten genug zu tun mit all den Ameisen und Kakerlaken, wir wollten nicht auch noch Mäuse als Mitbewohner.

Die Regenzeit hatte ihren Höhepunkt erreicht, als wir Besuch von einer Gruppe deutscher Missionshelfer bekamen. Sie schienen brennend an allem interessiert zu sein, was unser Buschleben betraf – aber sie erinnerten mich auch durch ihr Verhalten daran, wie ich wohl vor langer Zeit in Lae auf Tante Berta gewirkt haben musste. „Wollt ihr einheimisches Gemüse probieren?", fragte ich. Selbstverständlich wollten sie. Aber dann schmeckte ihnen die Süßkartoffel nicht, die Taro erst recht nicht, und beim Rösten von Maiskolben über dem Feuer holte man sich mit Sicherheit Malaria! Beim Anblick einer riesigen Kakerlake kriegte eine der jungen Frauen fast einen Schreikrampf. Das ließ mir bewusst werden, wie weit ich mich schon in meinem Buschleben eingerichtet hatte. Abends setzten wir uns zusammen, Michael holte seine Gitarre, und wir sangen zur hellen Freude von Amos deutsche Lieder. Wir versuchten, den jungen, etwas enthusiastisch angehauchten Menschen, das Leben auf einer Außenstation nahe zu bringen. Einmal, als wir abends beisammen saßen, flitzte eine der grün schillernden Echsen, die ich erst in Begesin kennengelernt hatte, über das Fliegengitter an einem der Wohnzimmerfenster. Diese Echsen waren viel größer als die inzwischen vertrauten Geckos, die mich anfangs in Lae so irritiert hatten. „Das ist ja ein Krokodil!", schrie eine der jungen Frauen neben mir. Abgeklärt, wie ich mich mittlerweile fühlte, klärte ich sie auf, das sei „nur" ein etwas größerer Gecko, da wir hier eben im Busch lebten. Ich weiß nicht mehr, wie wir die Woche mit dieser Gruppe überstanden haben, aber wir müssen uns doch recht gut verhalten haben. Sie wollten unbedingt erreichen, dass der Regen ihre Abholung durch das Flugzeug verhinderte. Aber dieses Mal kam er, wie das so sein konnte, eben nicht, und so schrieben sie in unser Gästebuch: „Auf Regen warteten … ".

Etwas später, als wir der hohen Luftfeuchtigkeit längst überdrüssig waren, regnete es so ausgiebig, dass die Graspiste, die uns als Flugplatz diente, voll gesogen war wie ein getränkter Schwamm. Wir sprachen mit dem Piloten über Funk, und er meinte, er wolle Begesin anfliegen, aber den Cargo über dem Flugplatz abwerfen. Wir standen auf dem schlammigen Flugfeld, Wind war aufgekommen, als wir im Wolkenmeer einen blauen Riss entdeckten. Die Cessna tauchte darin winzig klein auf, wurde im Näherkommen größer, kreiste über dem Flugfeld, kam tiefer und tiefer. Dann warf der Pilot unseren Cargo über dem Flugplatz ab, und meine *standing order* sah nach dem Auspacken etwas mitgenommen aus. Was von den aufgeplatzten Eiern noch zu retten war, kippte ich über einer Schüssel in ein Sieb und verarbeitete die Masse rasch zu Rühreiern. Das wichtigste jedoch war wie immer der Postsack. Schon beim Öffnen standen die Schüler um mich herum, wenn ich die Post austeilte. Ich befühlte bereits beim Austeilen voller Vorfreude die Luftpostbriefe, erkannte anhand der Handschrift den Absender, und schwelgte in der Vorstellung des Lesens. Manchmal, beim Austeilen der Post an die Schüler, stutzte ich beim Lesen der Adresse. Sie konnte ganz normal in Reih und Glied geschrieben sein, aber auch überaus abenteuerlich aussehen. Eines Tages, als ich gerade beim Verteilen der Post war, fiel mir eine Postkarte in die Hände, die mich besonders merkwürdig berührte. Der Text war in Reihen geschrieben, die sich auf und ab in einem bestimmten Muster bewegten. Auf einmal trat es in mein Bewusstsein: das war das Muster, in dem die Biliaufrauen ihre *bilums* knüpften! Aufgeregt schaute ich nach – wie nicht anders zu erwarten, war der Absender eine Frau aus Biliau. Später habe ich noch oft anhand einer Adresse einen Brief einem Ort oder Stamm zugeordnet und mich – zumindest häufig – in meiner Annahme bestätigt gesehen.

Einmal war im Postsack auch ein Luftpostbrief an uns in einer mir völlig fremden Handschrift, der sich herausstellte als ein Brief von Phil, unserem „verrückten” *kiap*. Beim Lesen dieses Briefes brachen wir in schallendes Gelächter aus. Gleich im ersten Absatz stand drei Mal *bloody,* wörtlich übersetzt blutig, von Australiern ähnlich wie fuckin` bei Amerikanern verwandt. Er war *on leave,* auf Urlaub, gewesen, hatte eine Weltreise gemacht, die er uns in einem Gemisch aus Englisch und Tok Pisin lebhaft, wie in unseren Unterhaltungen üblich, darbot. Als er seinen Aufenthalt in Bangkok beschrieb, war zu lesen: Ola man, Mike, *abus every bloody where! – abus,* das Wort in Tok Pisin für Fleisch, gab es also blutigerweise überall dort! Wie an dem herrlichen Abend, den wir mit den *kiaps* verbracht hatten, lachten wir beim Lesen dieses Briefes Tränen, und wir zählten sieben Mal *bloody* darin.

Michaels Schwester kam uns in Begesin besuchen, zusammen mit ihrem Freund, einem Medizinstudenten. Von allen Besuchen wurde dieser für mich zum schwierigsten. Diese unreife, junge Frau, die schon bei unserer Verlobung geweint hatte, weil sie ihren Bruder an mich verlieren sollte, wurde für mich zu einer Zerreißprobe. Sie war unfähig, einen Menschen in seinem „So-sein” stehen zu lassen, wollte von der Realität unseres Lebens, unseres Alltags, nichts, aber auch gar nichts, wissen. Zu dem Zeitpunkt ihres Besuches war ich körperlich bereits ein von Malaria gezeichnetes Wrack. „Was, du fühlst dich durch die Malariaanfälle geschwächt, bist an Buschtrips nicht mehr interessiert? Mensch, Gabi, reiß dich doch mal zusammen!” Sie zeigte Michael, wie resolut sie das Leben anpackte, welche Flasche als Frau er doch hatte. Die kochte ständig nur Spaghetti mit Tomatensauce – was war er nur für ein bedauernswerter Mensch, mit solch einer laschen Niete leben zu müssen! Wenn ich mit Amos Mittagsschlaf hielt, spielten die drei Skat – ich war zu einem seltsam abgekapselten Wesen mutiert, das durch eigenes Fehlverhalten seine Existenzberechtigung verspielt hatte. Amos mochte diese seine Tante gar nicht. Er hatte im Badezimmer eines Tages ihre Tampons entdeckt, und in seiner Neugier und Unschuld fein säuberlich einen nach dem anderen ausgewickelt. Dafür hatte er sich, der gar nicht verstehen konnte, was er falsch gemacht haben sollte, zu meinem Entsetzen die erste Ohrfeige seines jungen Lebens eingefangen. Später einmal hatte ich Brot gebacken, den Abendbrottisch mit einer weißen Tischdecke gedeckt, und wollte so richtig schön auftischen. Ich holte den Toaster aus dem Schrank, stellte ihn auf den gedeckten Tisch – und stellte mir vor, wie sich jeder seine Scheibe des frisch getoasteten Brotes mit gesalzener Butter bestreichen und genießen würde. Plötzlich wurde es auf dem Tisch lebendig. Aus dem heiß werdenden Toaster wuselten Scharen kleiner Kakerlaken über die weiße Tischdecke, und allen verging der Appetit. Ich hörte den empörten Aufschrei von Michaels Schwester – und wusste: ich hatte wieder einmal versagt. Ein klärendes Gespräch zwischen Michael und mir fand unter dem

Einfluss dieser oberflächlichen jungen Frau nicht statt; er begann, die Realität mit den Augen seiner Schwester zu sehen.

Wir fuhren mit der *Simbang* nach Biliau, es sollte eine Art Urlaub werden. Auf der Überfahrt wurde ich, die vorherige Seereisen problemlos verkraftet hatte, schrecklich seekrank. Würgend verbrachte ich unbehelligt die Überfahrt auf dem von den Einheimischen belagerten Oberdeck – ihnen war wohl klar, dass ich mich nicht in einer muffigen Schiffskabine aufhalten konnte – und nicht ein Blick verwies mich in die Grenzen einer weißen Missis. Bei der Ankunft in Biliau vergoss ich bittere Tränen in der Erinnerung an meine Traumankunft von damals. Am Spätnachmittag des ersten Tages in Biliau setzte ich mich wie früher mit meiner Freundin Gananui an den Strand. Gananui schaute mich lange fragend an, sie hatte mein Elend gleich erkannt, und warnte: „Ooo Gabi ooo, das ist eine ungute Frau, von schlechter Art. Pass auf Dich auf, sonst bleibt von Dir nichts übrig! Und" – sehr bestimmt kam das – „Dein Mann ist schon weit weg von Dir. Wenn Du bei ihm bleiben willst, musst Du äußert vorsichtig sein." Ich habe mich ehrlich bemüht, diesem Rat zu folgen, aber keinen Weg gefunden, die Geschlossenheit der – wie ich empfand – gegen mich gerichteten Dreierbande, zu durchbrechen. Durch diesen Besuch veränderte sich das Verhältnis zwischen Michael und mir einschneidend. Aus Weggefährten schienen Kontrahenten geworden zu sein. Es gibt ein Foto von diesem „Urlaub" in Biliau, das meine damalige Verfassung gut zum Ausdruck bringt: eine schmale, junge Frau, am Strand auf einem Kanu sitzend, die von einer Südseekulisse aus weißem Sand, Kokospalmen, blauem Meer – und von Einsamkeit – umgeben ist. Beim Abschied in Biliau hielt mich Gananui lange an den Händen, ihre Blicke zeigten mir, dass sie genau wusste, wie es um mich stand. „Du hast Dir am Strand das Leben weg gewünscht; ich habe es gesehen", sagte sie zu mir. „Aber das ist keine Lösung, das ist der falsche Weg. Steh auf und fange an, Dich gegen diese Frau zu wehren, denk daran, wie stark Du damals hier in Biliau warst!" Lange und tief war unsere Abschiedsumarmung, bis uns die schrille Stimme von Michaels Schwester in die brutale, verflixte Wirklichkeit rief.

Zurück in Begesin überfiel mich ein erneuter Malariaanfall. Wie ich das kannte und hasste. Geschüttelt von Fieber und Gliederschmerzen, hatte ich gleichzeitig Brechdurchfall. Auf eine genauere Beschreibung der Krankheitssymptome möchte ich verzichten. Wenn ich mich entkräftet in unser Schlafzimmer geschleppt hatte, hörte ich aus dem Wohnzimmer die erregten Stimmen der Skatspieler, und kam mir dabei vor wie ein Wesen von einem anderen Stern. Als Michaels Schwester mit ihrem Freund endlich das Flugzeug bestiegen hatte, und ich es davonfliegen sah, schaute ich ihm hocherleichtert hinterher. Ich war um eine Erfahrung reicher: ich wusste, wie es sich anfühlt, verachtet zu werden. Nach der Abreise seiner Schwester brauchten Michael und ich lange Zeit und viele Gespräche, um wieder etwas wie Vertrautheit herstellen zu können. Und ich brauchte besonders lange, bis ich einen Teil meines Selbstwertgefühls zurückfinden konnte.

David mit Puma in Begesin

Wir hatten aber auch erfrischende, anregende Besuche. Einmal, an einem Regentag, tauchte vor mir, auf der Veranda stehend, aus den Nebelschwaden wie ein Phantom ein junger Engländer mit einer Herde Wasserbüffel auf. Er erklärte mir, dass er vorhabe, die Tiere nach Madang zu treiben. Er war von der australischen Regierung als Entwicklungshelfer eingesetzt, und sollte im Rahmen eines Projektes feststellen, ob Wasserbüffel für Niugini als Arbeitstiere tauglich seien. David, ein junger, hagerer Mann mit blitzenden blauen Augen, hatte schon Jahre im Busch gelebt, und viel Erfahrung im Umgang mit Einheimischen gesammelt. Er wurde begleitet von zwei Australiern, ebenfalls Entwicklungshelfer für die australische Verwaltung. Am Abend setzten wir uns am Esstisch zusammen und redeten und redeten, wie es – glaube ich – nur Menschen tun können, die eine lange Zeit der Isolation durchlebt haben. Wieder hatte ich Brot gebacken, aber, aus Erfahrung klug geworden, bewahrte ich den Toaster inzwischen in unserem Fliegengitterschrank auf. An diesem Abend saßen nur Experten im Umgang mit Einheimischen am Tisch. Wir verglichen unsere Eindrücke miteinander, uns selbst und einander beim Erzählen kritisch hinterfragend. Stundenlang diskutierten wir die Probleme der Niuginis in der tiefen Überzeugung, diese besser zu durchschauen als alle anderen oder gar sie selbst. Es wurde ein langer Abend, an dem wir Erklärungen suchten, Lösungsvorschläge ausarbeiteten, und uns miteinander und mit den Niuginis tief verbunden fühlten. Keiner von uns nahm an diesem Abend noch eine Dusche, wir sanken gesprächstrunken in unsere Betten.

Beim Frühstück am nächsten Morgen nahm ich wieder den eigenartigen Geruch wahr, der mir schon am Vorabend aufgefallen war. Wir hatten am Morgen nacheinander geduscht, und ich fühlte mich trotz der langen, durchredeten Nacht erfrischt und ausgeruht. Aber dann merkte ich, dass zumindest einer, nämlich Ben, der australische Entwicklungshelfer, nicht geduscht haben konnte. Eindeutig war er es, der diesen sonderbaren Geruch vertrömte. David, der mir gegenüber saß, grinste, wie ich auf einmal bemerkte, ganz eindeutig. Gleich nach dem Frühstück schickte er die beiden Australier aus dem Haus, sie sollten nach den Wasserbüffeln sehen. „Nun", meinte er locker, als die beiden draußen waren – „er duscht äußerst selten, wir sind daran schon gewöhnt. Aber vielleicht kannst du als Frau ja etwas bei ihm erreichen?" Grimmig entschlossen, wie ich mich fühlte, antwortete ich: „Sei dir sicher, das werde ich – der stinkt ja wie ein Puma!"

Zusammen wanderten wir, nachdem ich mit der Krankenversorgung fertig war, den Berg hinauf zum Begesin-Dorf. Die Mutter von Yagamar hatte über die

„Buschtrommeln" vernommen, dass wir Besuch von Männern mit Wasserbüffeln bekommen hatten, und wollte nun auch ihren Anteil an den Neuigkeiten haben. Wie schon öfter hatte sie am Vormittag eine Nachricht geschickt, und uns zum Essen eingeladen. Der gut halbstündige Weg bergauf in der heißesten Tageszeit ließ uns bald nach Luft japsen, und als wir oben angekommen waren, sanken wir, kaputt und verschwitzt, im Schatten eines Laubbaumes im Gras nieder. Hier oben war es längst nicht so stickig wie unten auf der Station, der kühle Wind traf mich unvorbereitet. Amos, der auf Papas Schultern sitzend gewandert war, sprang fröhlich herum, während wir anderen im Baumschatten ermattet dasaßen. „Siehst du", meinte David, an eines unserer Gesprächsthemen vom Vorabend anknüpfend, „so einfach lässt sich das mit dem animistischen Denken deuten. Wir sind hier heraufgestiegen, sind atemlos und verschwitzt, und nun trifft uns diese kühle Brise. Lass uns nur noch eine Erkältung einfangen, schon könnten wir sagen: in diesem Baum hier wohnt ein böser Geist oder es ist ein schlechter Baum, weil er uns krank gemacht hat". „Ohja", spann ich den Faden weiter, „dann sehen wir da drüben im Busch einen Dorfbewohner verschwinden, der vielleicht etwas gegen Weiße hat und nichts mit uns zu tun haben will – und schon ist das der böse Geist des Baumes, der sich verstecken will".

Yagamars Mutter hatte den traditionellen Eintopf für uns zubereitet, der, wie ich wohl wusste, viel Arbeit machte. Er enthielt die üblichen Gartenfrüchte, hatte aber durch ein Blattgemüse, das ich besonders gern mochte, eine besondere Note. Dieses Gemüse, *kangkong* genannt, gab es nur in der Regenzeit, da es nur in sumpfigem Boden gedeihen konnte. Yagamars Mutter hatte ihren Garten außerhalb des Dorfes, aber sie hatte einen zweiten, großen Garten am Hang hinter der Station, unweit vom Ujapan. Ich hatte viel Respekt vor dieser Frau, die wie die anderen Dorfleute ihr Wasser aus dem Ujapan heraufschleppen musste. Dafür benützten sie inzwischen große Plastikkanister, während sie früher das Wasser in dicken Bambusrohren transportiert hatten. Durch meinen Hygieneunterricht wussten die Dorfleute, dass das Wasser unbedingt abzukochen war.

Nach dem Essen und langen Gesprächen mit den Dorfbewohnern, die größtenteils herbeigeeilt waren, um auch etwas von den „Fremden" mitzubekommen, machten wir uns auf den Heimweg. Ich habe oft gedacht, dass die Niuginis wohl das neugierigste Volk dieser Erde sein müssen. Auf der Station gab es so gut wie kein Privatleben, jeder beobachtete jeden Schritt der anderen auf das Genaueste. Es konnte gut vorkommen, dass ich bei Mama Butut auftauchte und ihr eine – vermeintliche – Neuigkeit mitteilte, von der sie längst Kenntnis hatte.

In unserem Haus angekommen, rief ich energisch: „So, bevor wir uns zusammen setzen, nimmt erst einmal jeder eine ausgiebige Dusche, Wasser genug haben wir ja!" Aus den Augenwinkeln sah ich David und George grinsen. Nacheinander nahmen wir unsere Eimerdusche, trafen dann im Wohnzimmer zusammen – und da saß Ben, gemütlich vor sich hinstinkend. Nun hatte ich genug. Wie ein Pfau plusterte ich mich vor dem jungen Mann – er dürfte etwas älter als ich gewesen sein – auf und drohte kategorisch: „Wenn du heute Abend mit uns zusammen sitzen willst, dann gehst du jetzt unter die Dusche. Wenn Du Dich weigerst, kannst Du die heutige Nacht draußen verbringen! Ich will keinen stinkenden Puma in meinem Haus!" Ohne ein einziges Wort des Widerspruchs stand Ben auf und trollte sich unter die Dusche. Den Rest des Abends verbrachten wir, einträchtig philosophierend wie am Vorabend, Wege für die Einheimischen suchend in dem Dickicht aus Ahnenverehrung und Neuzeit-Bewältigung. Es wurde wieder ein langer Abend und eine kurze Nacht, aber wir fanden zusammen so manchen Stein der Weisen, denn zum Glück hörte uns keiner der betroffenen Einheimischen beim Reden zu. Als die Drei am nächsten Tag mit ihren Wasserbüffeln weiterzogen, haben wir ihnen bedauernd nachgeschaut in dem Bewusstsein, in nächster Zukunft keinen solch anregenden Besuch zu bekommen.

Sprache erfinden

Ein paar Wochen später flogen wir in Urlaub zu Freunden, mit denen wir zusammen von Frankfurt über Adelaide nach Lae geflogen waren. Bisher hatten wir nur über Funk miteinander gesprochen, sehr wohl wissend, dass alle Missionsstationen mithören konnten, und entsprechend vorsichtig hatten wir unsere Neuigkeiten ausgetauscht. Sie waren zur Orientierungszeit, die wir in Biliau verbracht hatten, nach Mainyanda geschickt worden, einer Außenstation im Lae-District. Nun lebten sie im gleichen District auf der höher gelegenen Station Aseki, ebenfalls irgendwo im Niemandsland im Busch von Niugini.

Wie für uns in Begesin war Besuch ein ganz besonderes Ereignis für sie. Marina und Gunnar begrüßten uns begeistert, und die Woche in Aseki mit den beiden und ihrer kleinen Tochter Eva, wurde zu einem unvergesslichen Ereignis. Wir hatten uns damals in Lae getrennt, danach waren auf jeden von uns viele Eindrücke in diesem fremden, exotischen Land eingestürmt – in der ersten Nacht, die wir nun zusammen verbrachten, war an Schlaf nicht zu denken. Jeder von uns musste den anderen seine Erlebnisse und gewonnenen Erkenntnisse mitteilen, wie hungrige Wölfe stürzten wir uns in die Gespräche. Dieses überstarke Mitteilungsbedürfnis war ein Charakteristikum für uns Außenstationsleute. Zu lange Zeit hatten wir im eigenen Saft geschmort, hatten nur unseren jeweiligen Partner zum Austausch unserer Gedanken gehabt. Die Erfahrungen in diesem fremden Land taten ja etwas mit uns, bewegten etwas in uns – irgendwann blieben aber einfach die Worte aus, mit denen einem Partner Erlebtes, Gefühltes, mitgeteilt werden konnte. Sicher, wir alle waren ehrlich bemüht, mit den Einheimischen Nähe zu leben, uns in ihre Gedankenwelt hineinzudenken, aber unser Eigenleben schrumpfte dabei auf ein

Minimum. Und die Fähigkeit, sich mitzuteilen, wurde auf eben dieses reduziert. Das Leben auf einer Außenstation beinhaltete wie in einem ungeschriebenen Gesetz, von eigenen Bedürfnissen Abstand zu nehmen, sich den äußeren Gegebenheiten zu unterwerfen, – aber irgendwann mussten wir erkennen, dass wir verlernt hatten, unsere Empfindungen sowohl wahrzunehmen, als auch noch sprachlich zum Ausdruck zu bringen. Nie wieder habe ich Menschen erlebt, die ein solch ungeheueres Nachholbedürfnis an Mitteilung hatten. Es war, als würden wir Sprache neu erfinden. Aus jedem von uns sprudelten die Erlebnisse heraus, wurden in Worte gefasst; endlich konnten wir Gefühltes, Erfahrenes, mit anderen teilen, wir konnten uns *mit-teilen*. Wir waren so offen für einander, dass wir bei der Schilderung eines nahe gehenden Ereignisses Tränen der Anteilnahme vergossen. Die Beschreibungen flossen aus jedem von uns heraus, wir waren zusammen im Fluss des satten, erzählenden Lebens angelangt.

Die Tage verbrachten wir wie im Traum miteinander. Gunnar zeigte uns die berühmten *smoke bodies,* die Räucherkörper, von Aseki. Das waren Tote, die in einem besonderen Verfahren durch Räuchern haltbar gemacht wurden. Die in Höhlen kauernden Leichname bestarrten wir gruselnd, ihre trocken geräucherte Haut war seltsam faltig über die dürren Skelette gezogen, die Gesichter in ewigem Grinsen erstarrt. Viel kann ich nicht von den äußeren Eindrücken erinnern. Wir sahen uns die Umgebung von Aseki an, besuchten zusammen den Markt, wanderten mit unseren Kindern in der Umgebung.

Aber wie magisch angezogen warteten wir jeden Tag auf den Abend, an dem wir, nach dem Zubettbringen unserer Kinder, weiterführen konnten, was wir am ersten Abend begonnen hatten. Jeder durfte erneut seine Erzählfäden spinnen; gemeinsam erfanden wir wieder die Kunst des lebendigen Erzählens. An einem Nachmittag stand ich mit Marina beim Kaffeekochen in der Küche, als sie sehnsuchtsvoll meinte: „Geht es dir auch so? Ich wünsche mir immer wieder beim Kaffeekochen eine Freundin herbei, die eben mal klingelt und sagt, hast du vielleicht eine Tasse Kaffee?" Oh ja, dieses Gefühl kannte ich, sogar mehr, als es mir lieb war. Nur, erinnerten wir uns belustigt, wir hatten doch gar keine Klingel, unsere Besucher machten sich durch Husten bemerkbar. Ich schilderte ihr, wie ich manchmal in Begesin träumte, es würde irgendetwas geschehen, das die Routine durchbrach, das es interessanter machte, in dieser abgeschiedenen Situation zu leben. „Aber dann passiert wieder nichts", sagte sie, vor sich hin sinnend, „Du bringst Dein Kind zu Bett, und bist immer noch die einsame Missionarsfrau mit einer gewissen Tendenz zur Depression, die das Leben auf einer Außenstation meistert.". „Ja", setzte ich nach, „und hinzu kommt dieser merkwürdige Hang der Männer, sich vor ebendieser Tendenz in ihre Männerwelt zu verdrücken". Wir tauschten einen Blick tiefen Verstehens. Wie Michael und ich nach dieser belebenden Woche den Abschied in Aseki geschafft haben, ist mir noch heute ein Rätsel. Als es Zeit war, sich zu verabschieden, war uns klar bewusst, was wir zurückließen. Der Rückflug nach Begesin schien mir wie eine Reise in die Einsamkeit.

Zauberei und Medizin

Aber so einsam wurde es dann gar nicht. Kurz nach unserer Rückkehr sagte sich eine Gruppe von australischen Ärzten an, die im Auftrag der Regierung Kontakte zu Medizinmännern aufnehmen sollten. Man wollte herausfinden, welche Art von natürlichen Medikamenten sie im Busch gewannen, um diese dann auf ihre mögliche Verwertbarkeit in der Pharmazie zu untersuchen. Michael nahm die Gruppe, bestehend aus vier relativ jungen Ärzten zusammen mit meiner *standing order* in Empfang, und übernahm gleich die Bezahlung der Lastträger, damit ich für unsere Gäste kochen konnte. Wie bei Australiern üblich, stellten sie sich mit Vornamen vor, für Förmlichkeiten gab es bei diesen Menschen keinen Platz. Für die jungen Ärzte war es keine Frage, wie sie mit einer Außenstationsfrau umgehen sollten. John erzählte von seiner Tante Linda in Australien, die eine Schaffarm im *outback,* im Busch, führte, für ihn waren Außenstationsfrauen etwas ganz Natürliches, er wusste, was sie leisteten. Die Männer standen bei mir in der Küche, während ich herumhantierte; sie schälten und schnippelten mit mir Gemüse und berichteten gleichzeitig von ihrem Projekt. „Existiert hier bei euch im Busch so etwas wie einen Medizinmann?" fragte mich John. „Ich weiß nicht recht", antwortete ich, „tut es vielleicht auch ein Zauberer? So einen gibt es nämlich gleich da drüben im Dorf hinter dem Fluss". Die Männer berieten sich und kamen zu dem Schluss, sich diesen Zauberer einmal anzusehen und ihn auf seine Kenntnisse über Buschmedizin zu befragen.

Ich erwähnte mein ambivalente Verhältnis zu Orkap, an den sich meines Wissens nicht nur Kranke um Hilfe wandten, sondern auch Menschen, die jemanden zu Tode zaubern lassen wollten. Beim Abendessen sagte Michael, nach der Meinung von Pastor Aisaip sei Orkap kein böser Zauberer, man müsse unterscheiden zwischen Zauberern, die ihre Kenntnisse zum Guten, und solchen, die sie zum Schlechten verwandten. „Dann müsst ihr mir aber auch ein paar Geheimnisse verraten, wenn ihr mit Orkap gesprochen habt", bat ich. „Ich frage mich nämlich schon lange, welche Methoden er anwendet".

Am nächsten Tag stellte Michael die Ärzte Orkap vor, und sie verbrachten mehrere Tage mit ihm im Dorf Konogul. Wenn ich dann am Abend neugierig nachfragte, mit welchen Medikamenten denn nun mein Freundfeind arbeite, stieß ich auf eine merkwürdige Verhaltenheit. Die Einheimischen setzen im Falle von Krankheit meist voraus, dass diese durch das Einwirken eines bösen Geistes entstanden sei. Na toll, dachte ich, da wäre ich jetzt nicht darauf gekommen. Somit sei es die Aufgabe eines Zauberers, diesen Geist durch Zauberei und Beschwörung zu veranlassen, aus dem Körper „auszufahren". Mehr als die üblicherweise von Zauberern angewandten Mittel wie Ingwer, Chilipfeffer, Limonen und Betelnüsse sowie scharfe Flüssigkeiten wie Urin, waren unseren Gästen nicht zu entlocken. Nur, dass Orkap ihnen die Rinde eines „bestimmten" Baumes gezeigt hatte, die erheblich zur Wundheilung beitrug, konnte ich noch erfahren. Somit befand ich mich auf einem ähnlichen Wissensstand, auf dem ich vorher war.

Malaria

In den folgenden Wochen hatte ich immer häufiger unter Malariaanfällen zu leiden. Sie kamen wie eine Heimsuchung in Abständen von etwa vier Wochen. Kaum hatte ich mich von einem Anfall erholt, glaubte, wieder zu erstarken, schon kam der nächste mit seinen üblen Begleiterscheinungen. Dann hatte ich einen Abgang – das, was ein neues Menschenleben werden sollte, blutete einfach aus mir heraus. Ich begann, mich wie eine uralte Frau zu fühlen. Zur Versorgung meiner Kranken schleppte ich mich am Haus entlang zur *dispensary,* ich versorgte meine Patienten weitgehend im Sitzen. Manchmal wollte ich meinen Zustand nicht mehr wahrhaben, nahm innerlich Anlauf, und besuchte wieder die Mamas zum Teetrinken. Aber allein ein Gang über die Station kostete mich meine ganze Kraft, die bunte Natur um mich herum konnte mich nicht mehr ansprechen, das Leben hatte keine Farben mehr.

Michael vereinbarte am Funkgerät mit einem Freund, der auf einer Außenstation im Hochland lebte, dass wir für drei Wochen bei ihm und seiner Familie Urlaub verbringen würden. Schon die Aussicht, die brütende Feuchthitze verlassen zu können, ließ mich aufleben. Wir flogen nach Madang und von dort weiter nach Mount Hagen. Als wir dort im Hangar auf Joachim warteten, ließ ich mich auf eine der herumstehenden Holzboxen sinken und seufzte: „Hier möchte ich ewig sitzenbleiben und die kühle klare Luft atmen". Diese würzige, reine Luft, die man sogar im hellen Sonnenlicht atmen konnte, ist mir unvergesslich.

Auf der Fahrt von Mount Hagen nach Tiripini sah ich zum ersten Mal den ganz anderen Menschenschlag der Hochlandleute. Kräftige, gedrungene Gestalten bewegten sich da am Straßenrand; die Gesichter schienen mir uriger und finsterer als die der vertrauten Küstenmenschen. In Tiripini begrüßte uns herzlich Astrid, Joachims Frau. Sie war Michaels Cousine, Tochter von Tante Berta und Onkel Hermann, und die Schwester von Ulrich in Madang. In den drei Wochen unseres Aufenthalts durfte ich mich nach ihrem Angebot so richtig hängenlassen, unauffällig nahm sie Amos unter ihre Fittiche, während ich lesen durfte, soviel ich wollte. Ich habe mich in der Kühle des Hochlands in erster Linie gesundgeschlafen, ich schlief und schlief, und erwachte dabei doch wieder zu neuem Leben. Nach einer Woche machten wir nachmittags bereits Spaziergänge mit unseren Kindern,

Hochländer

abends zogen wir uns mit Behagen Pullover, lange Hosen und warme Socken an.

Wir fuhren zusammen zum Markt nach Mount Hagen, kauften Gemüse ein, richtige Kartoffeln, Karotten und Kohl, und kochten zu Hause einen deftigen Gemüseeintopf. Ich sagte zu Astrid: „Ich genieße es so sehr, mal wieder richtige Kartoffeln zu schälen, die ewigen Süßkartoffeln habe ich bis obenhin satt! Stell dir vor, in Begesin habe ich in meiner Sehnsucht nach deutschem Gemüse sogar versucht, Petersilie zu ziehen. Ich habe sie mit Bananenblättern vor der Sonne geschützt, sie gegossen, gehegt und gepflegt." „Na", erwiderte die schon im Lande Aufgewachsene trocken, „viel mehr als ein paar floppige Blättchen kann nicht daraus geworden sein". Womit sie recht hatte.

Im Dorf neben der Station sah ich Hochlandfrauen, die Ferkel an ihren Brüsten saugen ließen. Erschreckt fragte ich Astrid, wie so etwas möglich sein könne. „Was ist mit den Kindern, bekommen die denn noch genug Milch?" Grimmig antwortete sie: „Weißt du, manchmal kann man nicht erkennen, wer hier den Vorzug hat, die Kinder oder die Ferkel. Die Schweine haben hier im Hochland einen so hohen kultischen Wert, dass die Regierung sogar Fahrerflucht empfiehlt, wenn jemand auf der Straße aus Versehen ein Schwein überfahren hat"*. Dies deswegen, weil der Fahrer Kopf und Kragen riskiert.

Die *bilums,* die Netzsäcke, die von den Frauen im Hochland hergestellt wurden, waren viel größer als die der Küstenfrauen und die Farben hatten etwas Erdiges, Zweckgerichtetes. Die Menschen hier schienen mir härter, direkter, verschlossener. Ich konnte nun viel leichter nachvollziehen, wie es dazu hatte kommen können, dass sich in diesem Land über 750 Sprachen entwickeln konnten. Die schroffe Berglandschaft hatte die Menschen stärker gezeichnet als die sanfte Küstengegend es wohl vermochte.

Als wir uns von Astrid und Joachim verabschiedeten und zurück nach Begesin flogen, hatte ich ein paar Kilo zugenommen und wieder Augen gewonnen für die Welt, die mich umgab. Ich begrüßte unsere Station voller Freude als mein Zuhause. Nach einigen Wochen stellte ich beglückt fest, dass ich wieder schwanger war, und flog nach Madang, um mir im Yagaum Hospital meine Schwangerschaft bestätigen zu lassen.

Wie immer übernachtete ich bei Ulrich und Helga und berichtete Michael überglücklich per Funk vom Ergebnis der Untersuchung. Dass die ganze Mission mithören konnte, war mir völlig egal. Danach feierte ich mit Helga und Ulrich das Ereignis in einem chinesischen Lokal, was für uns etwas ganz Außergewöhnliches war. Aber, kaum zurück in Begesin, überkam mich wieder die verflixte Malaria, womit der ganze Jammer mich von vorne einholte.

Dann ging alles sehr fix. In meiner Erinnerung sehe ich die nächsten Wochen wie einen im Zeitraffer abgespulten Film. Als ich Ende des dritten Schwangerschaftsmonats war, flogen wir nach Madang zu Einkäufen. Im *Lutheran Supply House* spürte ich plötzlich, wie warmes Blut meine Beine hinabfloss. Erschrocken schluchzte ich: „Oh nein, ich darf dieses Kind nicht auch noch verlieren!", Michael bekam von einer mitleidig schauenden Verkäuferin ein Handtuch, das ich mir zwischen die Beine klemmte, und wir eilten zum Auto.

Wir fuhren zum Haus von Helga und Ulrich, ich wusch mich, zog mir frische Kleidung an, und so schnell, wie es die Schotterstraße erlaubte, brachte Michael mich nach Yagaum. Bei der Untersuchung dort konnte man nichts feststellen, was auf einen Abgang deutete – ich war schließlich frisch gewaschen – und der sicherlich überspannten jungen Frau wurde mitgeteilt, sie könne unbesorgt nach Begesin zurück fliegen. Aber Helga hatte im Badezimmer meine blutige Wäsche gesehen und bestand darauf, dass ich im Madang Hospital nochmals untersucht werde. Dort stellte man die entscheidenden Fragen. Ich erzählte, wir müssten in Begesin einen Hügel hinunter, durch einen Fluss waten, einen anderen Hügel hinauf – sie

* Anmerkung des Verlages: Zum Phänomen der Porcophilie bzw. Porcophobie s. wieder Christopher Hitchens „Der Herr ist kein Hirte", Blessing-Verlag, 2007.

gaben mir ein Beruhigungsmittel und ich bekam strikte Bettruhe verordnet. Michael schickte von Madang aus ein Telegramm an meine Mutter und flog mit Amos zurück nach Begesin.

Von da an lag mein Schicksal in den Händen meiner energischen Mutter, die alle Hebel in Bewegung setzte, damit ihre Tochter nach Deutschland in Sicherheit ausfliegen durfte. Sie wandte sich an den Pfarrer ihrer Gemeinde, der vorher ebenfalls als Missionar in Niugini gelebt hatte. Er telefonierte mit dem Missionswerk und schilderte dort den Ernst meiner Lage. Durch seinen Einsatz beharrte die Mission nicht auf Erfüllung des Vertrags, nach dem wir sechs Jahre in Niugini hätten bleiben sollen.

Nach dem Krankenhausaufenthalt wohnte ich noch vier Wochen bei Heiner und Hetta in Amron, einer Küstenstation mit Straßenanbindung nördlich von Madang. Noch nie habe ich so viel gelesen, wie in diesen Wochen, die ich in der Hauptsache im Liegen verbrachte. Dann war alles organisiert. Michael teilte mir über Funk mit, ich solle noch für zwei Tage nach Begesin kommen, es werde alles für eine Abschiedsfeier vorbereitet, danach würden wir nach Deutschland fliegen.

Die letzte Ankunft in Begesin erlebte ich wie im Traum, Amos flog mir in die Arme, Michael nahm den Weg zum Haus mit unserem fröhlich plappernden Sohn auf den Schultern im Schneckentempo. Der Hügel mit Kunaigras lag in der brütenden Mittagsluft vor uns, wir schritten ihn hinunter, durchwateten den seichten Ujapan und wanderten den anderen Hügel hinauf. Beim Betreten des Hauses weinte ich vor Glück in dem Bewusstsein, mein ungeborenes Kind noch, und mein geborenes wiederzuhaben. Michael servierte stolz ein selbstgekochtes Mittagessen und berichtete ausführlich von den Wochen, die er alleine mit Amos verbracht hatte, Amos steuerte seine Erlebnisse bei – wie sehr genoss ich es, wieder bei meiner Familie zu sein.

Abschied von Begesin

Am Nachmittag fand ich mich mit Amos auf einen Tee bei Mama Butut ein, die uns bereits erwartete. Mama Aisaip mit Ainimes und andere Mamas waren schon vor mir eingetroffen. Mama Aisaip reichte mir wie so oft früher Ainimes herüber und zog Amos mit einer selbstverständlichen Bewegung auf ihren Schoß. Sie erzählte wieder einmal den anderen Frauen die Geschichte, warum Ainimes noch auf dieser Erde lebte. Vertraut saßen wir zusammen, andere alte Geschichten wurden ausgegraben, genüsslich von allen Seiten beleuchtet und wiederholt in verschiedenen Versionen erzählt. Wir erinnerten uns an gemeinsame Entbindungen, meine erste missglückte Spritze und Aisaips Scherze darüber, wie wir zusammen im Ujapan gebadet hatten – staunend erinnerte ich mich, wie stark und voller Lebensfreude ich einmal gewesen war. Beglückt hörte ich dem bekannten kreischenden Lachen der Frauen zu, wir waren wieder wie eine verschworene Gemeinschaft. Aber dann war es doch Zeit, zu gehen, und ich wanderte mit Amos vor Einbruch der Dämmerung über die Station zurück zu unserem Haus. Als wir am Ananasgarten vorbeimarschierten, staunte ich, wie sehr er sich vergrößert hatte.

Den Abend verbrachten wir endlich wieder vereint als intensiven Familienabend mit Singen und Reden, brachten Amos zusammen zu Bett wie früher – es war Glücklichsein pur. Am nächsten Tag schaute ich den Stationsleuten ein letztes Mal bei den Vorbereitungen für ein *Mumu*-Essen zu, ich wollte alle Eindrücke noch einmal tief in mich aufnehmen. Ich beobachtete Amos beim Spielen mit den einheimischen Kindern. Er war gerade ein erlegtes Wildschwein, die anderen Kinder hoben ihn hoch, trugen ihn schlaff hängend zu einer Matte, und fingen mit Hölzern an, das Wild zu zerlegen. Da erwachte das totgeglaubte Wildschwein zum Leben, die Kinder stoben auseinander, und das Wildschwein jagte sie.

Dieses Mal blieb ich von den Abschiedsreden nicht verschont, aber ich ertrug sie tapfer, ich konnte dem anderen Umgehen mit Zeit und den langen Reden sogar etwas abgewinnen. Wie fremd waren mir die Wiederholungen der Reden zu Anfang gewesen, jetzt hätte es mich erstaunt, wenn sie ausgeblieben wären. Seltsam vertraut saßen wir zusammen, unsere Ankunft wurde beschrieben, gemeinsame Erlebnisse wurden wieder und wieder erzählt. Die Zeit in Begesin lief noch einmal wie ein Film vor meinen Augen ab.

Nach den Reden besuchten wir die Mamas, bald wurde das köstlich duftende *mumu* aufgetragen, die Zikaden stimmten ihr Abendkonzert an, im Hintergrund quakten die Frösche – ganz bewusst nahm ich die Bilder, Geräusche und Gerüche wahr. Nach dem Essen saßen wir lange zusammen, die Gespräche wurden leichter, fröhlicher. Mama Butut erzählte nochmals von gemeinsamen Erlebnissen, Aisaip führte wieder einmal vor, wie die Mama damals auf dem Buschtrip auf den Hintern gefallen war. Ich hörte das kreischende Lachen der Frauen, und die Männer klatschten sich belustigt auf die Schenkel. Jeder in seine eigenen Gedanken versunken, machten Michael und ich uns mit unserem Söhnchen still und nachdenklich ein letztes Mal auf den Weg zu unserem Haus.

Am nächsten Morgen kamen die Stationsleute, luden sich unser Gepäck auf, und wir nahmen alle zusammen den vertrauten Weg zum Flugplatz, wobei Amos noch ein Mal auf den Schultern von Yagamar getragen werden wollte. Bevor wir den Hügel hinunterschritten, blickten wir zurück, um einen letzten Blick auf die Station zu werfen. Unsere Augen nahmen Abschied vom Missionshaus, vom *workshop,* dem *salthouse,* der Ananasgarten zeigte, was er bald zu bieten haben würde – wir verließen einen Ort, der Heimat geworden war.

Auf dem Flugplatz warteten die Leute vom Dorf Konogul, allen voran Orkap, bereits auf uns. Er trat auf uns zu, unser Söhnchen strahlte ihn an wie immer, und er verabschiedete sich feierlich. Wir schüttelten unendlich viele Hände, dann näherte sich auch schon das *balus,* die Taube, die Cessna, landete sauber gleich nach Beginn der kurzen Landebahn und rollte vor uns aus. Unser Gepäck wurde verstaut, wir stiegen ein, fuhren ans Ende der Piste, die Jungen der Schweinewache glitten immer schneller an uns vorbei, wir hoben ab – und die von unten winkenden Menschen wurden kleiner und kleiner. Wir waren auf dem Weg nach Deutschland.

Deutschland

Weder an den Flug nach Deutschland, noch an die Ankunft in Frankfurt habe ich lebendige Erinnerungen in meinem Gedächtnis gespeichert. Irgendwann waren wir da, aber meine Gedanken befanden sich noch in der Verarbeitung des hinter mir Liegenden. Es gibt Erinnerungsfetzen, die mir sagen, dass wir wohl einige Zeit bei meinen Eltern verbracht haben.

Im Gespräch mit meiner Mutter kehren Erinnerungen wieder. Ich trage Amos bei unserer Ankunft auf dem Arm, meine Eltern und mein eigens aus Hamburg angereister Bruder fallen mir um den Hals. Auf Michael stürzt in Tränen aufgelöst seine Schwester zu. Warum, frage ich mich heute, tat sie das? Amos, der noch nie in seinem Leben so viele weiße Menschen zusammen erlebt hat, verkriecht sich hinter meinem Rücken.

In meiner Erinnerung sieht das anders aus: wir kommen an, ich weiß, dass meine Eltern uns erwartet haben, ich mich gerettet gefühlt habe. Filmriss. Amos wispert auf der Fahrt von Frankfurt nach Erlenbach, auf meinen Schoß gekauert: „*Mama, planti tumas waitskin!,* Mama, zu viele Weiße!" Erinnerung und Erzählung – alles vermischt sich. Sehr schnell muss Amos durch Kontakte mit deutschen Kindern beschlossen haben, nicht mehr Tok Pisin zu sprechen, vielmehr, die Sprache gar nicht zu verstehen. Wenn der Nachbar meiner Eltern, besagter Pfarrer, durch dessen Intervention wir frühzeitig zurückkehren konnten, vorbei schaute und den üblichen Niugini-Gruß *abinun,* guten Nachmittag, aussprach, tat Amos bald so, als würde er nicht verstehen. Sprach ihn der Nachbar auf Tok Pisin als *pren bilong mi,* mein Freund, an, rief er empört: „Ich bin nicht dein Freund!". Kurz später meinte er zu uns: „Da kommt schon wieder der *abinun* daher".

Einmal sagte ich abends in Tok Pisin „Zeit für dich, schlafen zu gehen!" zu ihm. Empört kam als Antwort auf Deutsch: „Aber ich bin noch gar nicht müde – und ich verstehe gar nicht, was du sagst!" Ich erinnere mich, dass wir von der Mission eine möblierte Wohnung gestellt bekamen, ähnlich der vor unserer Ausreise. Wie wir darin gewohnt haben, weiß ich nur noch durch Erinnerungen an unser Söhnchen. Ich habe, so glaube ich heute, unter einem regelrechten Kulturschock gestanden. Die übergroße, mich nicht mehr täglich erdrückende Verantwortung der Krankenversorgung – ich konnte sie gedanklich gar nicht so schnell loslassen, wie sie tatsächlich passé war. Abends einzuschlafen, ohne mich zu fragen, was ich wohl heute falsch gemacht haben könnte – wie unverdiente Gnade schien mir das. Einen warmen deutschen Sommer erleben zu dürfen, von sanften Farben nach der ewig üppigen Blütenpracht umgeben zu sein, das waren Geschenke, die ich staunend erlebte. Ich kaufte Brot, und verzehrte es beseligt in dem Bewusstsein, es nicht selbst gebacken zu haben. Ich drehte den Wasserhahn auf und ließ das Wasser laufen – eine innere Stimme warnte mich, ich müsse sparsam mit dieser Kostbarkeit umgehen – das Wasser lief noch immer aus dem Hahn. Es war, als entdeckten meine Sinne das Leben aufs Neue.

All diese Erinnerungen hangeln sich an Erlebnissen mit Amos entlang, anders ist es wohl nicht möglich, Erlebtes abzurufen. Er lernte das Fahrradfahren; wie stets in seiner energischen Art stürzte er sich in diese Erfahrung. Herunterfallen, wieder Aufsteigen, noch mal und noch mal, bis er es konnte. Dann wollte er das richtige „R" sprechen lernen, er übte und übte – nach einigen Tagen stürzte er glücklich in meine Arme: „Wenn der Papa heimkommt, dann sage ich zu ihm grrrüß dich, sollst mal sehen, wie er sich da fleut!"

Noch heute habe ich Vorräte im Haus, das Planen, Vorsorgetreffen, hat mich nie wieder verlassen. Alles, bis hin zu Klopapier, muss ich vorrätig haben, die Befürchtung, das Flugzeug könne aus irgendwelchen Gründen nicht landen, hat sich tief eingegraben. Wir lebten acht Jahre in Deutschland, unsere Tochter Janna kam vier Monate nach unserer Ankunft zur Welt, und wir wurden zu einer ganz normalen deutschen Familie. Michael bekam eine Pfarrstelle in einem Dorf in Mittelfranken, zu einer Zeit, als der Begriff „Pfarrfrau" noch so etwas wie ein Berufsbild bedeutete.

Ich engagierte mich in der Kirchengemeinde, leitete einen Frauenkreis, einen Altenclub, den Kindergottesdiensthelferkreis, half im Kindergarten aus. Wir schlossen Freundschaften mit Gleichaltrigen im Dorf, besuchten Selbsterfahrungsgruppen, ich lebte im Pfarrgarten meine „alternativen" Seiten aus – wie es eben in den in den 1970/80er Jahren so üblich war. Im Dorf wurde die Kneipe von einer Kommune übernommen, und es entstanden mit den gleichaltrigen, außergewöhnlichen Menschen Freundschaften, die lange hielten. Ich gründete einen Kirchenchor, begann mit einer Gruppe von Menschen, die größtenteils keine Noten lesen konnten, zu singen – wir wurden zu einer verschworenen Gemeinschaft. Wir übten einfache, vierstimmige Sätze ein und bereicherten das Dorfleben, indem wir bei Altengeburtstagen und Gottesdiensten sangen. Noch heute bestehen Freundschaften aus dieser lebendigen Zeit.

Im Nachbardorf lebten Marina und Gunnar, mit denen wir „damals" in Aseki Sprache neu erfunden hatten. Für unsere Kinder, insgesamt sechs, war es egal, wo sie sich gerade aufhielten oder wo sie schliefen – alle waren in beiden Haushalten zu Hause. Ritualhaft machten wir zusammen, wann immer möglich, in unseren Gärten Feuer, saßen im Kreis darum, erinnerten uns an die Feuer, die wir in Niugini gemeinsam erlebt hatten. Michael baute in einem ehemaligen Waschhaus im Pfarrgarten einen offenen Kamin ein – und wir saßen viele Abende vor der flackernden Flamme, erzählten einander und unseren Kindern Geschichten, vertraut, verträumt, fröhlich, sinnlich. Feuer, das war etwas, das uns immer wieder an die Zeit in Niugini erinnerte.

Ich nahm mit Gunnar wieder das Geigespielen auf. Vor der Ausreis nach Niugini hatte man mir abgeraten, meine Geige mitzunehmen, da die Stahlsaiten in der Feuchthitze nur rosten und der Leim des Holzkörpers sich auflösen würden. Obwohl ich völlig außer Übung war, begann ich mit Gunnar als Lehrer, zusammen Hausmusik zu machen, was uns viel Freude bereitete. Später entwickelten wir ein „Bratkartoffelverhältnis" zueinander. Er, ein waschechter Norddeutscher, machte die besten Bratkartoffeln, die es nur geben konnte – nachdem wir unsere gemeinsame Begeisterung entdeckt hatten, rief er mich schon bei den Vorbereitungen an, und ich machte mich, wenn möglich, mit unseren Kindern auf den Weg ins Nachbardorf.

Janna, unser wunderbarerweise doch noch geborenes Kind, wuchs in dieser Dorfidylle zum körperfreundlichsten Kind heran, das ich mir denken kann. Getauft wurde sie natürlich von Ulrich, denn die Tatsache, dass es sie überhaupt gab, hatten wir ihm und insbesondere seiner Frau zu verdanken. Immer wieder, wenn ich sie bewusst anschaute, stieg eine tiefe, staunende Freude in mir auf und sie wurde zu meinem Herzenskind. In ihr Bettchen legen durfte ich sie tagsüber erst, wenn sie sich dem Schlaf völlig ergeben hatte, am Abend wollte sie in den Schlaf gesungen werden. Ich ließ das Singen der Abendlieder immer in Summen übergehen, aber wehe, ich hörte zu früh auf! Ein empörtes Aufmucken, und ich durfte wieder mit Singen beginnen.

Von Anfang an beanspruchte Janna ihren Platz vehement in der Familie, schon als Säugling stand sie in ihrer Wippe bei unseren Mahlzeiten auf dem Esstisch. Als sie noch nicht gehen konnte, schleppte ich sie – meine Mutter nannte es, „wie eine Katze ihr Junges" – überallhin mit mir herum. Durch sie wurde unser Programm des Zubettbringens erheblich erweitert; eine Geschichte zu erzählen genügte nicht, sie wollte gestreichelt werden und singen, vor allem singen. Janna wurde als Kleinkind in dem Bauernhof gleich neben dem Pfarrhaus für die kinderlose Bäuerin quasi Ersatz für ein eigenes Kind und mauserte sich, wie mir die Bäuerin versicherte, zu einer echten Hilfe. Wenn eine Sau geferkelt hatte, rieb sie die Ferkel mit Stroh trocken, sie verbrachte ganze Tage in dem Haus und in den Ställen nebenan. Am Abend mussten ihre nach Kuh- und Schweinestall riechenden Haare erst einmal gewaschen werden – sie erlebte aber durch diese Nachbarschaft, meine ich, überaus natürliche, glückliche erste Lebensjahre.

Ich kann nicht benennen, was der Auslöser zu unserem Entschluss war, erneut nach Niugini auszureisen. War es ein am offenen Kamin mit Gesprächen verbrachter Abend mit Marina und Gunnar, war es eine Verklärung der Jahre in Niugini? Es kam der Zeitpunkt, da Michael und ich uns offen in die Augen schauten, und sagten: „Das kann es nicht gewesen sein, wir müssen noch einmal dorthin, wir haben da etwas nicht zu Ende gelebt“. Auch Marina und Gunnar schlossen sich unserer Entscheidung an und so fanden wir uns gemeinsam beim Bayerischen Missionswerk ein, um zu fragen, wo wir gebraucht werden könnten. Für uns Frauen stand lediglich fest, dass ein erneuter Einsatz auf einer Außenstation nicht mehr in Frage käme. Das Missionswerk bot Michael eine Stelle als Lehrer in der Evangelistenausbildung in Amron an, während Gunnar als Stadtpfarrer in Lae arbeiten sollte. Amron, wie klein doch die Welt ist, dachte ich beglückt. Vor fast acht Jahren hatte ich in einem Haus dort oben auf dem Hügel nördlich von Madang durch striktes Liegen Jannas Leben erhalten. Nun sollten wir als Familie an diesen schönen Ort zurückkehren.

Bei unseren Kindern rannten wir offene Türen ein. Allzu oft hatten wir ihnen von den Jahren in Niugini erzählt, und als wir nun begannen, sie auf eine Ausreise dorthin einzustimmen, keimte bei allen sechs Kindern Abenteuerstimmung auf. Marina und Gunnar hatten inzwischen vier Töchter, wir lebten fast wie eine Großfamilie zusammen und teilten alle wichtigen Fragen miteinander. Michael und ich entdeckten eine uralte Singleplatte mit einem Lied voller Schwung und Leichtigkeit in Hiri Motu, der Sprache um Port Moresby, und ich sehe Janna und Amos noch zu der Musik im Wohnzimmer begeistert herumtanzen.

Für die Dorfleute war der Gedanke, dass wir „in die Wildnis” zurückkehren wollten, nicht nachzuvollziehen. Die Bauersfrau, die Jannas Ersatzmutter geworden war, empörte sich beim Milchholen bei mir: „Das können Sie nicht machen, dieses kleine Mädchen aus seiner gewohnten Umgebung herausreißen!” Ich erklärte ihr, wir würden gar nicht in die Wildnis gehen, wir kämen auf eine Station mit Straßenanbindung, und Janna könne weiter die Schule besuchen, nur die Sprache würde sich ändern. Wochenlang haderte sie mit mir über das Unrecht, das wir ihrem kleinen Mädchen antaten, dann – gänzlich unerwartet – war sie so weit: „Ich habe mir das überlegt”, meinte sie, „ich glaube, Sie können das Kind doch mitnehmen. Sie lernt ja dabei auch etwas, und für ein Kind ist es sowieso die Hauptsache, bei seiner Familie zu sein”. Noch heute hat Janna Kontakt zu der inzwischen alt gewordenen Bäuerin, schreibt ihr regelmäßig, besucht sie zu Geburtstagen, und bekommt jedes Jahr in der Adventszeit ein Päckchen mit selbstgebackenen Plätzchen.

Dann kam der Tag unseres Aussendungs-Gottesdienstes. Ulrich, der Janna getauft hatte, inzwischen Neuguinea-Referent beim Missionswerk, kam mit zwei Niuginis, Gästen des Missionswerks, in unser Dorf, und sandte uns erneut in einem feierlichen Gottesdienst nach Papua Neuguinea aus. Als wir gleich danach auf den Kirchplatz traten, erwartete uns der Kirchenchor mit einem Lied, das fast jedem der Anwesenden Tränen der Rührung abnötigte. Hans, einer meiner besten Tenöre, hatte auf den vierstimmigen Satz von „Wahre Freundschaft kann nicht wanken" ein Lied auf uns gedichtet. Von „wenn ihr jetzt geht nach Neuguinea, denkt auch mal an uns zurück, denkt an die vielen schönen Stunden, die wir zusammen verbracht", war da die Rede bzw. das Singen. Meine Freundin Mariechen, die sich lange heftig geweigert hatte, die Leitung des Chors zu übernehmen, dirigierte noch etwas unsicher, und fiel mir nach Beendigung des Liedes weinend um den Hals. Sie leitet den Chor noch heute.

Um unsere eingerosteten Englischkenntnisse aufzufrischen, reisten wir für acht Wochen nach England. Das Missionswerk hatte sich dahingehend modernisiert, dass niemand unvorbereitet in sein Aufgabengebiet geworfen wurde, sondern alles lief nach einem wohl organisierten Fahrplan. Michael und ich lernten mit Janna in einem College in Birmingham, Amos im Alter von elf Jahren hatte sich für eine Sprachenschule in Bournemouth entschieden. Unsere Möbel waren in einem der Mission gehörenden Lager untergebracht worden, und wir packten Überseetonnen mit uns wichtigen Dingen, die auf Containerschiffen nach Niugini gebracht wurden.

Wieder wurde während der Vorbereitungen zur Ausreise vom Missionswerk eine möblierte Wohnung gestellt, dieses Mal in einem Reihenhaus, wo gleich neben uns Marina und Gunnar mit ihren Kindern wohnten – so konnte unser Großfamilienleben noch einige Wochen andauern. Für unsere Kinder war es nach wie vor unbedeutend, in welchem Haushalt sie sich aufhielten, sie gingen hüben wie drüben ein und aus, sie waren eben „unsere" Kinder. Wir nahmen sehr bewusst Abschied von unseren Familien, von Freunden und Bekannten. Ein Freund, der traurig-wütend über unser Weggehen war, da er unsere Freundschaft für Jahre missen sollte, sagte an einem Abend zu uns: „Das eine merkt Euch, wohin Ihr auch geht, Ihr nehmt Euch selbst mit!" Oh ja wir haben es uns gemerkt und haben uns oft daran erinnert. Offensichtlich gibt es Dinge, die wir nie wirklich lernen können. Als ich glaubte, nicht mehr einen einzigen dieser bewussten Abschiede verkraften zu können, war es endlich so weit. An einem milden Novembermorgen wurden wir mit einem Bus nach Frankfurt gebracht. Am Flughafen warteten bereits meine Eltern und einige Freunde. Ein letzter Abschied – für uns, die Abreisenden, leichter als für die Zurückbleibenden. Wir machten uns wieder einmal auf den Weg, den wir für den unseren hielten.

TEIL 3

Erneute Ausreise nach Papua Niugini

Wir flogen über Hongkong nach Port Moresby, wobei ich war bestrebt war, meine Flugangst zu verbergen. Vor allem wollte ich meinen Kindern ihre Unbefangenheit gegenüber dem Fliegen erhalten. Im Land angekommen, fand ein tränenreicher Abschied statt. Insbesondere „unsere" Kinder wollten es nicht fassen, dass die gemeinsame Zeit ein Ende haben sollte. Für Marina und Gunnar mit ihren Töchtern führte der Weg nach Lae, unserer brachte uns nach Madang. Im Flugzeug flüsterte ich, von Tränen aufgeweicht, zu Michael: „Das Leben scheint nur aus Abschieden zu bestehen, wie viele müssen wir denn noch hinter uns bringen?"

Wenn ich versuche, mich an die Ankunft in Madang zu erinnern, taucht kein einziges Bild in meinem Gedächtnis auf. Ich weiß, dass wir ein paar Tage im *Lutheran Guest House* verbracht haben, einem von der Kirche betrieben Gästehaus. Ich sehe ein Vierbettzimmer vor mir, das auf eine überdachte Veranda mündet. Wir nehmen triste Mahlzeiten ein, eine unfreundliche Atmosphäre umgibt uns. Das Gästehaus wird von einer Holländerin geleitet, die absolute Freudlosigkeit verbreitet und von Gesprächen mit ihren Gästen nicht viel zu halten scheint. Nicht einmal die Idee einer Ahnung entsteht in mir, dass ich genau dieses Gästehaus einmal leiten würde. Ich erlebe und empfinde das Wenige, was diese trübselige Situation in mir an Gefühlen zulassen kann.

An einem stickig heißen Abend sitze ich auf den Stufen der Veranda, sehe im Licht der Neonlampen Geckos an der Decke entlanghuschen und fühle mich fremd, fremd, fremd. Ich wünsche mir sehnlichst eine Brise herbei, die mir ermöglicht, durchzuatmen. Immer dieser Schweißfilm auf dem Körper – war ich verrückt gewesen, mich freiwillig auf eine erneute Ausreise in dieses heiße Land einzulassen? Wie gerne möchte ich wieder die durch Trinken angesammelte Flüssigkeit natürlich ausscheiden, anstatt sie herauszuschwitzen. Wer brauchte uns hier schon? Meine Kinder schlafen in dem Zimmer neben mir – haben wir sie vielleicht leichtfertig aus ihrer Umgebung gerissen und hierher verschleppt? Ich höre das betäubende Zirpen der Zikaden, rieche den würzigen Duft der feuchten Erde. Ich bin von meinen Empfindungen abgenabelt. Nichts sagt mir, was diese Fremdheit bedeutet, warum sich all diese Fragen in mir auftürmen, es ist, als sitze ich neben mir. Dann kommt der Regen. Lange, bevor die ersten Tropfen auf das Wellblechdach klopfen, vernehme ich aus der Ferne das Rauschen. Die ersehnte Brise fährt kühlend über meinen frisch geduschtenKörper, während kurz danach heftige Böen meine Haare durcheinanderwirbeln. Nun prasselt der Regen gleich neben mir nieder, Blitz und Donner sind gleichzeitig zu sehen und zu hören, die Regentropfen auf dem Dach werden zu dröhnendem Trommeln. Mein erster Instinkt will mich in den Schutz des Hauses treiben, aber irgendetwas hält mich draußen – ich muss die Naturgewalt sehen, fühlen, einatmen, ich möchte mich wieder spüren. Es dröhnt in meinem Inneren, wird lauter, in mir entsteht eine Überschrift, die sagt: Das ist es, du bist angekommen. Friede kehrt ein, die bleierne Schwere, die mich nach dem Abschied von unseren Freunden ausgefüllt hat, fällt endlich von mir ab. Etwas schleicht sich ein als vertraut, eine Art Wiedererkennen stellt sich ein. Ich bin wieder eine reale Person, ich fühle mich und die Meinen vom Land Papua Niugini aufgenommen. Wie ein neugeborener Mensch schleiche ich mich leise in das Zimmer, in dem mein Mann und meine Kinder bereits schlafen.

Am nächsten Morgen fühlte ich mich wie neugeboren, fühlte überhaupt wieder etwas, und vor allem fühlte ich mich. Madang, wir waren in der Hafenstadt Madang! Beim vorher tristen Frühstück entlockte ich der holländischen Leiterin des Hauses durch meine neu erwachten Lebensgeister gar ein Lächeln. Zwei Jahre später würde ich zu Rucksacktouristen, die mich vorsichtig fragend anschauten, sagen: „I`m not the gruff Dutch lady!, Ich bin nicht die barsche holländische Dame!" Aber das konnte ich noch nicht wissen.

Wir borgten uns das Gästehausauto, verzichteten auf den freudlosen *lunch* des Hauses, und erkundeten mit unseren Kindern „unsere" Stadt Madang. Beim Leuchtturm, dem Wahrzeichen der Stadt verputzten wir, im Gras auf Decken sitzend, *fish and chips,* und gingen später im Meer baden. Drei Tage darauf bekamen wir vom Distriktpräsidenten im Kirchenbüro ein vorläufiges Haus zugewiesen, da Michaels Vorgänger noch in Amron wohnte, und wir erst Mitte Januar würden dorthin ziehen können, vor Eintreffen der Erstsemester an der Evangelistenschule.

Alltag im Lutheran Shipping Compound

Wir bezogen ein kleines Haus unmittelbar an einer der Lagunen, von denen Madang umgeben ist. Ein Holzhaus auf Betonpfählen mit einem Wellblechdach, die Fenster mit Fliegengittern sowie mit jalousieartigen Glasscheiben, die man in der Regel zwecks Durchzugs offen ließ. In unserer Nachbarschaft wohnten viele Angestellte von *Lutheran Shipping,* einer Schiffsgesellschaft, die inzwischen von der Mission an die einheimische Kirche übergeben worden war. Weitere Nachbarn waren Piloten mit ihren Familien. Das Haus war umgeben von wunderschön blühenden Sträuchern, Bougainvilleas, Eibischhecken, Mango- und Guavabäumen. Durch die Nähe zum Meer wehte meist eine leichte Brise hindurch.

Anfangs erlebte ich alles ein wenig wie im Traum, so vieles kam mir neu vor, und doch war einiges vertraut. Es war ein Wiedererkennen, ein Aufsaugen von Gerüchen, ein Überwältigtsein von der Hitze und Luftfeuchtigkeit, dem Lauschen nach Vogelstimmen, die ich längst vergessen geglaubt hatte. Vor allem der Vogel, der die Dämmerung ankündigt, rief Erinnerungen in mir wach. In Begesin hatten ihn die Einheimischen *garamut bilong tudak,* Baumtrommel der Dämmerung, genannt, in der Stadt wurde er *longpela nek,* langer Hals genannt. Etwas wehmütig dachte ich, hier werden die Nachrichten eben nicht durch Baumtrommeln übermittelt, und einen langen Hals hat er ja tatsächlich.

Michael flog nach Lae und kaufte ein Auto, einen Subaru mit Vierradantrieb, mit dem er trotz Regenzeit den Weg durch die vielen Flüsse und über die schlammigen Straßen nach Madang schaffte. Als er verschwitzt zurückkehrte, war gerade ein LKW mit unseren Überseetonnen eingetroffen, allerdings in Begleitung von zwei Zollbeamten. Schon beim Eintreten sah Michael, wie ich hektisch bemüht war, die Zollbeamten am Öffnen all der Tonnen zu hindern und flüsterte mir zu: „Oh oh, sieht nicht gut aus, wir müssen uns etwas einfallen lassen". Schon in Neuendettelsau bei den Packarbeiten der Tonnen waren wir vorgewarnt worden, dass die Regierung in Niugini rigoros versuchte, aus Weißen, egal ob Missionare oder Geschäftsleute, soviel Geld wie irgend irgend möglich herauszuschlagen.

Die Zöllner öffneten eine der Tonnen; zum Vorschein kam eine Waschmaschine, ganz offensichtlich funkelnagelneu. Ich hatte sie in Deutschland sehr bewusst gekauft in dem Wissen, dass wir nicht auf eine Außenstation gehen, und somit Stromanschluss haben würden. Sie war von oben zu öffnen, so dass in der Trockenzeit das Wasser bei eventueller Knappheit mit einem Eimer hineingegossen werden konnte. Ausgerechnet die mussten die Zöllner nun als erstes entdecken! Wahrheitsgemäß gab ich an, dass sie neu sei. Weiter beförderten die Zollbeamten zu meiner Befriedigung nur noch diverse Kleidungsstücke und Haushaltsgegenstände aus der Tonne.

Aber dann machten sie sich daran, eine weitere zu öffnen, was mich nach Luft japsen ließ. „Oh ja", sagte Michael da neben mir in Tok Pisin, nachdem der Deckel abgenommen war, „das ist die mit der Schleuder! Da habt ihr genau die zwei geöffnet, in denen wir neue Dinge eingepackt haben – wir müssen nun sicher kräftig Einfuhrsteuer zahlen". Das mussten wir. Die Zöllner setzten einen atemberaubenden Preis für die beiden Maschinen an, wir hatten 220 Kina, das waren umgerechnet 800 Mark, Zoll zu berappen, aber die anderen vier Tonnen mit zum Teil noch original verpackten Dingen wurden dafür nicht mehr angetastet. Als die beiden uns endlich verließen, meinte Michael, erbost an der Fliegengittertüre stehend: „*Skin diwai,* schwarze Baumhaut, habe ich doch gewusst, dass von so einem nichts Gutes zu erwarten ist!" Einer der Zöllner war außergewöhnlich dunkelhäutig gewesen und somit wahrscheinlich von der Insel *Buka* gebürtig, deren Menschen ausgesprochen schwarz sind.

Nun konnten wir uns endlich auf wirkliche Entdeckungsreisen in Madang begeben. Für Michael und mich war es ein Wiedererobern von vergessen Geglaubtem, für Amos ein Eintauchen in seine früheste Kindheit, auf Janna stürmte eine Flut neuer Eindrücke ein. Ich glaube, kein Kind hat je zuvor eine Sprache so mühelos und schnell erlernt wie Janna Tok Pisin. Auf dem Markt hörte sie Michael und mir aufmerksam zu, wenn wir einkauften, sie sog die unbekannte Sprache förmlich auf.

Für Amos lief ein gänzlich anderer Prozess ab: er entdeckte verschüttetes Wissen, einschließlich Tok Pisin wieder über Gerüche und den Geschmack von Früchten und Gemüse. In kürzester Zeit wurde aus unserem, in einem deutschen Gymnasium unglücklichen, verschlossenen Jungen ein aufgeblühtes, redefreudiges Kind. „Schau dir diese beiden Kinder an", sagte ich zu Michael einmal beglückt auf dem Markt, „mit unserer Rückkehr in dieses Land haben wir genau den richtigen Entschluss getroffen". Wir machten die Kinder auf die fliegenden Hunde aufmerksam, die tagsüber an den Araukarien, Bäumen mit langen Nadeln rings um den Marktplatz zu Hunderten hingen. Manchmal fühlten sich die Tiere aufgescheucht, so dass sie, helle Schreie von sich gebend, wie große schwarze Wolken über dem Markt flatterten, um sich dann wieder kopfunter in den Bäumen einzuhängen.

Beide Kinder konnten nicht genug kriegen von all den Papayas, Mangos, Guavas und anderen exotischen Früchten, die der Markt in Madang zu bieten hatte. Einmal fanden wir dort einen *sapsap,* jene grüne, stachelige Frucht, die ich nach unserer ersten Ankunft in Lae bei Tante Berta so sehr genossen hatte. Als ich sie zu Hause schälte, maulten Amos und Janna über den sich schnell verbreitenden Gestank. Aber beim Probieren der passierten weißen Creme waren sie dann doch begeistert. Wir entwickelten einen neuen Familienrhythmus, gewöhnten uns an das Schwitzen und häufige Duschen, gingen fast täglich ans Meer zum Schwimmen, wobei in all der uns umgebenden Schönheit langsam Alltagsleben einkehrte.

Das Haus neben uns, gleich an der Lagune, bewohnte eine amerikanische Familie mit drei Kindern. Don und Caroline begrüßten uns als Nachbarn mit großer Herzlichkeit. Sie waren einem *call,* einem Ruf folgend, nach Niugini gekommen, erzählten sie uns. Don war als Buchhalter bei *Lutheran Shipping* angestellt. In mehreren Gebetseinheiten hatten sie, wie Caroline schilderte, den „Herrn" um Rat gefragt, was sie tun sollten, und der hatte ihnen geraten, dem Ruf nach Niugini zu folgen. Caroline war eine fröhliche Frau, die anstatt an die Tür zu klopfen oder zu husten, „*knock knock,* klopf klopf!" rief. Wenn sie etwas gebacken hatte, „klopfte" sie an unsere Tür, um eine Kostprobe vorbeizubringen. Wenn es in Madang sauberes Mehl gab, weil ein Schiff eingetroffen war, sagte sie mir Bescheid, so dass ich sofort lossauste, um nicht „lebendiges" Mehl zu erwischen. Ich hatte einen Apparat zum Verschweißen von Plastiktüten mitgebracht, so dass ich das saubere, vakuumverpackte Mehl gleich einfrieren konnte. Denn nun lebten wir ja ein Luxusleben mit Strom, der Tag und Nacht verfügbar war. Caroline erzählte von den Gebetsstunden, die im *compound* miteinander gepflegt wurden und lud mich dazu ein. Ich stimmte zu, da Michael gerade zu einer Orientierungszeit im Hochland war, und so kam ich zu einem „Erlebnis der anderen Art". Ziemlich fassungslos beobachtete ich die zusammensitzende Gruppe, in der in sprachlich ausgefeilten Worten der Herr um Rat gebeten wurde, wobei die Antwort dem Herrn schon vorgegeben wurde, ebenfalls wohl formuliert. *Sharing,* miteinander teilen, nannten sie diese Sitzungen, in denen ich mich dermaßen unwohl fühlte, dass ich nach dem zweiten Mal kurzerhand wegblieb. Caroline nahm einmal bei einem ihrer Besuche in der Vorweihnachtszeit unaufgefordert ein Plätzchen von einem auf dem Tisch stehenden Teller und meinte süffisant grinsend: „We should share everything, should`nt we?, wir sollten alles teilen, nicht wahr?"

Als Don wenige Wochen später gesundheitliche Probleme hatte, und sie sich überlegten, in die USA zurückzukehren, sagte sie energisch zu mir: „Das sage ich Dir, ich will mit meinem Mann noch viele Jahre leben, dieses Mal frage ich den Herrn nicht nach seinem Rat!" Sie sprach Tok Pisin wie ein verniedlichtes Englisch, was ich bei Amerikanern oft erlebt habe. Entsprechend wenig konnte sie der Sprache abgewinnen, was ihr aber nichts ausmachte, da sie sowieso in der Hauptsache mit Weißen verkehrte. Dass die eigentlichen Bewohner in Niugini Schwarze waren, schien sie eher zu irritieren.

Ich schloss, vorsichtig nach den Gebetssitzungen geworden, Freundschaft mit Susan, der Frau eines Piloten. Sie war eine große, hagere Frau in meinem Alter, mit der ich während der *sharings* so manchen Blick voller geheimen Einverständnisses geteilt hatte. Mit einem Australier verheiratet, fühlte sie sich als gebürtige Argentinierin im *compound* ähnlich als Fremdkörper wie ich. Von Argentinien sprach sie als „the Argentine", was mir ganz fremd erschien. Oft hatte ich bei unseren Treffen das Gefühl, einer gar nicht glücklichen Frau gegenüberzusitzen. Ich nahm ihre Schutzhaltung wahr, mit der sie eines ihrer Kinder auf dem Schoß kuschelte, während wir Kaffee tranken. Sie erklärte mir, ihr Mann Mark fühle sich als Pilot, der Außenstationen wie Begesin anflog, wie ein Missionar, der seinen Dienst tat, genau so dem Herrn dienend, oder sogar mehr als die Außenstationsmissionare, und er sehe viele Dinge sehr streng. Mark war mir bei den zwei Gebetssitzungen als besonders frömmlerisch aufgefallen, er hatte mich stark an fundamentalistisch orientierte Mitglieder unserer Kirchengemeinde in Mittelfranken erinnert, die wir „Pietkong" genannt hatten.

Susan und ich saßen öfter zusammen, wurden warm miteinander, wirkliche Nähe konnte sie aus einem mir nicht ersichtlichen Grund aber nicht zulassen. Eines Abends saßen wir beieinander, eine fast vertraute Stimmung hatte sich zwischen uns ausgebreitet, ich schenkte uns ein Glas Wein ein, und wir tauchten in ein Gespräch ein, das „nah" hätte werden können. Ohne Vorwarnung stand plötzlich Mark in der Tür, stürzte auf seine Frau zu, gab ihr eine knallende Ohrfeige, ich hörte etwas wie „Sünde, habe ich dir doch gesagt, Alkohol ist ein Teufel" und er zerrte sie aus unserem Haus. In der Zukunft begegnete mir Susan sehr verhalten, so als hätte sie bei meinem Anblick ein schlechtes Gewissen. Wir wechselten nie wieder ein offenes Wort miteinander.

Zeit des schweren Herzens für Janna

Bald folgte eine Zeit, die Janna „mit schwerem Herzen" erlebte, wie sie es selbst ausdrückte. Wir meldeten unsere Kinder in der *Madang International Primary School* an, der ernste Teil des Lebens musste in Angriff genommen werden. Gut zwei Wochen lang war jeder Morgen ein Drama. Janna fing schon beim Wecken zu weinen an, schniefte sich durchs Frühstück, und wenn es ans Abschiednehmen ging, war sie völlig verzweifelt. Oft war ich nahe daran, sie schützend in meine Arme zu schließen, sie nicht loszuschicken in diese Welt, die sie als feindlich empfand.

Wir wechselten uns mit anderen Familien des *compounds* beim Bringen und Abholen der Schulkinder ab, wobei Janna immer wieder mit flehendem Blick in den Bus unserer Nachbarn stieg. Sie hatte jedoch eine wunderbare Lehrerin, die für die Gefühle unseres kleinen Mädchens viel Verständnis aufbrachte. Wenn Mrs. Horsefield versuchte, Janna ein Wort wie *leaf,* Blatt, beizubringen, führte sie sie nach draußen und ließ sie das Blatt befühlen. Nach etwa zwei Wochen war ich mit dem Abholen der Kinder dran. Als ich mich einer Gruppe kleiner Mädchen näherte, hörte ich mein Töchterchen zu einem anderen Kind sagen: „*See you tomorrow!,* bis morgen!" – sie hatte es geschafft. Von diesem Tag an besuchte sie wie daheim die Schule richtig gerne und lernte in atemberaubendem Tempo Englisch in Wort und Schrift.

Ich muss einen Schritt in die Gegenwart tun. Heute habe ich meine Schatztruhe gesichtet, um meinem Gedächtnis auf die Sprünge zu helfen. Sie ist wirklich eine wahre Schatztruhe geworden, diese Blechkiste, in der ich seit vielen Jahren verstaue, was ich des Sammelns für Wert erachte. Zum letzten Mal habe ich sie durchgesehen, als ich für Amos ein Album zu seiner Hochzeit zusammenstellte, das ist zehn Jahre her. Seither habe ich nur weiter obenauf gepackt.

Was habe ich gesammelt? Da sind Flugtickets, die mich erinnern, welche Routen wir nach Niugini und zurück geflogen sind, da sind Briefe von Gananui und anderen aus Niugini, Briefe aus Deutschland, es gibt abgelaufene Kinderausweise von Janna und Zettelchen, die wir uns zu der Zeit geschrieben haben, als wir allein zusammen gewohnt haben, Eintrittstickets zu Konzerten und Theaterstücken – und dann finde ich einen Brief, der mir fast den Atem nimmt. In großen, krickeligen Druckbuchstaben schreibt sich mein kleines Mädchen seine Seelenqual vom Herzen. Sofort ist mir klar, er kann nur aus der ersten Zeit stammen, in der Janna „mit schwerem Herzen", in Niugini die Schule besuchte. Da steht: „Mir shtinkt`s! Ich halt`s nicht aus. Ich kann einfach nicht mehr. Ich shaf`s nicht. Als ob ich jeden augenblick ershtick! Ich weis zwar das es scheise is, aber bitte bitte versteh mich doch! Las mich halt morgen noch daheim oder ich hab das gefühl ich geh gleich hobs!" Gebeutelt lasse ich den dreiseitigen Brief sinken – ich habe vergessen, verdrängt, wie kreuzunglücklich mein Herzenskind am Anfang in unserem neuen Leben war. Jetzt ist es wieder da, mein Bewusstsein ist geschärft für die feineren Noten des Erlebten.

Für Amos war die Schule vom ersten Tag an ein Vergnügen, er war überglücklich, nicht mehr das ihm verhasste Gymnasium in Deutschland besuchen zu müssen. Gleich zu Anfang stellte er die Rangordnung klar, als ihn ein australischer Junge seiner Klasse in der Pause einen Nazi nannte. Glücklich sagte er ein paar Tage später zu uns: „Seit ich den Kerl verdroschen habe, nennt er mich nicht nur keinen Nazi mehr, sondern er bietet mir sogar von seinem *lunch* an!" Innerhalb kürzester Zeit wurde Amos zum Fußballstar seiner Klasse.

Die *Primary School* war eine Ganztagsschule, in der die Kinder aller Hautfarben Schuluniform trugen, die allerdings mit unserer Vorstellung von Uniform nicht eben vergleichbar ist. Die Jungen hatten kurze Hosen zu tragen mit einem der hier üblichen bunten Hemden darüber. Für Janna nähte ich einige farbenfrohe leichte Kleidchen mit Spaghettiträgern. Gelehrt wurde nach australischen Lehrplänen, die die Kinder rasch in die Selbstverantwortung nahmen. So wurden schon die Schüler der zweiten Klasse, die Janna besuchte, herangeführt, sich in der schuleigenen Bibliothek selbst ihr Material zu bestimmten Themen auszusuchen.

Vor den großen Ferien fand in der Schule das *Christmas Concert,* eine Weihnachtsfeier statt, wo die Kinder Sketche vorführten und Lieder sangen, teils skurril, teils besinnlich, alles hatte nebeneinander seinen Platz. Wir Eltern saßen in der großen, offenen Halle in der stehenden Luft, die Programmhefte verwendend, um uns Kühle zuzufächeln, und alle sahen wir gerührt unseren Kindern zu. So manch verstehender Blick wurde getauscht zwischen Philippinos, Australiern, Amerikanern, Deutschen, Chinesen – wir waren alle Eltern. Als kurz vor Weihnachten die Zeit der großen Ferien kam, waren unsere Kinder fast ein wenig traurig, freuten sich aber schon auf den im neuen Jahr anstehenden Umzug nach Amron.

Ebenfalls kurz vor Weihnachten bekamen wir von Missionsleuten in Lae einen jungen Hund geschenkt, ein rührendes kleines Wesen mit verheißungsvoll großen Pfoten. Die ganze Familie sah in ihm das gemeinsame Weihnachtsgeschenk. Für Amos, der drei Tage zuvor zwölf Jahre geworden war, war er gleichzeitig sein Geburtstagsgeschenk. Wir hielten ein Familien-*bung* wie schon oft zuvor, und beschlossen, den Hund Max zu nennen mit der Vorstellung, noch einen Moritz dazu zu bekommen. Max, ein typischer Mischlingshund aus Niuginikreuzung, wurde zum wildesten Hund, den wir jemals erlebt hatten.

An Heiligabend besuchten wir den Gottesdienst in der *Memorial Church* in Madang. Michael und ich erinnerten uns, wie wir uns als *buskanaka* darüber empört hatten, dass in dieser Kirche aus Italien importierter Marmorboden verlegt worden war. Jetzt fanden wir das keines Gedankens wert, wie wir erstaunt bemerkten. Auf der Fahrt stellten wir alle begeistert fest, dass die bunte Beleuchtung auf dem Armaturenbrett unseres Autos einen Ersatz für den Weihnachtsbaum darstellte. Zurück zu Hause, begrüßte uns schwanzwedelnd Max mit einem verwüsteten Wohnzimmer hinter sich. Dieser Welpe hatte in seiner Verzweiflung über das Weggehen seiner Familie alles, was er nur irgend erreichen konnte, zerstört. Er hatte Schuhe zerbissen, Gläser umgestoßen, Fliegengitter erreichbarer Fenster aufgekratzt – er hatte kaputt gemacht, was ihm nur möglich war. Mit diesem wilden Hund sollten wir noch so manches Drama erleben.

Ein anderes heißes Land

Nach und nach erkannten wir, dass sich in Niugini einiges verändert hatte seit unserer Abreise vor acht Jahren. Die Sprache Tok Pisin ließ uns dieser Tatsache besonders deutlich bewusst werden. Kein Mensch wäre mehr auf die Idee gekommen, „rechts" als *han sut,* die schießende Hand, zu bezeichnen, es hieß jetzt einfach nur *rait,* nach dem englischen *right,* wie wir enttäuscht erkannten. Anstelle des Stammesdenkens sprach man nun von *wantok*-Denken. *Wantok,* aus dem Englischen abgeleitet von *one talk,* eine Sprache, bezeichnete sowohl die Sippe oder den Stamm, als auch jemanden aus der Familie, oder auch nur jemanden, der die gleiche Sprache spricht. Auf dem Markt in Madang wurden wir, weil wir das alte Tok Pisin der 70er Jahre sprachen, von den Einheimischen als *wantoks* erkannt. Jahre später in Deutschland parkte ich in Würzburg auf einem Parkplatz mein Auto, auf der Rückscheibe klebte ein Papua Niugini-Aufkleber, als ein neben mir Parkender auf mich zustürzte und rief: „He *wantok,* warst du auch dort?"

Jetzt mussten wir erkennen: die ursprüngliche bildreiche Sprache hatte sich bereits zu Ungunsten einer „Verenglischung" verändert, war aber in Madang und Umgebung noch am ehesten mit dem urtümlichen Tok Pisin, das wir gekannt hatten, vergleichbar. Aber auch hier bezeichnete niemand mehr einen Büroangestellten als *susoken,* einen, der Schuhe und Socken trägt. Ein Kino gab es jetzt nicht mehr in der Stadt, was wir auf die Tatsache zurückführten, dass die meisten Weißen und auch viele Niuginis sich in der Zwischenzeit auf Videos umgestellt hatten. Nun existierten dafür zwei Videotheken in Madang. In *Chinatown,* dem Stadtteil, in dem nach wie vor die Chinesen wohnten, hatten einige Secondhandläden eröffnet, in denen für wenig Geld zum Teil sehr schicke Kleidung zu erstehen war.

Der australische Dollar war bei der Unabhängigkeit abgelöst worden von *Kina und Toea,* nach einheimischen Muscheln genannt, auf der Staatsflagge prunkte ein

Paradiesvogel neben dem Kreuz des Südens. Niugini wurde mittlerweile nur noch angeflogen von einer nationalen Fluggesellschaft, Air Niugini genannt, daneben wurden Inlandflüge von Talair geflogen. Von einer Gruppe junger Intellektueller wurde in Tok Pisin die Tageszeitung *Wantok* herausgegeben. Da sie zu Recht stolz waren auf ihre Bildung und diese auch zeigen wollten, trugen sie erheblich bei zur Anglisierung von Tok Pisin. Und noch eine wichtige Neuerung machten wir belustigt aus: der Begriff *sori tru,* tut mir wirklich Leid, wurde inzwischen verfremdet verwendet. Er wurde eher eingesetzt, wenn jemand zum Ausdruck bringen wollte: bist selbst Schuld, macht mir gar nichts aus, ist mir doch egal. In unserer Familie wurde nun viel wortspielerisch mit *sori tru* herumgeblödelt.

In Radio Madang wurden noch immer Lieder wie „*Eh lukim em, sem bilong em, nogat sem bilong em!* Eh, schau dir den an, seine Scham, der hat keine Scham!" gespielt. Inzwischen waren richtig bekannte einheimische Bands dazu gekommen, die – Tok Pisin nutzend – ganz herrlich zweideutige Lieder sangen. So manches Mal stand ich mit Janna in der Küche, lauthals ein Lied der „Kalibobo Bamboo Band" mitsingend, einer Musikgruppe aus der Madanggegend. Bei einem der Lieder schrien wir vor Lachen, als wir es zum ersten Mal hörten und die Zweideutigkeit erkannten: „Ich komme an meinen Strand, ich komme und sehe dein Gesicht. Oh, meine Mutter, ich war hungrig und habe eine unreife Papaya gegessen!" Die unreife Papaya war, wie wir mit Sicherheit erkannt hatten, ein Synonym für eine noch nicht geschlechtsreife Frau, die der Sänger der Band „gegessen" hatte.

Mitte Januar machten wir uns auf unsere erste Fahrt nach Lae. Caroline hatte sich erboten, Max für eine Woche zu übernehmen, so dass wir ein erstes Mal Marina und Gunnar mit ihren Töchtern in Lae besuchen konnten. Wir wussten durch Briefe, dass es ihnen nicht gerade gut ging, dass sie sich in Lae verdammt unsicher fühlten, was wir in Madang nicht so recht nachvollziehen konnten. Zwar schlossen auch wir inzwischen unsere Haustüre bei Verlassen des Hauses ab, woran wir in Begesin nicht gedacht hatten, aber gleich von Angst zu sprechen, wäre uns nicht ich den Sinn gekommen. Marina hatte mir geschrieben: „Oh Gabi, ob sie uns einmal auf den Grabstein schreiben werden ´Sie machte aus Scheiße immer das Beste?` Ich fühle mich viel einsamer und verängstigter in dieser großen Stadt als damals im Busch von Aseki". In den letzten Wochen war trotz Regenzeit so wenig Regen gefallen, dass wir glaubten, es in unserem Fahrzeug mit Vierradantrieb schaffen zu können, obwohl uns durchaus bewusst war, wie viele Flüsse zu durchqueren waren.

Wie bei unseren Urlaubsfahrten in Deutschland hatte ich für Janna und Amos jeweils eine Überraschungstüte zusammengestellt mit Rätselheften, kleinen Spielen, Lesestoff, und Süßigkeiten. Die meisten der von Deutschland her noch original verpackten Dinge hatten wir vor den Zollbeamten gerettet, indem wir für

Waschmaschine und Schleuder Zoll Phantasiezölle gezahlt hatten. Aber dieses Mal erwiesen sich die Tüten als absolut unnötig.

Wie immer bei unseren Urlaubsreisen fingen wir bald aus alter Gewohnheit zu Singen an. „Auf einem Baum ein Kuckuck saß", fiel mir sinnigerweise als erstes Lied ein. Nur gab es hier keine Kuckucks, und als wir kurz nach Madang auf der Schotterstraße in den Busch eintauchten, verstummten wir alle Vier. Wir bestaunten die gewaltige, farbenfrohe Natur, die uns umgab. Grün in allen nur denkbaren Schattierungen, durchbrochen von leuchtend roten, gelben und lilafarbenen Bouganvilleablüten, die wild an den riesengroßen Bäumen rankten, fleißige Lieschen in allen Farben und weiße Trichterblüten der Trompetenbäume dazwischen – mir war, als kehrte ich in einen Traum zurück. Wir passierten Brücken, die mir höchst abenteuerlich vorkamen. Wenn ich das Rattern der Holzbohlen unter uns hörte, konnte ich nur hoffen, dass sie regelmäßig gewartet wurden, aber sie trugen uns alle hinüber zum anderen Ufer.

Einige Flüsse ohne Brücken mussten erst durchwatet werden, um die Tiefe des Flussbetts einschätzen zu können – unser Vierradantrieb schaffte es jedes Mal, auch wenn Michael und ich so manchen bangen Blick tauschten. Unser Weg führte bergauf und bergab durch Ausläufer des Finisterre-Gebirges, als Michael plötzlich Halt machte und nach etwas Ausschau hielt. „Irgendwo hier muss es gewesen sein", rief er „ungefähr hier war einmal die Abzweigung der Straße, die nach Begesin führen sollte." Wir schauten uns verwundert um, sahen uns aber nur von Urwald umgeben. Allerdings nicht von dem dunklen Urwald, den wir bisher durchquert hatten, nein, es war heller geworden, die Bäume standen lichter und waren weniger von Lianen und anderen Gewächsen überwuchert. „Hier scheinen ja fast nur *kumurere,* Eukalyptusbäume zu wachsen", fiel mir auf. „Genau das ist es!" rief Michael. „Erinnerst du dich an die Straße, die damals Madang und Begesin verbinden sollte, und vor allem, wer sie gebaut hat, und aus welchen Beweggründen?" Langsam konnten wir uns einen Reim auf den seltsam verwandelten Urwald machen.

In den siebziger Jahren hatte eine japanische Firma, die *Jants Company**, die Straße mit riesigen Schiebern aus dem gerodeten Urwald geschoben. Breit war sie und mit Korallenschotter gut abgedeckt. Die Gründe für den Straßenbau waren allerdings rein wirtschaftlicher Natur gewesen. Die Firma hatte mit der damaligen Regierung einen Vertrag abgeschlossen – wir glaubten, uns an einen 30-Jahresvertrag zu erinnern – nach dem sie den Urwald roden durften. Die Regierung pachtete das Land von den Clans, die dafür zu lächerlichen Anteilen am Gewinn beteiligt wurden und nun für die Zerstörung ihrer Lebensgrundlage ebenso lächerlich „ent-

* Anmerkung: s. DVD, Eine Wunde, die nicht heilt, Bernd Dost, Vedra Verlag und Filmproduktion, www.wedra.com, ISBN 3.93935615-8

schädigt“ wurden. Aus autonomen Selbstversorgern wurden Konsumenten importierter Waren, so dass ihr durch schwere Arbeit verdientes Geld wieder dorthin floss, woher es gekommen war. Zur leichteren Abfuhr des kostbaren, alten Holzes hatte die Firma diese Straße, die Richtung Nordosten zum Fluss Gogol führte, aus dem Busch gestampft, und die Straße nach Begesin war eher ein Nebenprodukt gewesen. Dem Vertrag nach war die *Jants Company* nach dem Abholzen zur Aufforstung verpflichtet. Sie hielt sich insoweit an die Auflagen, als sie schnellwüchsige Bäume wie Eukalyptus und Akazien nachpflanzte, die sie nach ungefähr zehn Jahren wieder abholzen konnte, dann noch mal und noch mal, bis zum Ablaufen der Lizenz. Wertvolle alte Bäume, Eisenholz, Teak, Niugini-Walnuss sowie Bäume, die den Einheimischen als Heilpflanzen gedient hatten, waren unwiederbringlich verschwunden, die *tumbuna,* die Ahnengeister, die sie schützend bewohnt hatten, mit ihnen.

Das Problem für den Urwald – nicht für die japanische Firma, versteht sich – war, dass der Boden durch die mehrmalige Aufforstung mit schnellwüchsigem Holz völlig ausgelaugt war. Bis wieder richtiger Urwald würde entstehen können, würde es viele viele Jahrzehnte dauern. In Deutschland hatten wir später gelesen, dass die Japaner das herrliche uralte Holz zu Spänen verarbeiteten, aus denen Verpackungsmaterialien wie Kartons entstanden. Die einstige Straße nach Begesin hatte zwei oder drei Regenzeiten ausgehalten, dann war sie weggeschwemmt gewesen, und nun war von ihr nichts mehr zu finden. Traurig standen Michael und ich da, im lichten, aufgeforsteten Wald, und versuchten, unseren Kindern verständlich zu machen, was wir selbst kaum fassen konnten.

Auf der Weiterfahrt redeten sich Janna und Amos – kleine Gerechtigkeitsfanatiker, die Kinder wohl meist sind – über die Ungerechtigkeit in Rage, von der sie gerade gehört hatten. „Warum dürfen die das, kann man dagegen gar nichts tun?” war zu hören, bis wir das fruchtbare Ramutal erreichten. Nun passierten wir endlos scheinende Kokosplantagen, vermutlich schon zu Zeiten der deutschen Kolonisierung angelegt, sowie eine riesige Zuckerrohrplantage. Wir kamen an Kaffeegärten vorbei, mit ihren Büschen voller roter Früchte und glänzend grünen Blättern. Dazwischen erhoben sich hohe Shattenspender und davor Flammensträucher mit orangeroten Blütentrauben.

Als wir später das breite Tal des Markhamflusses entlangfuhren, blickte ich fasziniert auf die Palmen, die mir eigenartig urtümlich erschienen. Braune, knorrige Stämme, aus denen federige Palmbüschel wuchsen, klammerten sich an den mit Kunaigras bewachsenen Hängen in der trockenen Erde fest. „Schaut”, machte ich die Kinder aufmerksam, „sieht das nicht aus wie in der Steinzeit? Mir ist, als könnte jeden Moment dort drüben am Hang ein riesengroßer Dinosaurier zwischen den Palmen auftauchen”. Im Markhamtal, erklärten wir Janna und Amos, hatten wir die Wettergrenze erreicht. Steckten wir bei der Abfahrt in Madang noch in der Regenzeit, so wurde es hier immer trockener, und in Lae würden wir dann in der Trockenperiode ankommen. Als wir in Lae eintrafen, war die Zeit der kurzen Dämmerung fast schon erreicht. Schnell fanden wir am äußersten Stadtrand St. Pauls, die Kirche, neben der Marina und Gunnar mit ihren Töchtern wohnten, so dass wir noch vor Einbruch der völligen Dunkelheit heil angelangt waren.

Es ist schwer zu beschreiben, wie wir die Familie vorfanden, mit der wir schon so vieles geteilt hatten. Marina und Gunnar stürmten bei unserem Hupkonzert aus dem Haus, ihre Kinder flogen schluchzend in unsere Arme, wir alle standen lange ineinander verschlungen wie ein Menschenknäuel vor dem Haus. Das waren nicht mehr die gleichen Menschen, von denen wir uns in Port Moresby getrennt hatten, wir begegneten sechs nach Aussprache hungrigen Menschen. Nach und nach brach beim Abendessen aus allen das zurückliegende Erlebte heraus, wir saßen als fassungslos staunende Zuhörer mit ihnen an einem Tisch, es war, als erlebten wir eine Eruption. Von Überfällen auf Weiße hörten wir, die offensichtlich in Lae an der Tagesordnung waren, von so genannten *raskols,* Gaunern, die mit ungeheurer Brutalität Menschen, insbesondere Weiße, überfielen und ausraubten. Einer, ein ehemaliger *raskol,* war Mitglied in Gunnars Kirchengemeinde. Dieser junge Mann hatte der Familie eindrücklich beschrieben, wie wenig ein Menschenleben diesen Gruppen bedeutete. Sie mordeten jeden, der ihrer Gier nach Teilhabe am Reichtum der Weißen im Wege zu stehen schien. Wie damals in Aseki redeten und redeten wir, nur waren dieses Mal wir hauptsächlich in der Rolle der Zuhörer.

Das vor uns aufgebaute Szenario überstieg fast unser Vorstellungvermögen. Sie berichteten von Überfällen in ihrem Stadtviertel, und wir hörten fassungslos zu. Jederzeit mussten sie damit rechnen, als nächste überfallen und ausgeraubt zu werden. Gunnar, da blieb uns fast der Atem weg, schlief mittlerweile mit einem Buschmesser neben dem Bett. Marina schlich mindestens drei Mal nachts zu ihren Kindern, um zu sehen, ob sie noch am Leben waren. Der ehemalige *raskol* hielt abwechselnd mit einigen anderen nachts vor ihrem Haus Wache. An diesem Abend fielen wir wie betäubt ins Bett. Das Gehörte erschien uns so unwirklich, wir konnten es in keiner Weise in etwas uns Bekanntes einordnen.

Am nächsten Tag fuhren wir mit dem Kleinbus der Familie nach Lae einkaufen, und Michael und ich konnten in der Stadt nichts feststellen, was Rückschlüsse auf die Schilderungen vom Vorabend zugelassen hätte. Janna und Thalina, die zweite der Töchter unserer Freunde, hatten sich geweigert, uns zu begleiten. Endlich hatten sie einander wiedergefunden. Sie wollten unbedingt ihre Phantasiewelt miteinander weiter ausbauen. Nach langem Zögern entschlossen wir uns, die beiden kleinen Mädchen unter der Obhut von Marinas Hausmädchen zurückzulassen. Michael und ich hatten den Eindruck, die Welt sei hier genauso heil wie in Madang, nur städtischer, hektischer kam uns alles vor im Vergleich zu unserer verträumten kleinen Hafenstadt. Der Markt in Lae war nicht zu vergleichen mit dem in Madang; hier lagen die Früchte- und Gemüsesorten nicht malerisch ausgebreitet auf Bananenblättern auf dem Rasen, sondern zweckmäßig gestapelt auf Betontischen. Auch die flatternden schwarzen Wolken der fliegenden Hunde fehlten uns, die Menschen erschienen uns angespannter und unfreundlicher, sowohl im Umgang untereinander als auch in dem mit Weißen.

Später gingen wir in der Innenstadt ein Eis essen bei „Paulchen", wie der deutsche Besitzer des Cafes liebevoll genannt wurde. Wibke, Marina und Gunnars Jüngste, landete gleich wie selbstverständlich auf dem Schoß von Paulchen und wurde von dem redefreudigen Schwulen liebevoll begrüßt. Hier trafen sich viele Weiße und es wurde meist heftig der neueste Stadtklatsch ausgetauscht. Wieder kam es Michael und mir vor, als könne an dem gestern Gehörten nicht allzu viel dran sein. Das änderte sich schlagartig, als wir gehen wollten. Gerade setzten wir an, das klimatisierte Cafe zu verlassen, als Paulchen an die Glasscheibe trat und hinausblickend meinte, wir sollten lieber noch ein wenig bleiben. Im Nu standen wir alle an der Scheibe: auf der anderen Straßenseite prügelten Polizisten in Uniform mit Schlagstöcken auf zwei Einheimische ein, die sich unter den Schlägen duckten und so laut schrien, dass es sogar durch die klimatisierten Scheiben zu hören war. Aus großen Reissäcken, die beide Einheimische unter den Armen trugen, rieselten unter den Schlägen Reiskörner in den Straßengraben; ein daneben stehender alter Chinese fuchtelte mit einem Stock herum, als wolle er ebenfalls auf die beiden einschlagen. Ich setzte gerade an, mich über die Brutalität zu erregen, die da vor unseren Augen ausgeübt wurde, als ich hörte, wie Marina und Gunnar sich mit Paulchen unterhielten. „Die haben anscheinend mal wieder versucht, raskolmäßig einzukaufen", sagte Gunnar gerade. „Und der alte *Saina,* Chinese, hatte da was dagegen einzuwenden", meinte Paulchen daneben. Marina murmelte erbittert: „Ich habe es zum Knochenkotzen satt, was in dieser Stadt abgeht … ". Als Gunnar die Kinder kurz danach mit „schnell, schnell" zum Auto scheuchte, fielen wir bereitwillig in den Eilschritt ein und spurteten zum Kleinbus.

An diesem Abend rieten wir Gunnar dringend, bei der Kirchenleitung um eine Versetzung in eine sicherere Gegend zu bitten, was er dann auch tat. Aber es sollte für die Familie noch fast sieben unerträgliche Monate dauern, bis sie sich aus der Situation der absoluten Demoralisierung lösten und sich neu definieren konnten. Marina schrieb mir drei Monate später: „ … der kirchlichen Nichtentscheidungen gibt es gar viele, vielleicht können wir in ein paar Monaten in das als sicher geltende Viertel des *Martin Luther Seminary* umziehen". Der Urlaub in Lae wurde trotz all der Widrigkeiten ein richtiger Urlaub, vor allem konnten ihm unsere Kinder viel abgewinnen. Für Janna und Thalina bedeutete er insbesondere ein Wiedereintauchen in die bunte Welt ihrer Phantasie. Die beiden Mädchen zogen sich von uns anderen zurück in ihre ureigenste Welt. Alle erkannten das und ließen sie glücklich gewähren. Paradoxerweise konnten wir in Lae nicht unse alte Gewohnheit des Zusammensitzens vor dem offenen Feuer aufgreifen. Ausgerechnet in einem Land, in dem „draußen" als der natürlichste Aufenthaltsort erschien, verbrachten wir die Abende im Haus. An den Nachmittagen gingen wir außerhalb von Lae im Meer baden und sangen im Verlauf der Abende mit den Kindern alle uns bekannten Lieder. Marina und ich erinnerten uns an den Nachmittag in Aseki, an dem sie mir erzählt hatte, sie wünsche sich jemanden „auf eine Tasse Kaffee" herbei. Bitter klagte sie jetzt: „Stell dir vor, inzwischen wird Aseki mit Flugzeugen voller Touristen angeflogen. Die *smoke bodies,* die Räucherleichen, sind zur häufig fotografierten Touristenattraktion geworden!"

An unserem letzten Abend – wir hatten unsere Kinder gerade zu Bett gebracht – saßen wir zusammen und schwelgten in Erinnerungen. Aseki, Markt Ostheim, Krautnordheim, was hatten wir schon alles miteinander geteilt. Kein Mensch auf der Welt konnte uns das wegnehmen. Nun endlich konnten bei Marina die angestauten Tränen fließen. Wut, Ohnmacht, Trauer über die verfahrene Situation, auf die sie keinen Einfluss hatte, all das schwemmte sie mit den Tränen aus sich heraus. Entschlossen hob sie am Ende den Kopf und rief mit fester Stimme: „Und jetzt lasst uns Doppelkopf spielen!"

Wir spielten bis vier Uhr morgens, lachten und schimpften miteinander, holten alte Spielsprüche aus der Versenkung wie „die eine dreht, der andere schleift", gewohnte Sticheleien flogen hin und her, wir hatten die Leichtigkeit des Seins wieder gefunden. Vor dem Schlafengehen hörte ich Marina zu Gunnar sagen: „Ich spüre mich wieder, ich bin wieder da". Am späteren Morgen war die Woche unseres Besuches auch schon verflogen, wir hatten einander wiedergesehen, aber vieles war in der Kürze der Zeit unerwähnt geblieben. Bei unserem Abschied schmiegte sich die kleine Wibke in meine Arme und sagte ergreifende Sätze wie „Wir gehören doch zusammen. Warum seid Ihr in Madang und wir in Lae?" – noch als wir ins Markhamtal einfuhren, schluckte ich an den Tränen, die dieses kleine Mädchen in mir ausgelöst hatte.

Bei der Ankunft in Madang schauten wir vier uns glücklich an und stellten fest, dass Madang die schönste kleine Stadt war, die es überhaupt geben konnte. Diese von blauem Wasser umgebene Lagunenstadt war unser zu Hause geworden. Schon wenige Tage später kam vom Kirchenbüro grünes Licht, dass wir nach Amron ziehen konnten. Voller Feuereifer halfen wir zusammen, die wenigen Dinge in unsere Überseetonnen einzupacken, die wir für die Übergangsphase im *Lutheran Shipping Compound* ausgepackt hatten. Den abenteuerlichen Weg bergauf nach Amron hatten Michael und ich schon abgefahren, hatten aber beschlossen, uns dadurch nicht abschrecken zu lassen, und alle Vier waren wir nun begierig, uns endlich aus der Übergangsphase zu lösen. Etwa zwölf Kilometer von Madang aus Richtung Nordküste, lag Amron auf einem Hügel, der den Blick freigab auf das Meer mit vielen kleinen Inseln. Eine Schulstation mit dem *Evangelist*

Training Centre, der Evangelistenschule, an der Michael unterrichten sollte, einer Landwirtschaftsschule, und einer *tok ples skul,* vergleichbar mit einer Realschule in Deutschland. Das sollte unser zu Hause werden.

Amron – unsere Station

Michaels Kollege, Pastor Gatedai, kam früh am Morgen mit einigen Studenten, die während der Ferien in Amron geblieben waren, um auf einem *Pickup,* einem Kleinlaster mit offener Ladefläche, unsere Überseetonnen nach Amron zu bringen. Dieser Mann aus der Gegend um Madang mit seinen großen, samtenen Augen war mir auf Anhieb zutiefst sympathisch. Und, wie das ja oft der Fall ist, stellte sich die Sympathie als gegenseitig heraus. Sein Sohn Luta wurde Amos` Freund, seine Tochter Aina Jannas Freundin. Wir folgten dem *Pickup* die Küstenstraße entlang, an riesigen Kokosplantagen vorbei bis zur Abzweigung nach Amron. Ich wies die Kinder auf eine Fächerpalme hin, oben auf dem Hügel vor dem Haus, das unseres werden sollte. Dieser Anblick kam mir von unten wie die Erfüllung meines Südseetraumes vor. Gatedai stieg neben einem Hain mit Sagopalmen aus und zeigte auf die „Straße", die eher aussah wie eine sich bergauf schlängelnde Schlammpiste. Er deutete auf die tiefen Rinnen, die der Regen in die Erde gespült hatte und erklärte, hier müsse man immer entscheiden, ob man die Gräben *namelim o saitim,* mittig oder seitlich, befahren solle. Egal, dachte ich, wir sind endlich aus dem komischen Weißenviertel heraus, der Vierradantrieb schafft das schon. Und das tat er auch. Anstandslos kletterten wir den Hügel hinauf, an Kaffeebäumen und auf halber Höhe einem Flammenbaum vorbei, bis wir vor „unserem" Haus, das auf einer Landzunge in luftiger Höhe thronte, hielten.

Mich zog zunächst einmal gar nichts in das Haus hinein. Beglückt von der Lage und der Schönheit der Umgebung wanderte ich um das Haus herum. Die Rasenflächen glänzten nach dem in der Nacht gefallenen Regen in sattem Grün – das war kein Garten sondern ein Park. Ich kam mir vor wie im Paradies, hier wuchs alles, was man sich nur wünschen konnte. Neben dem Haus lag das übliche offene Waschhaus mit einer angebauten Garage, daneben das Mädchenhaus, davor Orchideenbeete mit üppig blühenden Orchideen in rosa und lila Tönen. An der Seitenwand wuchsen knallrote Canna, gleich daneben waren Frangipani und ein Lippenstiftstrauch sowie ein ginsterartiger Korallenstrauch auf der hügeligen Rasenfläche verteilt, die in einer unglaublichen Farbenvielfalt blühten. Am Rande des Abhanges stand ein Pomelobaum, während in kleinen, mit Steinen eingefassten Rundbeeten vor dem Haus ein dunkelrot blühender Ingwer mit glänzenden, dunkelgrünen Blättern gedieh. Ich schritt weiter am Haus entlang, an Flaschenpalmen und Sträuchern vorbei, bis zu einem riesigen Mangobaum, der satt voller reifer Früchte hing. Und dann, hinter dem Haus am Ende der Landzunge, sah ich endlich die von unten bestaunte Fächerpalme. Ihre Wedel bewegten sich flüsternd in der leichten Meeresbrise. Es schien mir wie eine Verheißung – diese Palme wurde für uns später das Wahrzeichen von Amron. Neben der Fächerpalme wuchsen Bouganvilleas in Rosa, Lila und blassem Gelb. An der Rückseite des Hauses erhoben sich zwei Limonenbäume, behangen mit kleinen, dünnschaligen grünen Früchten. Neben der Betonzisterne und den darüber auf Betonpfosten stehenden Regenwassertonnen konnte ich in der feuchten Erde Büschel aus Frauenhaarfarn erkennen. Nun hatte ich das Haus umrundet. Neben der Eingangstreppe war ein Peperonistrauch gepflanzt und auf der anderen Seite ein *lip tanget*-Busch, jener Busch, den die Begesins für Zauber verwendet hatten, daneben ein großer rosa blühenden Oleander. Ich schaute die kleine Treppe zur überdachten Veranda der Küchentür hoch und dachte: „Hier werde ich mit meiner Familie leben, hier werden wir glücklich sein."

Im Haus waren Michael und Gatedai mit den Studenten dabei, unsere Tonnen im riesig langen Flur aufzustellen. Amos und Janna waren schon auf Entdeckungsreise gewesen und hatten bereits festgelegt, welches der Zimmer ihr jeweiliges Kinderzimmer werden sollte. Nun machte ich mich an die Erkundung des Hauses. Ich glaube, ich „schritt" durch dieses Haus, es schien mir das schönste, das wir jemals bewohnt hatten. Die Häuser der Weißen in Niugini, besonders die der Kirche gehörenden, glichen einander sehr, so dass eigentlich immer das gleiche Grundinventar vorzufinden war. Da war die hölzerne, solide Einbauküche mit Arbeitsplatten aus Resopal, im Wohnzimmer die holzgezimmerten Sessel mit Polstern aus Schaumstoff, für die jeweils die Frauen Bezüge nähten, in den anderen Zimmern die wiederum soliden Einbauschränke sowie Betten aus Holz, im Badezimmer die Eimerdusche, daneben ein Waschbecken und eine Toilette mit Wasserkasten. Aus diesem Grundinventar wurde dann mit Hilfe der in den Überseetonnen mitgebrachten Stoffe und persönlicher Gegenstände so etwas wie ein individueller Haushalt gestaltet. Ich hatte wahrhaftig schon oft „aus Scheiße das Beste gemacht", aber dieses Mal, so erkannte ich, hatten wir eine wirklich gute Vorgabe erwischt. Und wir waren gut vorbereitet ausgereist, denn diesmal hatten wir Stoff in Rosétönen für die Wohnzimmerpolster dabei, meterweise Stoff in Regenbogenfarben für die vielen Fenster und einen Flickenteppich für das Wohnzimmer in frechem Rosa und Knallrot. Für unser kleines Mädchen hatten wir einen himmelblauen Stoff mit weißen Wölkchen darauf erstanden, aus dem ich ihr ein Himmelbett nähen wollte.

Aber nun schritt ich erst einmal unser Haus ab, zählte dreiundvierzig mit Fliegengitterdraht versehene Fenster, nahm den Einbauwäscheschrank vor dem Badezimmer mit der feinsäuberlich gestapelten Bettwäsche in Augenschein und genoss im Badezimmer den Anblick der sicher leicht sauber zu haltenden Resopalumrandung des Waschbeckens – alles, was ich gesehen hatte, erfüllte mich mit Zufriedenheit. Jetzt fühlte ich mich frei, in den Umzugstrubel mit einzusteigen. Wir stellten gleich fest, dass uns zum Einrichten des Hauses ein paar Dinge fehlten, und da noch Ferienzeit war, beschlossen wir, eben zusammen in Madang unsere Einkäufe zu erledigen, um gleich danach unsere Umzugsarbeit fortzusetzen. In der Stadt hatten wir schnell alles Nötige gefunden, und machten uns auf den Rückweg. Schon auf dem Weg bergauf hörten wir Max` wütendes Heulen und Jaulen. Wieder hatte dieser Welpe gewütet und verwüstet und zerstört, was er erwischen konnte – wir mussten einsehen, dass man diesen Hund nicht weiter als Haushund halten konnte und stellten seinen Hundekorb traurig im Waschhaus auf. Um nicht von Moskitos zerfressen zu werden, mussten wir nochmal nach Madang sausen und den zerstörten Fliegengitterdraht an den Fenstern austauschen. Am Abend dieses ereignisreichen Tages wanderten wir zusammen in der Dunkelheit nach draußen, um das Kreuz des Südens zu orten. Die Arme umeinandergelegt standen wir zu viert auf dem Rasen – da, über dem Mädchenhaus, leuchtete es am funkelnden Sternenhimmel.

Im Nu hatten wir das auf dem Hügel thronende Haus zu unserem Heim gemacht, es dauerte nur wenige Tage, bis Michael ein Gestell für Jannas Himmelbett geschreinert und ich ihr den Baldachin dazu genäht hatte. Zufrieden nahm sie ihr ersehntes Bett in Beschlag. Ein neues Abendritual wurde geboren: abends lud mich Janna oft ein, mit ihr auf dem Himmelbett zu kuscheln. So lagen wir manchmal stundenlang auf ihrem Bett und tratschten miteinander.

Nach einer weiterem Woche war es soweit: das Wohnzimmer erstrahlte in Pastelltönen, die Ikeastehlampen mit ihren weißen Schirmen und blauen Vögeln darauf leuchteten warm im Reichtum des fast immer vorhandenen Stroms – wir saßen als Familie im Wohnzimmer und konnten unser Glück, wieder ein zu Hause zu haben, kaum fassen. Endlich gab es auch einen Telefonanschluß, so dass wir selbständig mit der Außenwelt in Kontakt treten konnten. Am nächsten Tag ging ich über die Station, hinter der gleich nach dem letzten Haus der Busch begann, um mir Pflanzen für unser Haus zu holen: Farne, Gummibäume, Philodendren, und eine Pflanze mit pinken Blüten – es war alles da, ich brauchte die Pflanzen nur auszugraben und zu Hause einpflanzen.

Wenige Tage später begann das neue Schuljahr, Janna und Amos mussten morgens nach Madang zur Schule gebracht werden, und die Station in Amron füllte sich mit neuem Leben. Nach und nach trafen die Schüler der Landwirtschaftsschule, der Realschule, und die Studenten der Evangelistenausbildung ein. Das war ein einziges Singen auf der Station, Gras wurde geschnitten, Gärten wurden angelegt, „unsere" Studenten, zum Teil gestandene Familienväter, hatten erst einmal Buschhäuser für ihre Familien zu bauen. Amron erwachte zu neuem Leben. Einige unserer Studenten kannten uns noch aus der Zeit in Begesin, als sie dort Schüler gewesen waren. Glücklich hörte ich, wie sie mich altvertraut Mama nannten. Sie berichteten anderen von meiner damaligen medizinischen Versorgung. Prompt hatte ich jeden Abend nach der Arbeit im Garten die Wunden der Studenten zu versorgen und, da ich die Mama war, bekam ich Kleidungsstücke zum Zusammenflicken geliefert, bei denen ich häufig vor lauter Fetzen nicht wusste, wo ich anfangen sollte.

Amos und Gatedais Sohn Luta freundeten sich an und machten aus dem Mangoreichtum, den Amron zu bieten hatte, eine Quelle zu ihrer Taschengeldaufbesserung. Sie ernteten auf der Station Mangos, legten sie unten am Straßenrand im Schatten der Sagopalmen auf Bananenblätter und verkauften sie unter dem Marktpreis. Der Mangobaum wurde zu Jannas und Amos` ureigenstem Baum, sie stiegen in schwindelerregende Höhen in ihm hinauf, hängten Seile auf, an denen sie sich, über den Abhang schwebend hinunterschwangen, sie belebten den Baum mit ihrer Phantasie und hauchten ihm ihr ganz und gar eigenes Leben ein.

Ich fand ein Hausmädchen aus Amron-Dorf, denn die Gartenarbeit bzw. Parkarbeit war für eine Person zu viel. Da es keine Jahreszeiten gab, waren täglich Blätter zu rechen, Büsche zurückzuschneiden, nachzupflanzen, die Außen-, wie die-Innenarbeit war für eine Person nicht alleine zu bewältigen. Gomai, ein sanftes junges Mädchen aus dem Dorf Amron wurde für mich zu einer großen Hilfe, obgleich ich mich durch ihre Anstellung ein wenig wie eine weiße „Missis“ fühlte. Wir häuften die faserigen äußeren Hälften von Kokosnüssen auf die Orchideenbeete, rechten Laub zusammen, bis uns der Schweiß in die Augen tropfte und pflanzten rundum am Rand der Landzunge Hibiskus-Hecken. Anfangs gaben wir uns noch unnötig viel Mühe, indem wir die abgeschnittenen Triebe vor Ausheben der Gräben wässerten, um die Triebe gekreuzt in die angefeuchtete Erde einzupflanzen. Später vertrauten wir der Fruchtbarkeit der Erde und schnitten Triebe ab, die wir dann einfach in die Erde steckten – sie würden schon wachsen, wussten wir, und das taten sie auch.

Von Caroline in Madang bekam ich den Ableger eines Puderquastenstrauchs mit roten, runden Puffblüten, den wir neben dem Schlafzimmerfenster einpflanzten. Später konnte ich vom Bett aus die Kolibris, vor den Blüten schwirrend, an ihnen nippen sehen. Samstags schnitt ich von den süß duftenden Frangipanisträuchern eine Dolde ab und stellte sie in einem schönen Glaskelch auf den Wohnzimmertisch. Die Blüten, so wußte ich, wurden Touristen auf Hawaii als Ketten zur Begrüßung um den Hals gehängt.

Als Familie entwickelten wir in dieser glücklichen Zeit einen neuen Rhythmus. Wir nahmen mittags in der Hitze nur einen kleinen *lunch* zu uns, den Kindern hatte ich ein wenig Obst und belegte Brote mitgegeben, und nachmittags, wenn Janna und Amos von der Schule zurück waren, fuhren wir nach Nagada zum Baden. Nagada war, auf halbem Weg von Madang nach Amron abzweigend, ein winziger Küstenort mit nur wenigen, von Kirchenmitarbeitern bewohnten Häusern. Nach der Abzweigung durchquerte man zunächst Kokosplantagen, bis sich der Blick auf diesen idyllischen, an einer Meeresbucht liegenden Ort, auftat. Hier lernten wir Angestellte von *Kristen Pres,* einer Druckerei der lutherischen Kirche, kennen und trafen uns mit Freunden am weißen Sandstrand zum Baden und Kaffetrinken. Wenn dann in der Dämmerung die Moskitos lästig wurden, kehrten wir zurück nach Amron, um unser Abendprogramm zu gestalten. Ich bereitete unsere Hauptmahlzeit zu, das *dinner,* während Michael mit Amos und Janna Karten- oder Brettspiele spielte. Abends machten wir hinter dem Waschhaus Feuer oder wir saßen zusammen im Wohnzimmer und erzählten Geschichten oder machten Spiele, oder Janna wollte mit mir auf ihrem Bett tratschen, während Amos Kassetten hörte – es wurde uns nie langweilig.

Ich nahm das Brotbacken wieder auf, denn noch immer gab es in Madang von der Bäckerei nur das übliche, floppige Toastbrot. Überhaupt war wieder „Selbstmachen" angesagt. Ich hatte von einem Metzger in Ostheim das Rezept für Leberwurst bekommen und hatte gleich die Dosen zum Einkochen in unseren Überseetonnen mitgebracht. Michael baute hinter dem Waschhaus einen *drumstove,* das war eine mit Zement ummauerte Blechtonne mit einer eingemauerten Feuerstelle, die von unten die Tonne beheizte, wodurch diese eine unglaubliche Hitze aufnahm. Der Deckel der Tonne war meine Ofentüre. Hier konnte ich Brot backen oder meine Dosen mit Wurst einkochen, ohne teueres Gas zu verbrauchen. In Nagada lernte ich die deutsche Frau eines Angestellten von *Kristen Pres* kennen, die sich begeistert über meine selbstgemachte Leberwurst zeigte. Alle paar Monate kauften wir in Madang bei Gert, einem deutschen Metzger, der mit einer Einheimischen verheiratet war, Leber und Schweinebauch ein, um sie dann in Amron zu „verwursten".

Noch heute sagt mein Bruder, der uns einmal in Niugini besucht hat, ich müsse unbedingt wieder mal Leberwurst machen. Natürlich kommt mir das hier in Deutschland, wo ich sowohl alle Sorten Brot als auch Wurst jederzeit kaufen kann, keineswegs erstrebenswert vor. Es scheint, dass wir immer die Dinge für wertvoll erachten, die da, wo wir uns gerade aufhalten, etwas „Exotisches" haben oder schwer zu ergattern sind. Heute bekomme ich glänzende Augen beim Anblick einer Passionsfrucht in der Obstabteilung eines Supermarktes und muss gleich einen Obstsalat mit allen erdenklichen exotischen Früchten auf den Tisch zaubern. In Amron pflanzte ich gleich neben dem Haus einen Passionsfruchtstrauch, Michael spannte ein paar Drähte zum Ranken. Damals erinnerten mich die Blüten paradoxerweise an Edelweiß.

Wenn ich heute in einem Supermarkt grüne Limonen sehe, erinnere ich mich, wie ich beim Kochen oft die Kinder gebeten habe, mir eben eine *muli,* eine Limone, für das Salatdressing vom Baum neben dem Haus zu holen. Oder Papayas – was sind das doch für mickerige Dinger, die man hier aus Israel oder Südamerika kaufen kann, geht mir oft durch den Kopf. In Amron hatten wir mehrere Papayabäume um das Haus herum. Ich erinnere lebhaft, welches Wettrennen mit den fliegenden Hunden wir immer um die großen Früchte hatten. Manchmal schnitten wir eine reife Frucht von einem der Bäume ab und entdeckten dann die Bisse der kleinen, spitzen Zähne der Säuger, die uns wieder einmal zuvor gekommen waren und die Papaya längst ausgesaugt hatten. Nachts hörte ich oft, im Bett liegend, das heftige Flügelschlagen der *blak bokis,* der fliegenden Hunde, wenn gerade wieder eine der Früchte ausgesaugt wurde, und dachte erbost: „Da kommt uns wieder so ein Miststück zuvor".

Die Regenperiode neigte sich dem Ende zu, wir waren ein paar Mal auf der „Straße" trotz Vierradantriebs steckengeblieben und hatten den Weg bergauf zu Fuß zurücklegen müssen. Aber unsere Studenten machten ihn immer wieder passierbar, indem sie Matten unter alle Reifen legten, die wie durch Zauberhand doch wieder, ohne durchzudrehen, den Weg griffen. Gatedai besuchte uns eines Abends. Wir saßen zusammen und blödelten miteinander, wie das wohl nur in Tok Pisin möglich ist, als er plötzlich, wie nebenbei, seine Kokosplantage am Fuße des Hügels erwähnte. An diesem Abend wurde eine gänzlich neue Idee geboren: wir kauften nur wenige Tage später ein Aluminiumboot mit Außenbordmotor, für das Michael mit Gatedai und einigen Studenten auf der Kokosplantage eine Buschhütte zum Unterstellen errichtete.

Nun konnten wir an den Wochenenden mit den Kindern und ihren Freunden zu einer der unterhalb des Hügels liegenden Inseln übersetzen, eine schöner als die andere, und baden und grillen. Auf der wunderschönen Insel Kranket trafen wir eines Sonntags David wieder, der einst in Begesin mit seinen Wasserbüffeln aus den Nebelschwaden aufgetaucht war. Er war mittlerweile für eine Firma in Lae tätig, die nun auch in Madang ein Projekt in Angriff genommen hatte, das den Einheimischen Möglichkeiten zum Aufbau einer eigenen Hühnerzucht aufweisen sollte. Wie klein ist doch die Welt, dachte ich nach diesem Treffen. Für David war es keine Frage, im Lande zu bleiben. England würde ihn nur wiedersehen, solange seine Eltern noch lebten und er sie ab und an besuchen musste. Er stand in meinen Augen für den Typ Mann, den dieses Land hervorbrachte: durch das Leben im Busch schien ihm das alte Europa fade und langweilig, er hatte seine Wurzeln dort abgekappt, und würde mit Sicherheit irgendwann eine einheimische Frau heiraten. „Kannst Du Dich noch an Ben erinnern, den Du einen stinkenden Puma genannt hast"? fragte er mich. „Er duscht seit Begesin jeden Tag und lebt jetzt mit Frau und Sohn in Sydney", erzählte er. „Letztes Jahr habe ich ihn dort besucht. Er schwärmt noch heute davon, wie Du ihn unter die Dusche gescheucht hast".

Sonntags gingen wir manchmal im Swimmingpool des *Madang Resort Hotel* baden. Er lag, von Palmen und Sträuchern umgeben, nur durch eine Mauer getrennt, neben dem Meer. Es hatte für mich einen Hauch von Luxus, mit einer

Madang, Swimmingpool

Cola, in der die Eiswürfel klirrten, auf einer Liege im Schatten zu ruhen, und Michael mit den Kindern beim Toben im Wasser zuzusehen. In dem Park um den Pool herum gab es ein absolutes Kuriosum, einen frechen, aufdringlichen Kakadu, den wir vier bald als Alkoholiker entlarvten. Er bedrängte die Gäste, die ein alkoholisches Getränk hatten, regelrecht. „Kockie kaikai, Kockie essen", schreiend, setzte er sich auf die Sessellehnen, und gab keine Ruhe, bis er von einigen Gläsern hatte nippen dürfen. Dann flog er in einen der Bäume, um, wie wir es nannten, seinen Rausch auszuschlafen.

Die Gottesdienste in Amron begannen mich zu langweilen. Die Liturgie wurde hier in Tok Pisin gepflegt, was wegen der aus allen Teilen des Landes kommenden Schüler und Studenten sicher sinnvoll war. Aber die Predigten – in Begesin hatte ich sie als lebhaftes gemeinsames Nachdenken über einen Bibeltext erlebt – empfand ich als stumpf und ermüdend. Die Ursprünglichkeit, die Freude am formulierenden Nachdenken, war einem dumpfen Sinnieren über Gesetzmäßigkeiten gewichen. Oft saß ich auf der harten Bank und dachte frustriert: oh ja, jetzt kommt wieder das übliche, altbekannte „*olesem na yumi mas,* und deshalb müssen wir", die gängige Folgerung aus dem vorher Gesagten.

Irgendetwas war hier verlorengegangen. Urspünglichkeit und Lebendigkeit waren auf der Strecke geblieben vor lauter Gesetzen und eingefahrenen Regeln. Ich glaube nicht, dass dies an undurchdachten Lehrplänen lag. Es erinnerte mich eher an das alte Niugini-Verständnis von Kunst. Mir schien es, als wollten die Prediger strikt die von ihren Lehrern vorgegebenen Regeln befolgen, so wie Kunstgegenstände genau nach dem Muster der Ahnen zu fertigen waren. „Aber“, fragte ich Michael, „dann haben sich die Lehrplangestalter vielleicht nicht genug in die Denkweise ihrer Schüler hineingedacht?“ Auch er war der Meinung, in Niugini müsse Wissen unter einer Einbeziehung des „Bauches“, in dem für die Einheimischen der Sitz der Gefühle liegt, vermittelt werden.

Am ehesten konnte ich mit Gatedais Predigten etwas anfangen, der noch die freie Art der Wortschöpfung kannte, nicht nachzudenken schien, ob er sich denn auch genau an die vorgegebenen Regeln halten sollte. Bald besuchte ich die Gottesdienste nur noch aus Pflichtgefühl, denn ich konnte ihnen nichts mehr abgewinnen.

Zu Ende der Regenzeit begann urplötzlich eine Schneckenplage, die sich über fast zwei Jahre hinzog. Eines Morgens brachte ich Janna und Amos zur Schule, als unter den Reifen unseres Autos auf dem Weg bergab ein ständiges Knacken zu hören war. Ich hielt an, wir stiegen aus, und ein unbeschreiblicher Anblick bot sich unseren Augen: wir hatten auf dem Weg hunderte von Schnecken überfahren, deren Gehäuse mit lauten Knacktönen unter den Autoreifen zerborsten waren. Von nun an sammelte ich morgens und abends auf den Rasenflächen um das Haus mindestens zwei Eimer der Schnecken ein, die von den Schülern der Landwirtschaftsschule abgeholt und an die Schweine verfüttert wurden. Schon nach wenigen Tagen zog die Schneckenplage eine andere Naturerscheinung nach sich: die *tarangaus,* eine bussardähnliche Raubvogelart, hatten eine neue Nahrungsquelle entdeckt, und pickten die zerknackten Schnecken von der Straße. Es dauerte lange, bis sie endlich im Schneckentempo die Nordküste hochwanderten und wir von diesem Spuk befreit waren.

In Amron wohnte in einem kleinen Haus neben den einheimischen Lehrern Irene, eine amerikanische Lehrerin an der Realschule. Sie hatte eine engelsgleiche Singstimme, und oft war aus ihrem Haus zu hören, wie sie zu ihrem Harmonium amerikanische Volksweisen sang. Als ich sie nach einem der faden Gottesdienste auf ihr Singen hin ansprach, erzählte sie, dass sie unsere Lieder zu Michaels Gitarrenbegleitung genauso genieße. Dabei berichtete sie auch von einer Familie in Madang, die „für ganz“ in die USA zurückkehren würden. Sie seien gerade dabei, ihre Sachen zu verkaufen, darunter auch ein Klavier, ob das nichts für Janna sei … Als sie auch noch zusagte, Janna im Falle eines Kaufes Unterricht zu erteilen, gab es für uns kein Halten mehr. Gleich am Montag fuhr Michael nach dem Unterricht mit Gatedai und einigen Studenten in die Stadt, um das Klavier zu holen. Als die Kinder von der Schule kamen, führten wir Janna feierlich zu ihrem Klavier im großen Flur. Wir hatten es schon an der Steckdose angeschlossen, da die Saiten stets beheizt werden mussten, um in der Luftfeuchtigkeit nicht zu rosten. Überglücklich setzte sie sich gleich an ihr Klavier und lernte von da an unter Irenes sanfter Anleitung, es zu spielen.

Waterhole

Irene machte uns auch aufmerksam auf das *waterhole,* eine Stelle an der Nordküste. „Ihr müsst zwar eine Stunde die Nordküste hochfahren", sagte sie, „aber wenn Ihr dort seid, werdet Ihr sehen, dass es sich gelohnt hat". Gleich am nächsten Samstag packte ich ein Picknick in den Korb, und wir holperten die Schotterstraße entlang der Nordküste. Allein die Fahrt war es schon Wert, dass wir uns auf den Weg gemacht hatten. Kokosplantagen säumten den Weg, abenteuerliche Brücken waren zu überqueren wie auf der Fahrt nach Lae, und der Weg kam uns vor wie eine Reise in ein Abenteuer. Wir wussten bei der Ankunft sofort, dass wir die richtige Stelle gefunden hatten. Vor uns lag eine kleine Bucht mit einem winzigen weißen Sandstrand und felsigem Boden, in dem sich ein paar knorrige Bäume als Schattenspender festkrallten. Der Pazifik leuchtete uns blau entgegen, von einem Halbrund weißer Gischt durchbrochen. Das war also das Korallenriff, von dem Irene gesprochen hatte. Dieses Riff machte die Bucht absolut sicher vor Haien, nur ungefähr in der Mitte war ein Loch – daher der Name *waterhole,* Wasserloch – , aber dieses Loch war gerade mal groß genug, um aus der Meerestiefe die Bucht mit frischem Wasser zu versorgen. Prompt stürzten sich Janna und Amos in das relativ kühle Wasser, tauchten nach dem Abenteuerloch, und hatten es im Nu entdeckt. Dieser Ort hatte eine magische Ausstrahlung, es zog uns immer wieder hin zu ihm mit seinem kühlen, klaren Wasser. Michael und ich entdeckten das Schnorcheln und damit eine ungeahnte, traumhaft schöne Welt unter Wasser. Da waren bunte Fische und Korallen in Regenbogenfarben zu sehen, Seesterne, Seegurken, wir holten rosa oder perlmutfarbene, glänzende Muscheln herauf, staunten aber vor allem über die Farbenpracht der Fische. Gelbschwarz gestreifte, kleine Fischchen begleiteten in einem Schwarm einen großen rötlichen Fisch, wir machten einander auf grellbunte Papageienfische aufmerksam – wir hatten nicht geahnt, dass etwas so wunderschön sein konnte.

So oft wie möglich suchten wir nun diesem magischen Ort auf. Einmal sah ich unter mir eine Tigermuschel auf den lebenden Korallen liegen, helle Tupfen auf dunklem Grund – die wollte ich unbedingt haben. Ich tauchte tief hinunter, näherte mich den sich sanft wogenden Korallen, als eine riesige, dunkle Muräne mit bitterbösem Gesicht aus einer Höhle auf mich zuschnellte. Noch nie habe ich mich schwimmend so schnell rückwärts bewegt, wie in meiner Angst vor diesem scheußlich aussehenden Tier. Am faszinierensten waren die Papageienfische, die in ihrer Farbenpracht Fröhlichkeit ausstrahlten. Immer, wenn wir nach Lae fuhren oder flogen, gingen wir chinesisch essen. Am meisten freute ich mich auf eine Fischspeise aus „rohem Fisch", einer Fischart, die in einem säuerlichen Sud aus Ingwer und Zitrone gar gezogen wurde. Nachdem ich aber erfahren hatte, dass hierfür in der Hauptsache Papageienfische verwendet wurden, habe ich diese Speise nie wieder angerührt.

Immer wieder standen wir bei unserer Ankunft am *waterhole* staunend vor der kleinen Bucht und nahmen still den wunderbaren Blick in uns auf. Einmal trafen wir auf einen alten Mann, der im Schatten der Bäume saß und auf die Bucht blickte. „*Abinun, Papa*", riefen wir höflich. Wir kamen mit ihm ins Gespräch, während die Kinder schon im Wasser plantschten. Der alte Mann erzählte uns, seine Augen hätten schon vieles gesehen, Gutes wie Schlechtes, er habe schon vor Trauer, aber auch vor Freude geweint. Mit träumender Stimme sinnierte er, auf das Wasser blickend: „Mein Großvater pflegte noch Menschenfleisch zu essen, und mein Sohn fliegt jetzt eine F 28, so ist das Leben".

Nach dem Schnorcheln und Schwimmen saßen wir in der Regel noch vertraut zusammen auf dem Hügel über der Bucht, genossen die Brise, die vom Meer her über unsere Haut strich, und erzählten Geschichten. Michael hatte ein Buch gefunden mit *stori bilong ol tumbuna,* Geschichten der Ahnengeister, und so saßen wir oft auf unseren ausgebreiteten Matten und hörten uns die Geschichten an, die uns viel bunter, farbenfreudiger erschienen als unsere deutschen Märchen.

„Es war einmal", da kamen wir vom *waterhole* nach Hause, schauten von unserem nach hinten gelegenen Schlafzimmer den Hügel hinunter auf das Meer und die Inseln, als wir wie eine Eingebung die Idee hatten: Könnte man nicht vom Schlafzimmer eine Tür nach außen brechen, die auf eine Veranda führte, von der aus man immer diesen traumhaften Anblick genießen konnte? Gleich am nächsten Tag machte Michael sich daran, die Idee umzusetzen. Er baute mit Hilfe der Studenten eine Holzveranda mit einem Wellblechdach darüber an, deren Wände nur aus Fliegengitterdraht bestanden, und er versah sogar die auf Pfosten ruhenden Fußbodendielen von unten mit dem Draht. Von nun an verbrachten wir kaum noch einen Abend in der Regenzeit im Wohnzimmer. Entweder wir konnten draußen Feuer anzünden, oder aber, wenn uns das in der Regenzeit zu gefährlich erschien, saßen wir auf unserer Veranda, eine Brise vom Meer streichelte unsere Haut, wir waren sicher vor Moskitos – es war Genuss pur. Daneben pflanzte ich mit Gomai bald eine Paradiesvogelblume, eine mehrjährige Staude aus der Familie der Bananengewächse und genoss ihren Anblick immer wieder von der Veranda aus.

Es schien, als sei eine Steigerung all der uns umgebenden Schönheit, des tropischen und exotischen Genießens, nicht mehr möglich, als wieder einmal Gatedai unserem herrlichen, natürlichen Leben eine neue Krone aufsetzte. Seine energische Frau hatte, wie sie uns erzählte, die Nase voll von den Chinesen, die „die Insel" gepachtet hatten. „Die Insel?", fragten wir. „Ja, Sinub, da unten", deutete sie von der Veranda aus den Hügel hinunter, die Insel gehörte ihnen, niemand wohnte darauf, aber der *Saina,* der Chinese, der sie gepachtet hatte, um seine Wochenenden dort zu verbringen, der hatte etwas dagegen, dass ihre Verwandten dort weiter Yamwurzeln anbauten. Den wollte sie loswerden, denn die Familie brauchte das zusätzliche Land, um die Yams anbauen zu können. Und wie standen sie ihren Verwandten gegenüber da, wenn der blöde *Saina* sich weigerte, ihre Sippe auf die Insel zu lassen? Wieder war Gatedai für eine neue Bereicherung unseres Lebens verantwortlich.

Oh Sinub ooo – wir hatten eine Insel in Papua Niugini

Gleich am Samstag darauf besuchten wir mit Gatedais Familie „die Insel". Da unser Boot nur sechs Erwachsene aufnehmen konnte und sich in Gatedais Familie immer mehrere Besucher aufhielten, musste Michael zwei Mal fahren. Gatedai erzählte auf dem Weg faszinierende Geschichten. Gleichzeitig machte er Michael auf Riffe aufmerksam, die es zu umschiffen galt und auf Anhaltspunkte zum erneuten Finden des Wegs nach Sinub. Schon seit Urzeiten seien bei Sinub keine Haifische mehr gesichtet worden, entwarnte er. Seine Familie habe sich immer geweigert, sich dem modern werdenden Dynamitfischen anzuschließen, da dies die Korallenriffe zerstöre. Einen *dugong,* eine Seekuh zu harpunieren, das hielt er für schlimmer als Mord. Einmal hatte er gesehen, wie jemand das Junge einer Seekuh harpuniert hatte – er schaute uns mit seinen großen Augen an, in denen Tränen schwammen: „Ich sage euch, der Mutter sind Tränen, echte Tränen aus den Augen gekullert", seufzte er traurig.

Stolz zeigte uns Gatedai sein Sinub, eine kleine unbewohnte Insel, mit einer von Kokos- und Sagopalmen eingesäumten Sandbucht im Westen, dahinter die Yamgärten seiner Familie. Eine Insel mit heilen Korallenriffen rundum, umgeben von kristallklarem blauem Wasser. „Ihr könnt sie haben", meinte er, „solange Ihr hier seid, gehört sie Euch". Ich hatte Körbe mit Essen mitgebracht, mit Papaya eingeriebene Steaks, Salate, frisches Brot, in einer Kühlbox Getränke – wir konnten es uns gut gehenlassen an diesem Tag. Die Kinder stürzten sich gleich ins Wasser, ich machte mich mit Mama Gatedai ans Feuerholz sammeln. Im Nu hatte sie einen Grillplatz im Schatten gefunden, den der blöde *Saina* beim Abriss seiner Buschhütte vergessen hatte. Wir schichteten unser Reisig unter dem Grillrost auf, stapelten Feuerholz darauf und entzündeten es. Sie deutete auf die Stelle, an der die Buschhütte gestanden hatte: „Dort oben kann euch Gatedai mit den Studenten eine neue Hütte bauen, dann könnt ihr hier auch mal übernachten". Michael und Gatedai kamen mit zwei großen Fischen, die sie in der Zwischenzeit gefangen hatten, und Mama Gatedai machte sich unverzüglich daran, die Fische auszuweiden. Den Anblick dieser Frau beim Fischvorbereiten werde ich nie vergessen: wie Mutter Erde saß sie am Strand im Wasser, nahm die Fische aus, schuppte sie ab, Blut floss in das Wasser, färbte es rot, wurde mit jeder Welle blasser, bis es ganz weg gespült war. Noch immer im Wasser sitzend, verlangte sie Salz und Butter von mir, rieb die Fische mit dem Salz ein, schob ein Stück Butter in den Bauch, schrie Aina zu, sie solle im Busch *tulip,* ein leicht bitteres Blattgemüse, holen, steckte die

Blätter zu der Butter in den Bauch der Fische – ihre Arbeit war getan. Jetzt waren die Papas dran, das Grillen war ihre Sache.

Am Nachmittag nahmen wir im Schatten der Bäume ein köstliches Mahl zu uns. Jeder bekam von allem etwas zum Probieren: die Steaks waren durch die Papayas butterzart, die Fische hatten durch das etwas bittere Blattgemüse eine besondere Note, mein selbstgebackenes Brot schmeckte allen, die Salate wurden aufgegessen, wir saßen und redeten, und die Zeit verflog. Erneut kam Mutter Erde zum Einsatz: Mama Gatedai setzte sich wieder ins Wasser, rieb das Geschirr mit feinem Sand sauber, ich trocknete ab und versteckte dabei verschämt mein mitgebrachtes Geschirrspülmittel, wir lachten und blödelten miteinander, wobei ich erstmals fest stellte, dass sie das gleiche kreischende Lachen wie die Frauen von Begesin an sich hatte.

Als es Zeit wurde, zurückzufahren, war eines der Gastmädchen von einem Steinfisch geritzt worden, schreiend schleppten die Kinder das etwa zehnjährige Mädchen zu uns. In den wenigen Minuten, die Michael brauchte, um das Boot klarzumachen, war der Fuß des vor Schmerzen wimmernden Mädchens auf Ballongröße angeschwollen. Mit der ersten Ladung brachte Michael das Mädchen mit Gatedai und anderen Kindern an Land, und Gatedai sauste sofort ins Madang Hospital.

Auf Sinub ließen wir Wartenden uns die Stimmung nicht verdrießen, ich erkannte zum ersten Mal, welch köstlich witzige Person Mama Gatedai war. Wir saßen mit den verbliebenen Kindern am Strand, singend und Scherze austauschend. Die Moskitos fingen an, uns aufzufressen, dann regnete es auch noch in Strömen. Als Michael nach einer Stunde zurückkehrte, waren wir alle bereits klatschnass. Wir luden unsere Sachen in das Boot, legten ab, der Motor stockte einmal, dann noch einmal, und nun war Rudern angesagt. Während Mama Gatedai und ich ruderten, kriegte Michael den Motor wieder flott, stotternd sprang er an und lief und lief. Plötzlich ein scheußliches, knirschendes Geräusch – vor lauter Konzentration auf den Motor waren wir auf eines der vielen Korallenriffe aufgefahren. Jetzt mussten wir endgültig den Weg zurückrudern, wir waren alle triefendnass, ruderten aber guter Dinge den ganzen Weg, nichts konnte uns diesen wunderbaren Tag wegnehmen; wir lachten und scherzten, bis wir zu Hause anlangten.

Zu Hause setzte ich erst einmal Wasser zum Erhitzen auf, denn uns Vieren war das dringende Bedürfnis nach einer warmen Eimerdusche gemeinsam. Nach Art der Niuginis saßen wir nach dem Duschen lange zusammen und spielten die Ereignisse dieses Tages in allen Einzelheiten noch einmal nach. Gemeinsam beschlossen wir, den spannendsten und erlebnisreichsten Tag unseres Lebens verbracht zu haben.

Noch heute erscheint es mir wie ein Traum, einmal eine Insel in Papua Niugini gehabt zu haben. Als ich Meryl Streep in dem Film „Jenseits von Afrika" mit dieser wunderbar verträumt klingenden Stimme sagen hörte: „Ich hatte eine Farm in Afrika", da zuckte in mir etwas zusammen, denn wir, wir hatten eine Insel in Niugini. Wie das klingt: „wir hatten eine Insel in Papua Niugini … ". Einmal hörte ich einen Mann aus Gatedais Sippe beim Vertäuen seines Kanus auf Sinub nach Art der Madangleute rufen: „Oh Sinub ooo". Ja, wir hatten unsere Insel. Michael baute mit Gatedai und den Studenten eine Buschhütte darauf. Kaum ein Wochenende verging, das wir nicht auf Sinub verbracht hätten. Wir schnorchelten, schwammen, saßen am Feuer, grillten unseren Fisch und unsere Süßkartoffeln vor der Hütte und fühlten uns glücklich, mit der Natur und miteinander eins. Später wurde es zu einem Ritual für uns, bei Vollmond mit Freunden ein Barbeque auf Sinub zu veranstalten. Mit hibiskusblütengeschmückten Körben kamen wir an, um dem Mond, den wir eigentlich als eine Mondin sahen, zu huldigen. In besinnlich-sinnlicher Stimmung saßen wir zusammen, vom warmen Wind gestreichelt, einander und dem Mond, der Natur nahe. Oh Sinub ooo, wir hatten eine Insel in Papua Niugini …

Alltag im Südseetraum

Wir bekamen neue Nachbarn: in Baitabag, einer Schulstation kurz vor Amron, zogen Roswitha und Jochen mit ihren Töchtern Alina und Maike ein. Roswitha war Michaels Cousine, Tochter von Onkel Hermann und Tante Berta. Jochen sollte als Berater für mehrere Entwicklungshilfeprojekte um Madang eingesetzt werden. Er kam zu uns als Vorhut, während Roswitha mit den Töchtern noch bei Freunden im Hochland lebte. Von mir wollte er etwas Bettwäsche und Handtücher, um das Haus in Baitabag für seine Familie vorzubereiten. Selbstverständlich öffnete ich meinen wohlbestückten Wäscheschrank, um ihm die gewünschte Wäsche zu geben. Entsetzt sah ich eine Straße von schwarzen Ameisen zwischen all der sauberen, wohlgeordneten Wäsche, verfolgte sie zurück, und entdeckte den Beginn der Straße an der Treppe der seitlichen Haustüre, die wir so gut wie nie benützten. Sie endete im Wäscheschrank neben einem kleinen Krümel. Ich hatte geglaubt, meine Lektion an Sauberkeit in Begesin gelernt zu haben, nun schaute ich fassungslos auf diese Invasion in meinem gepflegten Haushalt. Jochen, neu in Niugini, muss mich für unerfahren halten, ging mir durch den Kopf.

Von da an achtete ich mit Gomai noch strenger darauf, auch nicht den winzigsten Krümel zu übersehen. Es gab aber auch Fortschritte in punkto Sauberkeit, von denen ich in Begesin geträumt hätte. Inzwischen hatte jemand Kakerlakenfallen erfunden, eine unschätzbare Bereicherung in einem Tropenhaushalt: flache Behälter aus Plastik, mit metallenen Einstiegsklappen und einem Lockpulver in der Mitte. So krochen die Kakerlaken in die Behälter hinein, konnten aber nicht wieder entwischen. Am Tag darauf brauchte man sie nur in die Sonne zu stellen, und in der ungeheuren Hitze, die sich entwickelte, starben die Kakerlaken innerhalb kürzester Zeit.

Zu Ende der Trockenzeit blühte der Flammenbaum, den wir auf halber Höhe des Hügels von der Veranda aus sehen konnten. Über und über voll waren die kleinen roten Blüten auf dem ausladenden Baum aufgegangen. Wie ein Feuerball lag der Baum von oben gesehen vor uns auf den anderen Bäumen auf. Wir genossen gemeinsam den Anblick, aber dennoch entdeckte ich in mir eine gewisse Unrast, die sich unaufhaltsam ausbreitete. Sicher, wir lebten ein Leben, von dem andere nur träumen konnten, aber doch vermisste ich etwas. Irgendein Teil in mir war trotz der mich umgebenden Schönheit unausgefüllt. Ich möchte wieder einmal etwas anderes sehen, andere Menschen treffen, dachte ich, vielleicht wäre mal ein Tapetenwechsel angesagt. Wir entschlossen uns, im September zu meinem Geburtstag nach Wau zu fahren, einer Schulstation in den Bergen, zwischen Lae und Aseki gelegen. In Wau hatten die Außenstationsmissionare ihre Kinder in einem Internat untergebracht. Eltern, die ihre Kinder besuchten, konnten dort eins der Gästehäuschen mieten. Wir besprachen mit Marina und Gunnar telefonisch, dass wir zu ihnen nach Lae kommen würden, um von dort aus mit ihrem Kleinbus zusammen nach Wau zu fahren.

Schon bei der Abfahrt spürte ich die sattsam bekannten ersten Anzeichen eines Malariaanfalls, die sich während der Fahrt stetig steigerten. Zum Glück war dieses Mal kein Brechdurchfall als Begleiterscheinung dabei, aber es genügte mir auch so. Ich weiß nicht, wie ich die Fahrt überstanden habe, Schüttelfrost schüttelte mich im wahrsten Sinne des Wortes durch, unterbrochen von Hitzewellen, die meinen Körper überrollten. Alles, alles bis hin zum kleinen Finger, war ein einziger Schmerz.

Bei der Ankunft in Lae fragte ich nur: „Wo ist mein Bett?" In das ließ ich mich hineinsinken, um mich erst am nächsten Morgen mit bleiernen Gliedern wieder herauszuquälen. Die vierstündige Fahrt nach Wau erlebte ich als Tortur, in mir abgekapselt, nur meinen Körper spürend. Zur Malaria hatten sich am Hals entlang geschwollene Drüsen hinzugesellt, dazu noch zwei tropische Geschwüre – es war die reinste Beulenpest, und ich kam mir vor wie weiland der schwärenübersäte Hiob. Aber schon bald nach der Ankunft in Wau dachte ich, wow, der alte body hat`s geschafft. Schon am ersten Abend zog ich mir in der Kühle der Bergwelt mit noch etwas zittrigen Händen voller Freude lange Hosen, warme Socken und einen Pullover an. In der Nacht machten wir uns zu Viert in unserem kleinen Gästehaus im Schein unserer Taschenlampen auf die Suche nach wärmenden Decken. Dem Licht der Kerzen und Kerosinlampen konnten wir am Abend nach dem Abschalten des Generators Romantik abgewinnen, was mir in Begesin nicht in den Sinn gekommen wäre.

Die Woche in Wau wurde für uns alle eine heilsame Woche. Für die Kinder, weil sie sich gegenseitig wieder hatten und in ihre Phantasiewelt eintauchen konnten, für uns vier Erwachsene, weil wir die Abende zu vertrauten Gesprächen und zum Kartenspielen nutzten. An den Tagen genossen wir die Sonne – dieser Sonne mochten wir uns hingeben und ihre heilende Kraft in uns aufnehmen. Wir fuhren zum Fluss Bulolo, in dem einmal vor Jahren Gold gefunden und gefördert worden war, wir aber nutzten ihn ignoranterweise, um uns mit aufgeblasenen Schläuchen von LKW-Reifen auf ihm treiben zu lassen. Zurück in Lae, verbrachten wir den Abend alle zusammen im Pool unserer Freunde, die endlich im relativ sicheren *Martin-Luther-Seminary-Compound* lebten und keinen ehemaligen *raskol* mehr zu ihrer Bewachung brauchten. Stundenlang saßen wir in dem von der Sonne aufgeheizten Wasser, lachten, erzählten Geschichten von früher, waren wieder wie eine Familie. „Wisst ihr noch?" flog hin und her und jeder steuerte eine alte Erinnerung zu denen der anderen bei.

Zu Hause in Amron schritt ich glücklich unseren „Park" ab, die Farbenvielfalt genießend, und pflanzte einen aus Lae mitgebrachten *custard apple*, einen Rahmapfelbaum. Das war eine Pflanze mit rundlichen grünen Früchten, aus vielen schuppigen Teilen zusammengesetzt, mit weißlichem, süßem Fruchtfleisch, das sich ebenso gut durchpassieren ließ wie der gestankverströmende *sapsap.*

Roswitha kam mit den Kindern nach. Die Familie richtete sich in Baitabag ein, und es entstand eine enge Freundschaft zwischen Erwachsenen und Kindern, die noch heute fortdauert. Wir zwei Frauen entwickelten eine Freundschaft, wie sie, glaube ich, nur in einer Ausnahmesituation entstehen kann. Janna hatte endlich eine echte Freundin. Sie und Alina fanden eine eigene Sprachwelt, in die wir Erwachsenen keinen Zutritt hatten. Roswitha kam zum Eiskaffee auf der Veranda, und in Gesprächen mit ihr entdeckte ich ganz neue Anteile in mir. Wir verbrachten Nachmittage und Abende miteinander, wie ich sie in ihrer Vertrautheit noch nicht erlebt hatte.

Als Roswitha schwanger wurde, erwarteten wir alle ein Kind. Ich häkelte eine Decke aus Baumwollgarn, zusammengesetzt aus einzelnen Motiven wie Lokomotive, Kamel, Palme, Löwe und vieles mehr – pünktlich zu Neles Geburt war sie fertig. Nele wurde unser aller Kind, wir genossen gemeinsam ihr Wachsen in dieses Leben. Alina hat heute zwei Kinder, Nele übergab ihr nach der Geburt ihres ersten Kindes die Häkeldecke als ihr Vermächtnis und Roswitha schickte mir ein Foto davon. Wir fuhren zusammen nach Sinub zum *full-moon-barbeque*, huldigten der Mondin und genossen Wochenenden auf „unserer Insel". Wir verbrachten eine Zeit miteinander, die mir heute wie ein Traum erscheint. Wenn wir abends die drei älteren Mädchen zu Bett gebracht hatten und später noch einmal nach ihnen schauten, lagen sie ineinander verschlungen wie Welpen im Bett.

Auch in Amron bekamen wir neue Nachbarn. Das andere große Haus bezog eine australische Familie mit drei Kindern. Bob, ein Landwirt, sollte landwirtschaftliche Projekte der Kirche beratend begleiten. Seine Frau Anne und ich schlossen rasch eine Art Freundschaft, die bei weitem nicht so eng werden konnte wie die zwischen Roswitha und mir, aber immerhin war da in der Nachbarschaft nun jemand, den ich mal „auf eine Tasse Kaffee oder Tee" besuchen konnte oder umgekehrt. Sie hatten drei Kinder, ihre älteste Tochter Kathrine wurde für Janna eine ebenso lose Freundin wie Anne für mich. Bald entschlossen sich Anne und ich zum gemeinsamen Besuch eines Yogakurses bei einer Inderin in Madang. Richtig pragmatisches Yoga für Westler lernten wir bei dieser indischen Mama – später in Deutschland habe ich das erworbene Wissen in Kursen für die Volkshochschule weitergegeben.

Als wir uns mehr gefordert sehen wollten, begannen wir, zu einer Videokassette *workout* nach Jane Fonda zu machen, in der Tropenhitze ein schweißtreibendes Unterfangen. Aber immer, nachdem wir uns so richtig ausgelebt hatten, wenn wir keuchend auf unseren Matten lagen, fühlten wir uns bestärkt, das Richtige zu tun. Anne machte in einem Korrespondenzkurs eine Ausbildung als Lehrerin, vor Prüfungen musste ich sie oft „abhören", dann flog sie nach Port Moresby zu ihren Examina, und kam völlig erledigt zurück. Einmal kam sie gleich nach ihrer Rückkehr zu mir und meinte genervt: „Alles, was ich brauche, ist eine nette Tasse Tee!" „A nice cup of tea", das hörte sich in australischem Englisch an wie „a nois cappa tei".

Aber auch mein Alltag wollte gelebt werden. In mir machte sich wieder dieses Verlangen nach etwas Eigenem breit, die Sehnsucht, zu spüren, dass ich mehr konnte, als meine Kinder durchs Leben zu begleiten. Nach wie vor definierte ich mich, meine Person, über mein Familienmuttersein. Meine Kinder schienen mir weiterhin als die wunderbarsten Menschen dieser Welt – aber war da nicht noch etwas anderes, hatte ich nicht noch Fähigkeiten in mir, die ich nicht lebte? Ich konnte gut Brot backen, zauberte delikate Gerichte auf den Tisch, die Roswitha und Jochen begeisterten, meine Leberwurst war Spitze. Ich hatte anhand einer Altblockflöte mit Lehrbuch, die meine Eltern geschickt hatten, das Flötenspielen gelernt. Meine musische Veranlagung, meine praktischen Fähigkeiten – wozu nützte ich sie? Es konnte nicht sein, dass das alles war. Langsam, langsam, begann ich, meine Fühler auszustrecken, tastete mich heran, schreckte zurück, bis sich etwas Realisierbares auftat.

Bei einem *lunch* im Madang Hotel trafen wir wieder einmal David, den ich für mich „Wasserbüffel-David" getauft hatte. Er erzählte erneut von seiner Arbeit, einem Projekt, das den Einheimischen ermöglichen sollte, eine Hühnerzucht aufzubauen. Sie bekamen alles, was sie brauchten, geliefert: Küken, Hühnerfutter, der Abkauf der gemästeten Hühner war ihnen zugesichert, sie brauchten nur die geeigneten Hühnerställe zu bauen, wofür ihnen selbstverständlich die Pläne und das Material geliefert wurden, und dann konnten sie loslegen. Mich, so meinte er, könne er gut im Büro gebrauchen. Bei ihnen liefe immer alles nach dem Motto „Berechnen, nachrechnen, und nochmals nachrechnen". Eine Arbeitserlaubnis würde ich sicher erhalten, da es nicht genügend Einheimische gab, die dem Arbeitsprofil der Firma entsprachen. Zu dieser Zeit war es in Niugini bereits üblich, dass Weiße nur eine Arbeitserlaubnis bekamen, wenn der Arbeitgeber nachweisen konnte, dass kein Einheimischer den gestellten Anforderungskriterien gerecht wurde. Für fünf Tage am Vormittag arbeiten, bot mir David vierhundert Kina an, zu dieser Zeit ein kleines Vermögen von fast tausendfünfhundert Mark.

Amos geht ins Internat im Hochland

Aber nun holte uns die Wirklichkeit mit aller Härte ein. Als Amos die letzte Klasse der *Primary School* besuchte, hofften wir noch, eine Korrespondenzklasse, wie es sie in Australien gab, werde sich zusammentun, die mit einer Lehrerin über Funk arbeitete. Diese Hoffnung wurde zerschlagen, da nicht genügend Kinder zusammenkamen, deren Eltern ebenfalls die Unterbringung in einem Internat vermeiden wollten. So mussten wir schweren Herzens Amos in einer *high school* in Ukarumpa, im Hochland von Niugini, anmelden, die von SIL, dem *Summer Institute of Linguistics,* betrieben wurde. Wir verbrachten noch einmal Weihnachten zusammen, die Kinder verlebten ihre letzten Traumferien miteinander im Familienverbund, aber im Januar mussten wir Amos ins Hochland bringen.

Was waren das noch einmal herrliche Ferien: Janna hatte von einer Freundin in Madang einige Wochen vorher einen Welpen geschenkt bekommen, so kam endlich zu Max ein Moritz hinzu, und die Erziehung des kleinen Moritz fiel mit großer Selbstverständlichkeit Max zu. Wir beobachteten vom Küchenfenster aus, wie Moritz seine Pfütze in den Rasen vor dem Haus machen wollte. Es sah aus, als hätte Max den Kopf geschüttelt, als er Moritz an den Abhang neben dem Haus hinunterführte und ihm zeigte, wo er gefälligst sein Geschäft zu verrichten hatte. Das Glück hielt nur einige Wochen an, dann erkrankte Moritz an Staupe. Als er nur noch irre im Kreis herumlief und wir es nicht mehr aushalten konnten, brachte ich ihn mit Amos zu einer Landwirtschaftsstation, um ihn einschläfern zu lassen.

Es brach Janna fast das Herz, sie trauerte so tief um ihren Hund, dass wir bald danach einen kleinen schwarzen Kater mit blauen Augen aus Madang holten. Zu Weihnachten schenkten wir uns allen ein Videogerät, da Michael und ich eingesehen hatten, dass wir mit den Kindern nicht immer nur spielen konnten, dass sie für ihre Entwicklung auch Eindrücke von außen brauchten, und so wurden wir nun auch Kunden in den beiden Videotheken in Madang. Wir besuchten während dieser Ferien häufig all unsere wunderschönen Orte und Amos nahm mit den Augen Abschied, als sei es für immer.

Als sich die Ferien dem Ende zuneigten, besuchten wir Marina und Gunnar in Lae, genossen ein paar Tage des Zusammenseins, und brachten Amos am letzten Ferientag in sein vorläufiges Wohnheim, das *hostel* in Onerunka, da das Haus in Ukarumpa noch nicht fertig war. Am Vorabend hatte ich mit Amos beim Packen seines Koffers noch einmal sämtliche Register unserer gewohnten Blödeleien gezogen, wir hatten uns vor Lachen auf den Betten gewälzt, aber dem Abschiedsschmerz konnten wir nicht entrinnen.

Wir fuhren die Hochlandstraße entlang, machten sogar am Straßenrand Picknick in der Kühle der Berge, was in den frühen 80er Jahren wegen der langsam wachsenden Kriminalität gerade noch möglich war, aber irgendwann am frühen Nachmittag waren wir angekommen. Amos war auch noch das erste Kind, das von der Wohnheimmutter, einer warmherzigen älteren Holländerin, in Empfang genommen wurde. Wir versuchten, den Abschied so lange wie möglich vor uns herzuschieben, aber da wir noch am gleichen Tag nach Lae zurückfahren mussten, war doch bald der Zeitpunkt zum Lebewohl gekommen. Ich räumte mit Amos seinen Kofferinhalt in den Schrank, dann war „es" nicht länger vermeidbar. Unserem Jungen standen Tränen in den Augen, als wir einander noch einmal lange und tief in den Armen hielten. Vor der Türe des Hauses stehend, winkte er uns nach, bis wir ihn nicht mehr sehen konnten.

Auf der Rückfahrt nach Lae schwammen Janna und ich in Tränen, wir konnten nicht begreifen, dass ein Lebensabschnitt zu Ende gegangen sein sollte, für den wir noch nicht reif waren. In mir tauchten Bilder auf, wie ich Amos in Deutschland in den Kindergarten gebracht hatte, weil wir der Meinung waren, dies sei der richtige Schritt für seine Entwicklung. Das kleine Kerlchen gab sich größte Mühe, das auch so zu sehen, konnte sich aber nur schwer von zu Hause lösen, also blieb ich immer bei ihm, bis er mir signalisierte, dass ich gehen könne. Einmal hatte er mit einem um Hilfe flehenden Blick, dass mir mein Herz wehtat, gerufen: „Kannst gehen Mama!", und mutig hinzugesetzt „also adé, Mama, adé!".

Bei dem Gedanken, dass jetzt wieder ein mutig sein wollender Amos mit traurigen Augen in Onerunka stand, flossen schon wieder die Tränen. In Lae angekommen, versuchten wir, unter Schluchzen zu erzählen, wie es uns ergangen war. Marina, die noch ihre Kinder um sich geschart hatte, meinte: „Das habe ich mir schon gestern Abend gedacht, als du dich mit Amos halbtot gelacht hast, dass so etwas nicht die richtige Vorbereitung auf einen Abschied sein kann". Fassungslos schaute ich sie an. Diese Bemerkung fand ich so absolut daneben, so kaltschnäuzig und absurd angesichts des Schmerzes, den ich hier versuchte, zum Ausdruck zu bringen, dass sie schon fast wieder hilfreich war, mich aus dem Kreis des Schmerzes zu lösen. Sie half, auch wenn sie nicht hilfreich gemeint war. Janna und ich hörten vor lauter Empörung auf, in unserem Meer von Tränen zu schwimmen. An diesem Abend saß ich, von den anderen abgesondert, meinen inneren Bildern nachhängend, in einem Sessel, und nahm Abschied von meinem Sohn. Bilder von Begesin tauchten in mir auf, Amos sagte „ist wie Papa auf Buschtrip, ich schlaf bei dir in Papas Bett", in Deutschland lernte er wieder das „R" sprechen. In seinem ersten Winter trampelte er auf den Handschuhen, die ich ihm anziehen wollte, wütend herum. Nach der Geburt von Janna fragte er mich, auf meinen Bauch deutend, „ist da noch ein Baby drin?", um sich dann glücklich auf meinem Schoß einzukuscheln. Bei der erneuten Ankunft in Niugini erkannte er das Land wieder über Schmecken, Riechen und Tok Pisin – nach und nach konnte ich mein Kind loslassen in die Unabhängigkeit des Erwachsenwerdens. Mir war durchaus klar, dass diesen Prozess des Kinderloslassens in die Welt der Erwachsenen alle Eltern irgendwann durchlaufen müssen, dennoch erschien mir die frühzeitige Abnabelung, der wir uns, bewusst oder unbewusst, ausgesetzt hatten, als besonders schmerzhaft.

Zu Hause brauchte insbesondere Janna lange, um herauszufinden, wer sie ohne ihren Bruder war. Sie arbeitete an ihrer Selbstheilung, hörte Kassetten, schmuste mit ihrem Kater Alex, malte wunderschöne Bilder vom über Sinub aufgehenden Vollmond, lebte mit ihrer Freundin Alina in ihrer ureigensten Welt der Phantasie – dennoch, die Abwesenheit ihres Bruders hatte eine tiefe Lücke in ihr hinterlassen. Oft saßen wir beim Briefeschreiben zusammen und schauten einander nach einer Weile in die Augen, unsere Blicke sagten „Amos ist nicht da, er fehlt uns". Endlich, an einem Abend, konnte ich die Trauer in mir zugeben und zulassen, und somit mein Töchterchen darin annehmen: wir verbrachten einen authentischen Abend, erinnerten uns an Erlebnisse mit Amos, gaben unser Heimweh nach Ostheim zu, hörten Kassetten von meinem Chor, weinten und weinten, bis alle Tränen geweint waren.

Am nächsten Tag waren wir nicht mehr die gleichen Menschen, wir hatten die Trauer mit den Tränen weggespült, wir waren offen für Neues. In der Höhe von Nagada hatte ein Resort Hotel eröffnet, wo auch Pferdereiten angeboten wurde. Michael und ich hatten besprochen, dass vielleicht Reiten Janna helfen könne, über den Verlust ihres Bruders hinwegzukommen. So machten wir uns am Nachmittag, nachdem Janna von der Schule zurückgekehrt war, auf den Weg zum *Jais Aben Resort Hotel,* damit sie sich die Pferde anschauen konnte. Pete, der junge Mann, der Reitunterricht erteilte, zuckte bedauernd die Schultern. Er sei gerade dabei, das Pferd zu verkaufen, es habe nicht genügend Nachfrage gegeben nach dem Reitangebot, meinte er. Ob wir es nicht kaufen wollten? Wir wollten auf keinen Fall, aber Janna sollte es sich wenigstens einmal anschauen. Wir liefen zusammen zur Weide, Janna schritt auf das Tier zu – es war, als hätte sie schon immer mit Pferden zu tun gehabt. Ohne Scheu ging sie an Pete`s Seite zu dem Pferd. „Er heißt Jim", sagte Pete zu ihr, „du kannst ihn ruhig anfassen. Er mag Kinder". Er gab ihr ein Stück Zuckerrohr, damit sie Jim füttern konnte. Zu uns gewandt meinte er lakonisch: „Scheint Liebe auf den ersten Blick zu sein. Er ist vier Jahre alt, ich würde euch einen guten Preis machen, ich lasse mit mir reden". Michael und ich sahen fasziniert zu, mit welcher Selbstverständlichkeit Janna mit dem großen Pferd umging. Als dann auch noch der Preis von hundert Kina genannt wurde und Janna flehende Blicke zu uns sandte, konnten wir nicht widerstehen.

Am nächsten Tag kam Pete angeritten, und als Janna von der Schule zurück gekommen war, stand auf dem Rasen vor dem Haus ihr Jim. Sie fütterte ihn mit Bananen und deren Blättern, mit Ananas, Mangos und Zuckerrohr, alles mitsamt Schalen, er fraß so ziemlich alles. Am Samstagmorgen war Jim verschwunden und Janna kam entsetzt hereingestürzt. Es stellte sich heraus, dass er alleine zu der Weide kurz vor Madang getrottet war, wo er schon vorher zusammen mit anderen Pferden gestanden hatte. So hatte er Pete die Arbeit abgenommen, der ihn am Sonntag genau dorthin hatte reiten wollen. Pete`s Freundin Flick, die Apothekerin aus Madang, gab Janna Reitunterricht, und sie wurde zu einer begeisterten Reiterin. Oft, wenn sie müde und verschwitzt von einem Ausritt zurückkam, schauten Michael und ich uns voller Begeisterung an. In Deutschland hätten wir es uns mit Sicherheit nicht leisten können, unserer Tochter, mal eben so, ein Pferd zu kaufen.

Zu den Osterferien kam Amos nach Hause. Er hatte sich in der kurzen Zeit so sehr verändert, dass wir es kaum fassen konnten. Groß, fast schlaksig, die Stimme war gekippt und dunkel geworden – eine rasante Entwicklung. Als er dann auch noch von Michael gezeigt bekam, wie „Mann" sich rasiert, mussten Janna und ich natürlich zusehen. Zu viert standen wir im Badezimmer und wurden von unserem hochlanderprobten Knaben Weicheier genannt, weil wir hier an der Küste abends oft eine warme Eimerdusche nahmen. Sein Englisch hatte inzwischen einen deutlich amerikanischen Akzent angenommen; Janna daneben mit ihrem australischen – Michael und ich blickten uns amüsiert an. Aber nach dem ersten gemeinsamen Abendessen blieb uns nur ein recht belämmerter Blickaustausch. Wir hatten uns auf einen Familienabend zu viert gefreut, aber gleich nach dem Essen waren die Kinder in Amos` Zimmer verschwunden und tauchten den Rest des Abends nicht mehr auf. Während der Ferien besuchten wir all unsere schönen Orte. Wir badeten in Nagada, schnorchelten am *water hole,* verbrachten ein Wochenende auf Sinub – wenn wir dann abends zu Hause gegessen hatten, verzogen sich die beiden Geschwister in Amos`Zimmer, und dabei blieb es die ganze Ferienzeit über. Zu Ende begleiteten wir Amos nach Madang, winkten seinem Flugzeug hinterher, und stellten zufrieden fest, wie viel leichter wir ihn jetzt seiner Wege ziehenlassen konnten.

Wie gewohnt brachte ich Janna mit den Kindern aus Baitabag zur Schule und ging hinterher bei *Steamships* in Madang einkaufen, weil mir Roswitha berichtet hatte, dort gebe es gerade frisch eingetroffenes, sauberes Mehl zu kaufen. Im Aufschauen entdeckte ich, neben mir vor einem Regal stehend, Shirley, eine Amerikanerin, die für mehrere Monate nach der Holländerin das *Lutheran Guest House* geleitet hatte. Sie erzählte, ihre Zeit hier sei fast abgelaufen, sie werde bald in die USA zurückkehren. Ich sah dieses Haus vor mir, in dem wir unsere ersten wenig erfreulichen Tage im Lande gelebt hatten, und dachte: das wäre es eigentlich, aus diesem Haus könnte ich mir vorstellen, etwas zu machen. Voller Unruhe verabschiedete ich mich von Shirley und fuhr direkt zum Kirchenbüro. David, ein Australier, der als Berater für den einheimischen Distriktpräsidenten tätig war, erklärte mir, die Entscheidung über eine Neubesetzung der Stelle werde im Hauptbüro der Kirche in Lae getroffen und rief auch gleich bei Ron, dem Zuständigen in Lae an. Ron freute sich über mein Interesse, hatte aber, wie er erwähnte, bereits die Bewerbung einer anderen Dame vorliegen, die aber vielleicht gar nicht so geeignet sei wie ich. David holte aus Ron nach langem Zögern dann doch den Namen der Dame hervor: es war Ilma, die Frau eines Krankenpflegers, der in Yagaum arbeitete. Ich solle ruhig mein Interesse an der Stelle durch meine Bewerbung bekunden, man werde in Lae wohlwollend darüber befinden, bedeutete Ron noch zum Abschluss gegenüber David.

Aufgewühlt kehre ich nach Hause zurück, mit mir und meinem Schicksal hadernd. Ausgerechnet Ilma war meine Konkurrentin in dem Streit um eine Aufgabe, die ich als auf mich zugeschnitten erkannt zu haben glaubte. Ilma, die mit Shirley befreundet war und schon mehrmals im *Guest House* ausgeholfen hatte. Wir hatten es ein paar Mal miteinander versucht, Ilmas Familie und unsere, konnten aber keine gemeinsamen Interessen feststellen, und ließen den begonnenen Kontakt langsam und behutsam einschlafen. Als Michael vom Unterricht zurückkam, überfiel ich ihn gleich mit meinen Fragen und Überlegungen. Gemeinsam bedachten wir, ob ich mich wirklich um die Stelle als *Guest House Managaress* bewerben sollte. Da war noch immer das Angebot von „Wasserbüffel-David", im Büro bei seinem Hühnerprojekt zu arbeiten. „Egal", sagte ich, „jetzt schicke ich erst mal meine Bewerbung nach Lae, dann sehen wir weiter". Wochen zermürbenden Wartens begannen. Mal hatten die Herren in Lae den Gedanken, ich könne mit Ilma den Job teilen, ich vier Tage, sie drei, dann wieder pokerten sie um die Kostenfrage.

Beim Eiskaffee auf der Veranda setzte ich mit Roswitha einen Brief auf, in dem ich erklärte, warum ich es für unmöglich hielt, den Job zu teilen: da waren die beiden „boys", die einheimischen Mitarbeiter im *Guest House* – wem sollten sie ihre Loyalität entgegenbringen bei zwei unterschiedlichen Führungsstilen? Und: ich war in keiner Weise bereit, ein Haus vier Tage in der Woche zu leiten, um mich nach den restlichen drei Tagen wieder einzuarbeiten. Fresst es oder lasst es bleiben, dachte ich, was habe ich schon zu verlieren?

Im Antwortbrief schrieb mir Ron, man könne mir auf keinen Fall vierhundert Kina zahlen, das *Guest House* schreibe seit Jahren rote Zahlen, es müsse endlich einmal profitabel geführt werden. Na toll, dachte ich, bei Teilung des Jobs hätten wir zusammen 540 Kina gekostet, jetzt soll ich eine Vollzeitstelle für ganze 300 Kina bedienen, und bei den Hühnern könnte ich für einen Halbtagsjob 400 Kina bekommen. Und ob ich bereit sei, fragte Ron noch an, für zwei Wochen die Eltern im *hostel,* im Wohnheim, in Onerunka ehrenamtlich zu vertreten? Ich war bereit, natürlich war ich bereit, schließlich war da ja mein Kind, aber gegenüber Roswitha klagte ich erbittert: „Ist das nicht ein richtiger Scheißkonflikt? Hier geht es doch um Selbstachtung und Freude an der Arbeit einerseits, oder Geldverdienen bei einer weniger interessanten Arbeit andererseits. Müssen denn diese Kirchenmänner wirklich alles auf den Profit reduzieren?"

Onerunka und archaische Erinnerungen in Raipinka

In der folgenden Woche flog ich nach Kainantu, wo mich Wiebke, eine Lehrerin aus Onerunka abholte. Auf der Fahrt schilderte sie mir das Leben im Hochland. Über die „Buschtrommeln" wusste ich, dass sie vor wenigen Monaten beim Joggen überfallen und vergewaltigt worden war. Sie erwähnte diesen Vorfall mit keinem Wort, sprach aber mit deutlich zu hörender Verbitterung über die sich verschärfende Sicherheitslage im Hochland. Als ich die bunten *bilums* am Straßenrand bemerkte und die erdfarbenen von früher erwähnte, sagte sie: „Hier ist nichts mehr so, wie Du es aus den siebziger Jahren in Erinnerung hast. Die Traditionen, an die Du Dich erinnerst, existieren nicht mehr". Deutlich erregt fuhr sie fort: „Als mir Amos von eurem Picknick an der Hochlandstraße berichtet hat, wäre ich fast ausgerastet. Das war bodenlos leichtsinnig, denn selbst bei Euch an der Küste empfiehlt inzwischen die Regierung Fahrerflucht, wenn jemand, egal, ob weiß oder schwarz, einen Menschen oder ein Schwein überfahren hat". Sie berichtete von einem einheimischen Arzt, der vor einigen Monaten ein Kind, das ihm in sein Auto gelaufen war, angefahren hatte. Er war ausgestiegen, um erste Hilfe zu leisten, und die Leute des Dorfes hatten ihn prompt totgeschlagen. „So ist das hier", sagte Wiebke fast emotionslos, „du willst helfen und wirst totgeschlagen".

In Onerunka fiel mir ein schlaksiger, selbstbewusster Amos um den Hals, der sich wahnsinnig auf die Kochkünste seiner Mutter freute und ansonsten in seinem Hostelleben so aufging, dass er an den Abenden kein Interesse hatte, mit mir zusammenzusitzen. Gut so, dachte ich, wir haben jeder für sich unseren Stand im Leben gefunden. Bei meiner Ankunft waren noch die Hauseltern da, Karen und Wayne, ein amerikanisches Ehepaar, die offenbar die Ernährung der Kinder auf Dosenbasis betrieben, ein Zustand, dem ich schleunigst abzuhelfen gedachte. Sie brachen gleich am nächsten Morgen zu ihrem wohlverdienten Urlaub an die Küste auf, in der Nähe von Madang. Die Abende verbrachte ich ersatzweise mit Wiebke, die auch weiterhin die Tatsache ihrer Vergewaltigung als Thema unerwähnt ließ, durch die mir aber so manche Veränderung im Lande, die ich entweder in der relativ heilen Welt von Madang nicht wahrgenommen, oder auch schlicht verdrängt hatte, bewusst wurde.

Für die Kinder im Hostel ließ ich meine Kochkünste spielen, zufrieden stellte ich fest, wie Amos mit seiner Mutter vor den anderen Kindern „angab", was mich zu weiteren Steigerungen meiner Anstrengungen anspornte. An einem Morgen, nach dem die Kinder aus dem Haus waren, nahm mich Wiebke mit nach Kainantu, damit ich auf dem Markt einkaufen konnte. Auf der Rückfahrt sollte ich mit einem Stationsmitarbeiter von Raipinka dorthin fahren, und sie wollte mich nach ihren Erledigungen von dort abholen, um zurück nach Onerunka zu fahren. Auf dem Markt in Kainantu tätigte ich meine Einkäufe, erledigte noch meine Restkäufe in einem der Supermärkte und traf mich am Rande des Marktplatzes mit dem Fahrer von Raipinka.

Auf der Fahrt fühlte ich eine gewisse Unruhe, denn Raipinka war, wie ich aus Schilderungen von früher wusste, die Station, die mein Schwiegervater erbaut hatte, bevor er seine Braut in Finschhafen abgeholt hatte. Vor dem leerstehenden Missionshaus in Raipinka setzte mich der Fahrer ab, und ich suchte mir in der Kühle des Hochlands einen Platz, um auf Wiebke zu warten. Auf der überdachten Veranda stand eine festgebaute Bank aus Eisenholz, wie der Rest des Hauses, ein Holz, das so schwer ist, dass es im Wasser untergeht. Ich setzte mich in der wärmenden Hochlandsonne auf diese Bank, wartete auf Wiebke, und war bald durch den langen Vorabend, den wir miteinander verbracht hatten, eingedöst.

Als Wiebke mit lautem Rufen auf sich aufmerksam machte, schreckte ich aus meinen Träumen. Ich hatte mich total in die Vergangenheit begeben, Traum und Realität vermischten sich beim Aufwachen. Die Stimme meines Schwiegervaters war ertönt: „Nachdem wir nach Raipinka geritten waren, habe ich sie erst einmal ein paar Tage alleingelassen. Sie sollte Gelegenheit haben, sich an das Ehefrausein zu gewöhnen". Er war erst einmal ein paar Tage auf Buschtrip gegangen, damit seine Frau sich in dem Land, in dem sie geboren war, als Ehefrau einfinden konnte. Wirklich glücklich sollte diese von ihm erzwungene Ehe aber nie werden. Ich habe nie wieder ein so wenig zueinanderpassendes Ehepaar erlebt wie meine Schwiegereltern. Dieses unentrinnbar aneinander Gebundensein, nicht Loskommen von einer Ehe, die beide nicht glücklich machte, hat diese beiden, jeder für sich warmherzigen Menschen, zutiefst geprägt.

Im Zweiten Weltkrieg wurde die Familie nach Australien deportiert und in einem Internierungslager untergebracht. Wie andere deutsche Missionarsfrauen hatte sich meine Schwiegermutter geweigert, das Hitlerbild aus dem Haus zu entfernen, auf dessen Veranda ich gerade saß. In Australien verlor sie eine Tochter durch einen Verkehrsunfall, später gebar sie Michael, den sie auf den Geburtstagstisch ihres Mannes legte. Mein Schwiegervater musste die Schiffstickets für die Rückreise seiner Familie selbst durch seine Arbeit als Zimmermann verdienen, da die Mission in der Nachkriegszeit nicht in der Lage war, die Schiffskarten zu bezahlen.

In Deutschland baute meine Schwiegermutter ihre verbliebenen vier Kinder zu einer Art Hausmacht gegen ihren Vater auf, die Kinder sollten ihren Vater ungehemmt kritisieren, machten sich unter der Anleitung ihrer Mutter über ihn lustig, wo nur irgend möglich. Michael meinte einmal, die Tränensäcke unter den Augen seines Vaters zeugten von vielen ungeweinten Tränen. Als ich in die Familie kam, hatte meine Schwiegermutter ihre zweite Tochter durch Krebs verloren, was sie in die Arme einer gesundbeterischen Sekte getrieben hatte, und sie las ständig in traktatähnlichen Büchern der Propheten dieser Sekte. In meiner Schwangerschaft mit Amos fühlte sie sich verpflichtet, uns zu schreiben, dass ständige „Nachzeugungen" die Erbsünde in einem entstehenden Kind anlegten. Es ist Zeit, diesen seltsamen Ort der Erinnerungen zu verlassen, dachte ich, und stieg die Stufen der Veranda hinunter, um wieder zu meinem Sohn in der Gegenwart zu gehen.

Zwei Wochen betreute ich die Kinder des *hostels,* so gut es mir möglich war. Morgens buk ich nach amerikanischem Muster Pfannkuchen, die ich mit Ahornsirup servierte; während die Kinder in der Schule waren, erledigte ich die Hausarbeit und machte die Wäsche. Es war, als hätte ich eine große Familie zu versorgen. Die Abende verbrachte ich mit einer gesprächiger werdenden Wiebke, aber ihr Schweigen um das Thema, das sie wohl am meisten berührte, blieb. Oft dachte ich in den Wochen daran, was den Kirchenbossen in Lae vielleicht als neue Idee gekommen sein könnte, um mich hinzuhalten, fühlte aber tief in meinem Inneren eine gewisse Zuversicht, dass sich alles in die richtige Richtung fügen werde. Zu Ende der zwei Wochen verabschiedeten Amos und ich uns schmerzlos voneinander, wie zwei Kumpel, die eine gute Zeit miteinander verbracht hatten.

Leitung des Lutheran Guest House in Madang

Angekommen in Amron, lag für mich wie erwartet ein Brief von den Oberbossen in Lae. Man freute sich, mir mitteilen zu können … Ich rief bei Roswitha in Baitabag an und rief: „Ich habe die Stelle!" „Hast du jemals daran gezweifelt?", war die Gegenfrage. „Die müssten ja bekloppt sein, dich nicht zu nehmen!"

Das Wochenende verbrachten wir zusammen auf Sinub; immer wieder saß ich mit meiner Freundin nach dem Schnorcheln und Schwimmen zusammen, und wir sammelten Ideen für das Gästehaus. Manchmal gelang es mir sogar, innerlich von dem großen Ereignis der Übergabe Abstand zu nehmen, die in der übernächsten

Woche stattfinden sollte. Das war eigentlich nur möglich durch den Rückzug auf „die Insel, für die wir reif waren", wie wir es nannten.

Ich beobachtete Nele, wie sie ausprobierte, wie es sich verhält, wenn man keine Luft bekommt. Immer wieder legte sie, im seichten Wasser der Bucht sitzend, ihr Gesichtchen auf das Wasser, tauchte ein, prustete, probierte noch einmal und noch einmal. Sie spritzte sich mit der Hand Wasser ins Gesicht, merkte, dass sie dabei noch atmen konnte, und legte ihr Gesicht wieder sachte aufs Wasser. Jetzt konnte sie nicht mehr atmen, das musste daran liegen, dass ihr das Wasser den Zugang zum Atmen nahm. Vorsichtig ließ sie sich mit ihrem ganzen Körper in das Wasser gleiten, ihr Körper tauchte unter, ihr Gesicht glitt ins Wasser, sie wiederholte, und nun hatte sie es erfasst: mit dem Gesicht im Wasser bekam man keine Luft, man musste den Kopf herausheben, der Körper konnte ruhig im Wasser bleiben, dann klappte es.

Den Abend verbrachten wir wie immer vor einem Feuer sitzend, verträumt, vertraut, uns in unserem Sein zutiefst spürend. Am Sonntag ging ich ein letztes Mal vor der Rückfahrt zum Schnorcheln. Ich tauchte im hellen Sonnenlicht hinunter zu den in rosa Tönen schimmernden Korallen, wollte eine Tigermuschel holen, da wurde es plötzlich über mir schwarz: ein riesiger Schatten glitt über mich hinweg, kein Sonnenstrahl schickte mir Helligkeit. Voller Panik dachte ich an einen Haifisch, blickte hoch, meine Luft wollte schon ausgehen, da war der Schatten weitergezogen. Sonnenstrahlen glitzerten wieder im Wasser, ließen es in Facetten auffunkeln, ich strebte dem Licht, der Luft zu, und prustete oben das Wasser aus meinem Schnorchel. In einiger Entfernung sah ich ein Auslegerkanu mit Einheimischen, die in meine Richtung schauten, nahe neben mir schwamm ein riesiger dunkler Rochen, der Verursacher des Schattens. Die Einheimischen paddelten wie wild, näherten sich dem Rochen, und hatten ihn auch schon harpuniert. Am Strand zurück, bot sich ein unglaublicher Anblick: der getötete Rochen lag im Sand. Mit Abscheu und Entsetzen erkannte ich erst jetzt, dass er ein geradezu menschliches Antlitz hatte, verzogen zu einer schmerzlichen Grimasse. Auf der Rückfahrt nahm ich nichts von der mich umgebenden Schönheit in mir auf, und ich brauchte noch lange, bis ich den Anblick des Rochens vergessen konnte.

Ich verbrachte Tage mit dem Schmieden von Plänen für die ersehnte Leitung des Gästehauses, war aber letztlich völlig unvorbereitet, als es so weit war. Shirley erklärte mir das Buchungsbuch, ein Buch riesigen Ausmaßes, in dem zum jeweiligen Datum die einzelnen Zimmer des Hauses mit ihrer gebuchten Belegung eingetragen wurden. Nicht besonders viele Buchungen für die nahe Zukunft, stellte ich fest, dachte aber, na ja, Trockenzeit, erst mal muss ich Fuß fassen, es wird sich schon alles regeln. Wir marschierten zusammen zur Bank, um die Unterschriftsvollmacht für das Konto des Gästehauses auf meinen Namen umschreiben zu lassen. In der Kühle der klimatisierten Bank hörte ich, wie Shirley „cool" sagte,

Madang sei ihr ein Zuhause geworden, sie verlasse es nur höchst ungern, sie sei sogar mit der Kirchenleitung über eine mögliche Verlängerung ihres Vertrages in Verhandlungen. Ein Schauer überflog meinen Körper, eine innere Stimme in mir stöhnte auf, nur das nicht, verschwinden soll sie, hier will jetzt ich walten. Zurück im Gästehaus stellte sich heraus, dass sie keineswegs vorhatte, ihren Kontrakt zu verlängern. Sie erklärte mir das Abrechnungsbuch – rasch erkannte ich mit meinen buchhalterisch ungeübten Augen, dass hier etwas nicht stimmen konnte. Die Wäscheschränke befanden sich in einem unbeschreiblichen Zustand des Chaos, die Bettwäsche war großteils zerschlissen, die Handtücher waren steife, vom Meerwasser harte, durchlöcherte Lappen. So habe sie das übernommen, erzählte sie mir, nie sei genug Geld hereingekommen, um etwas Neues anzuschaffen. Mach dich endlich vom Acker, dachte ich ingrimmig, dieser Saustall soll ein anderer werden. Shirley stellte mir die beiden „boys", die ich sofort in *wokman,* Arbeiter, umbenannte, vor. Sie hießen typischerweise Jimmy und John, oder sie nannten sich nur so, um von den Weißen leichter eingeordnet werden zu können. John war ein gebürtiger Biliaumann, und als ich ihn in Graged mit „*Uza gauai*, guten Tag", begrüßte, das Z mit „Wasser im Zahn" gesprochen, hatte ich einen Verbündeten gefunden. Er wohnte mit seiner Familie in dem hinter dem Gästehaus gelegenen Haus, und seine Frau erledigte die Gartenarbeit um die beiden Häuser. Jimmy war ein Mann aus dem *Sepiksquatter,* einer Siedlung gleich hinter Madang von Leuten aus dem Gebiet des Sepikflusses, ein sanfter, friedlicher Mann, wie ich es mir von einem Sepikmann kaum erwartet hatte.

Endlich kam der Tag, an dem ich Shirley im Gästehausauto zum Flugplatz bringen konnte, und nach ihrem Abflug machte ich innerlich drei Kreuze. Das von ihr bewohnte Appartement, würde von nun an dem Gästehaus fünf Betten mehr bescheren, somit standen nun statt achtzehn, dreiundzwanzig Betten zur Verfügung. Gleich in der darauf folgenden Woche schickte mir die Kirchenleitung aus Lae einen Buchhalter, der mir beibringen sollte, wie die Abrechnungsbücher zu führen seien. Drei Tage lang schimpfte und fluchte dieser Amerikaner über die Buchführung meiner Vorgängerin, dann war er soweit, mich in die Geheimnisse einer korrekten Buchführung einweihen zu können.

Im Verlauf dieser Einweisung lernte ich eine völlig unerwartete Seite an mir kennen. Durch einen Mathematiklehrer im Gymnasium, der es genossen hatte, mich vor der Klasse „vorzuführen", hatte ich geglaubt, neben meinen musischen Fähigkeiten nichts an Können zur Verfügung zu haben. Von nun an machte mir „die Welt der Zahlen" richtiggehend Spaß, und mein Buchhaltungsbuch war, während mir John so manche Tasse Kaffee servierte, immer korrekt geführt.

Ich suchte die Großhandlungen der drei Supermärkte auf, die Madang zu bieten hatte, und stellte mich den Geschäftsführern als *manageress* des Gästehauses vor. Zu meinem Glück kannte „man" sich in einer kleinen Hafenstadt wie

Madang. Zwei der Geschäftsführer hatten ebenfalls Kinder in der Primary School, und so traf ich auf offene Ohren, als ich schilderte, wie ich das Gästehaus aus den roten Zahlen bringen wollte. Sie hörten mir aufmerksam zu, und ich wurde als kreditwürdig eingestuft. Ich erstand Bettwäsche, Handtücher und Stoffe und krempelte das ganze alte, verstaubte Gästehaus um. In Nagada bestellte ich bei *Kristen Pres,* der kirchlichen Druckerei, ein Dutzend Plakatfolien mit dem Aufdruck: „*Lutheran Guest House,* Übernachtung und Frühstück 10,- Kina, Preiswerte delikate Mahlzeiten, Telefonnummer … ". Dann machte ich mich ans Nähen. Die braungesprenkelten Vorhänge wichen solchen in Blautönen des Meeres, die tristen Polsterbezüge in der *lounge,* im Aufenthaltsraum, in dem die Gäste sich zu treffen pflegten, bekamen Bezüge in Pastelltönen. Mit Gert, dem deutschen Metzger, traf ich ein Abkommen, nach dem ich ein halbes Rind zerlegt zu einem Sonderpreis, da regelmäßig bestellt, bekam. Als die Plakatfolien fertig waren, klebte ich sie überall in Madang an, wo man es mir erlaubte. Zuallererst im Flughafen, dann an anderen auffälligen Orten, zu guter Letzt noch auf der Heckscheibe des Gästehausautos.

Nun war die Zeit des Wartens gekommen. Im ersten Monat war ich am Verzagen, denn die bereits eingetragenen Buchungen wollten sich partout nicht vermehren, noch immer schrieb das Gästehaus rote Zahlen. Im zweiten Monat kam ein Anruf des Landfrauenverbandes, die ein Ferienhäuschen in Madang führten, mit der Anfrage, ob ich einige ihrer überzähligen Buchungen übernehmen könne. Bitter dachte ich, die können sich vor Buchungen kaum retten, und ich darf hier von den Brosamen essen, die von der Reichen Tische fallen. Genau diese Gäste aber waren es, die durch Mund-zu-Mund-Propaganda eine Welle ins Rollen brachten.

Bald traute ich mich kaum mehr, das Gästehaus nach der Ankunft eines Flugzeugs aus Port Moresby zu verlassen. Ich legte mir die Flugpläne auf den Schreibtisch in der Gewissheit, dass kurz nach Eintreffen eines Flugzeugs das Telefon klingeln werde. Mit John und Jimmy traf ich eine Abmachung, dass jeder „Diensthabende" Anrufern am Nachmittag meine private Telefonnummer weiterzugeben hätte. Nachmittags nahm ich das Buchungsbuch mit nach Hause und von nun an stand unser Telefon in Amron kaum noch still. Die Trockenzeit neigte sich dem Ende zu, und als die Regenzeit voll einsetzte, war das Gästehaus zu Weihnachten und Neujahr bereits ausgebucht. In Amron begannen die Gurken, Tomaten und Bohnen zu reifen, im Gästehaus begannen meine Berechnungen Früchte zu tragen. Es kamen Gäste an, die erzählten, bereits in Port Moresby gehört zu haben, sie müssten unbedingt zu Gabi nach Madang, denn in ihrem Gästehaus gebe es die besten Gerichte, die man sich denken könne.

Ich begann, mir „die Seele aus dem Leib zu kochen". Auf dem Markt in Madang kaufte ich an frischem Gemüse und Obst ein, was die Saison hergab. Wenn ich mit einem riesigen, gefüllten *bilum* triefendnass geschwitzt vom Markt zurückkehrte, brachte mir John erst einmal eine Tasse Kaffee. Ich hatte im Essbereich der lounge einen Wasserkocher mit Pulverkaffee, Zucker und einem Hinweisschild aufgehängt, ein jeder möge sich aus dem Kühlschrank in der Küche mit Milch bedienen und merkte voller Genugtuung, dass diese Neuerung klappte. Die Gäste bedienten sich und legten getreulich ihre anstehenden *Toea* auf den bereitgestellten Teller.

Schon zum Frühstück servierte ich, was der Markt zu bieten hatte. Das wurde zum Markenzeichen des Gästehauses. Es gab neben dem üblichen Toastbrot und Cornflakes mit Milch, geeiste Papaya mit darübergeträufeltem Limonensaft, zum *lunch* kochten Jimmy, John und ich kleine Gerichte wie Käsemakkaroni mit einem köstlichen Karottenkrautsalat, den ich von Jimmy übernahm. Zum *dinner* bereitete ich alles so weit vor, dass John oder Jimmy nur noch aufwärmen, bereitstellen und servieren mussten. Wir arbeiteten Hand in Hand, und ich bin sicher, die beiden genossen das stetig belegte Gästehaus genauso wie ich.

Eines Nachmittags, als ich mit Gästen in der *lounge* zusammensaß, kam ein Paar herein, das bunter nicht hätte sein können. In schrill gemusterte Hawaiihemden gekleidet, wollten die beiden Amerikaner wissen, ob ich noch ein Zimmer frei hätte. Hatte ich leider nicht und verwies sie auf das *cottage,* das Landgästehaus der Landfrauenvereinigung. Am nächsten Morgen, gerade waren die Kinder in der Schule abgeliefert, meine Gäste saßen noch am Frühstückstisch und ich an meinem Schreibtisch über meinen Abrechnungen, kreuzte das bunte Paar wieder auf. Es stellte sich mir und den anderen Gästen als Julie und Mike vor. Ob ich denn heute ein Zimmer frei hätte, fragten sie. Ich hatte, und eine meiner „Gästinnen" meinte später, ich hätte dieses fordernde Verlangen besser abblocken sollen.

Die nächste Frage des Papageienpaares war, auf den Frühstückstisch deutend, ob dies ein für das Gästehaus typisches Frühstück sei. Ja, entgegnete ich, ich holte immer vom Markt, was er zu bieten hatte. Und, servierte ich auch Mahlzeiten für Vegetarier? wurde ich als nächstes gefragt. Nein, antwortete ich, aber das Essen wurde „familienmäßig" serviert, mit reichlich Gemüse, so dass jeder auf seine Kosten kommen sollte. Ich zeigte ihnen das einzige noch freie Zimmer, wobei sich die beiden über die nicht vorhandene Klimaanlage enttäuscht zeigten. Ein Stunde später kam Julie und beschwerte sich, dass die Toilette verstopft sei: „Ich habe schon in besseren Häusern gewohnt", rief sie laut im Aufenthaltsraum zu den anderen Gästen. Es stellte sich heraus, dass sie in der kurzen Zeit bereits eine halbe Rolle Toilettenpapier verbraucht und somit die Toilette selbst verstopft hatte. John murrte mich nach der Beseitigung der Verstopfung, direkt neben Julie stehend, in Tok Pisin an: „Das ist eine ungute Frau, wie konntest du die nur aufnehmen?" Ja, wie konnte ich nur?

Ich machte mich auf den Weg, meine Frischeinkäufe auf dem Markt zu erledigen, die Stimmen meiner Gäste noch im Ohr, die gewarnt hatten, dieses grelle

Paar passe nicht in unser Gästehaus, sie seien in ihrer fordernden Haltung unerträglich. Nach dem Lunch setzte ich mich an meinen Schreibtisch und schrieb auf ein Plakat, von nun an habe jeder Gast ein Schlüsselpfand von 10,– Kina zu entrichten. Allzu oft war es schon vorgekommen, dass Gäste mit ihren Zimmerschlüsseln abgereist waren und ich ihnen hinterherjagen musste; dem gedachte ich endlich entgegenzuwirken. An jedem Schlüssel brachte ich außerdem eine schwere Holzkugel an, damit auch wirklich kein Gast übersehen konnte, dass er noch ein Andenken vom Gästehaus bei sich trug.

Mit John bereitete ich das Dinner vor, wir nahmen aus der Gefriertruhe einundzwanzig Steaks, dazu sollte es ein Süßkartoffelsoufflé und Salat geben, für die beiden Vegetarier besprach ich mit ihm, könnte er Rühreier machen. Ein Anruf von Janna kam, ich solle aus der Videothek bitte die Fortsetzung eines Videos mit dem Titel … mitbringen. Anrufe dieser Art kamen ständig, und da sie mir seit der Übernahme des Gästehauses heimlich vorwarf, keine verfügbare Mutter zu sein, war ich stets eifrig bemüht, ihre Wünsche genau zu erfüllen. Auf dieser Schiene war ich am leichtesten verletzbar, denn welche Mutter möchte schon eine schlechte, vernachlässigende sein? Nachdem ich auch diesen Auftrag erledigt hatte, fuhr ich nach Hause.

An diesem Abend kamen die Anrufe der ewig Gestrigen. Das Gästehaus war längst für die Weihnachtsfeiertage ausgebucht, in der Hauptsache von weißen Mitarbeitern der Kirche, als es den Niuginis einfiel, sich um eine Unterbringung zu bemühen. Jedes Mal, wenn ich sagte, es sei kein Zimmer mehr frei, nicht ein einziges, kamen ungläubige Nachfragen. Aber auch auf die Gefahr hin, als Rassistin entlarvt zu werden, gab ich tief befriedigt immer wieder die gleiche Auskunft: mein Haus war wirklich ausgebucht.

Als ich am folgenden Morgen die Kinder in der Schule abgesetzt hatte, die nun immer von Roswitha oder Anne abgeholt wurden, betrat ich das Gästehaus, in dem wie gewöhnlich noch die Gäste beim Frühstück saßen. John kam aus der Küche geschossen und bedeutete mir, sofort mit ihm dort einzutreten. „So etwas habe ich in der gesamten Zeit, seit ich hier arbeite, noch nicht erlebt", erboste er sich. „Gestern Abend habe ich das Essen serviert, wie besprochen die einundzwanzig Steaks und Rühreier. Kaum stand es auf dem Tisch, da schnappte sich die ungute Frau die Platte mit den Steaks, legte sich und ihrem Mann eins auf den Teller, und die anderen Gäste mussten sich die restlichen Steaks aufteilen. Die waren ganz wütend", sagte er, „die sich zum Schluss die Rühreier teilen mussten". Ziemlich fassungslos hörte ich mir die Geschichte an, dann setzte ich mich an den Frühstückstisch und fragte erst einmal unschuldig, wie das gestrige Dinner angekommen sei. Ethel, die Frau eines P.B.T.-Mitarbeiters freute sich sichtlich über mein Nachhaken. Sie kam mit ihrer Familie aus dem Hinterland von Mount Hagen, endlich einmal hatten sie sich einen Urlaub gegönnt, und nun das. Die

Pioneer Bible Translators, eine Organisation von Bibelübersetzern, lebten mit den Einheimischen in ihren Dörfern unter einfachsten Umständen. Sie studierten die jeweilige Sprache, während sie das Stammesleben teilten, um später die Bibel in die Sprache zu übersetzen. Man konnte Ethel die entbehrungsreiche Zeit, die hinter ihr lag, ansehen. Mit deutlichen Worten beschwerte sie sich: „Dein Essen war wie immer lecker, nur haben diese beiden Vegetarier uns die Steaks weggefuttert und wir mussten uns an Rühreiern sattessen". Fragend schaute ich die beiden bunten Vögel an. „Well", wetterte Julie, „auch wir Vegetarier müssen unsere Proteine irgendwoher beziehen!" Diese Dreistigkeit raubte mir schlichtweg den Atem; vor so viel Ignoranz musste ich meine Segel streichen. Nur, als Julie und Mike ihren Aufenthalt vorzeitig wegen der „spürbaren Feindschaft von angeblich christlich gesonnenen Menschen" abbrachen, gab ich mir nicht díe geringste Mühe, meine offenkundige Erleichterung zu verbergen.

Das folgende Weihnachtsfest habe ich in der Hauptsache mit Kochen verbracht, abgewechselt durch Besorgungen erledigen, und am Telefon beteuern, dass wirklich keine Zimmer mehr frei seien. Fast täglich riefen Amos, der zu den Ferien gekommen war, und Janna im Gästehaus an, um mir ihre Mitbringwünsche mitzuteilen. An Heiligabend kam ich völlig ausgelaugt zu Hause an, die Kinder stürmten auf mich zu: meine Mutter hatte ein Paket mit Plätzchen zusammen mit einem wahren Roman geschickt, da ich Rabenmutter ja nicht die Zeit für solche, einer Mutter anstehenden Dinge hätte. Janna erzählte mir, beim Schmücken des Weihnachtsbaums habe sie sich an letztes Jahr erinnert. Endlich habe sie die Kassette mit der Orffschen Weinacht aufgelegt, dann hätten sich auch bei ihr die ersehnten Weihnachtsgefühle eingestellt. Unter dem Baum, den Michael mit Amos aufgestellt hatte, saßen wir noch eine Weile bei Plätzchen, wobei ich bald eingeschlafen sein muss. Am ersten und zweiten Weihnachtstag zeigte ich alle meine Kochkünste, meine Gäste waren begeistert, ich fiel abends todmüde ins Bett – für meine Kinder war ich nicht wirklich ansprechbar, aber die hatten ja zumindest einander wieder. Im Januar überwies ich von meinem erwirtschafteten Profit die Kredite an die Geschäftsführer der einzelnen Großmärkte zurück. Im Februar konnte ich der Kirchenleitung in Lae stolze zweihundert Kina überschüssiges Geld überweisen, es reichte trotzdem noch für notwendige Neuanschaffungen.

In der Folge hatte ich Gäste aus aller Herren Länder zu betreuen. Die kirchlichen Mitarbeiter waren mir ein besonderes Anliegen, vor allem die Außenstationsleute, von deren Alltagsleben und Isolation ich nur zur Genüge wusste. Ich hatte Gäste, die, neu im Lande, eine Art Orientierungszeit für „Dienste in Übersee" bei mir verbrachten. Viele der unter Fremdheitsgefühlen leidenden Neuankömmlinge lud ich ein, uns in Amron zu besuchen, und dort versuchte ich, ihnen die Augen für die Schönheit um uns herum zu öffnen. Vor allem die Frauen erinnerten mich an mein eigenes Gefühl der Verlorenheit, als ich vor grauen Zeiten neu in dieses Land gekommen war. Häufig meinte ich, einen Kulturschock bei den neu Angekommenen zu erkennen. Die Rucksacktouristen, die mit echtem Interesse am Lande und an der einheimischen Bevölkerung Niugini bereisten, schloss ich besonders ins Herz. Sie mochten aus Amerika, Australien, Neuseeland, Israel, Japan oder Europa kommen – ihnen war ein tiefes Interesse gemeinsam, Land und Leute kennenzulernen. Oft saßen wir im Aufenthaltsraum zusammen. Sie erzählten von sich, wie sie dazu gekommen waren, ausgerechnet dieses Land zu bereisen, wollten immer viel wissen, stellten Fragen, die ich mir selbst noch nie gestellt hatte. Sie forcierten mich, meine Einstellung zu diesem heißen Land zu hinterfragen, sie stellten in Frage, fragten nach, die Gespräche waren ein Geben und Nehmen. Endlich kam ich nun dazu, meinen Satz „Ich bin nicht die mürrische holländische Dame" zu sagen. Eines Nachmittags betrat ein bärtiger Rucksacktourist das Gästehaus, der ein kleines Buch bei sich hatte. Er schaute mich vorsichtig fragend an und wollte wissen, ob noch ein Zimmer frei sei. Der junge Australier zeigte mir später seinen Reiseführer relativ neuen Datums, in dem das Gästehaus als recht gute, preiswerte Unterkunft beschrieben wurde, das von einer mürrischen holländischen Dame geführt werde, wodurch man sich aber nicht abschrecken lassen solle.

Eine andere Art, zu reisen

Im Februar fühlte ich mich vollkommen ausgelaugt, denn mein Gästehaus war fast durchgehend ausgebucht, so dass auch unser Telefon zu Hause läutete und läutete. Ich, die ich mich so tief nach einer eigenen Aufgabe gesehnt hatte, musste eingestehen, dass meine Kraftreserven aufgebraucht waren. Eines Sonntags trafen wir uns mit Roswitha und Jochen mit all unseren Kindern in Nagada zum Baden. Sam, der Amerikaner, der mich anfangs in die Buchführung im Gästehaus eingewiesen hatte, trat dazu. Er war inzwischen Leiter von *Kristen Pres,* der Druckerei in Nagada. Als wir beim Kaffee am Strand zusammensaßen, entfuhr mir auf Englisch ein ziemlich bescheuerter Satz über meinen Gemütszustand, von dem ich nicht weiß, wie ich ihn übersetzen soll. Der Satz lautete in etwa so: „Ich funktioniere eigentlich nur noch". Roswitha und Sam konnten fast nicht mehr mit dem Lachen aufhören, „Du meinst, Du funktionierst nur noch, aber jetzt willst Du auch noch überfunktionieren!", riefen sie prustend. Ratlos schaute ich sie an, ich wusste nun ganz sicher, dass ich Urlaub brauchte, denn wenn mich auch noch meine Sprache im Stich ließ, war es Zeit zum Ziehen der Notbremse.

Anne erbot sich, das Gästehaus für eine Woche zu übernehmen, Michael traute sich eine Woche alleine mit Janna zu, sie hatten es schließlich schon zwei Wochen geschafft, als ich in Onerunka war. Ich telefonierte mit Marina und Gunnar, und am Montagmorgen in aller Frühe brachte mich Michael nach Madang. Ich wollte zum ersten Mal mit einem PMV, *Public Motor Vehicle*, einem Bus, die Fahrt von Madang nach Lae antreten. Aus Berichten unserer Studenten wusste ich, dass die PMVs immer nur vollbeladen ihre Fahrt antraten, sie nannten es „yumi bateri", wir fahren eng zusammengedrückt wie Batterien in einem Apparat.

Diese Fahrt wurde zu einem der bizarrsten Erlebnisse, das ich je hatte. An der Stelle in Madang, an der die Reisewilligen sich einfanden, waren bei unserer Ankunft nur Einheimische zu sehen. Da waren bunt durcheinandergewürfelte Männer in *laplaps,* in shorts oder im Lendenschurz, daneben Frauen, die teilweise Grasröcke trugen, oder ebenfalls *laplaps.* Neben sich hatten sie *bilums,* prallgefüllt mit Gemüse stehen. Als der Bus kam, wurde erst einmal das Gepäck in seinem „Bauch" verladen. Ein Mann, den ich dem Sepikgebiet zugehörig einordnete, wehrte sich energisch, einen zugeschnürten Jutesack, den er bei sich hatte, im Bauch des Busses verstauen zu lassen. Er schimpfte mit dem Busfahrer herum, bis dieser aufgab, und ihn mitsamt Sack in den Bus steigen ließ, wo er gleich ganz nach hinten auf die letzte Sitzbank zusteuerte.

Auf einem Platz in der Mitte des Busses fand ich mich eingekeilt in einer Dreierreihe zwischen zwei Frauen. Die eine bot mir gleich Betelnuss an, was ich dankend ablehnte, weil ich den Geruch der sich mit dem Kalk verbindenden Betelnuss nicht ausstehen konnte. Mit der anderen Mama teilte ich bald ihre mitgebrachten Sagokuchen und mein abgefülltes *muliwara,* ein Limonenwassergetränk, das so ziemlich überall in Niugini getrunken wurde. Übereinstimmend lehnten alle Passagiere das Einschalten der Klimaanlage im Bus ab, so dass die Betelnusskauenden ihren roten Brei immer, tief aus den Fenstern gebeugt, ausspucken konnten. Die Mamas, von denen ich mich schützend umringt fühlte, waren bald in einer lebhaften Unterhaltung miteinander. Ohne jegliche Vorurteile wurde ich miteinbezogen, mein Tok Pisin gefiel ihnen, und ohne, dass ich es bewusst wahrgenommen hatte, waren wir im Ramutal angekommen.

Unvermittelt hörte ich die neben mir am Mittelgang sitzende Mama „Eh, puk puk!" schreien, und sah, auf den Gang blickend, dort kleine, vielleicht fünfzig Zentimeter lange Krokodile rennen. Sofort nahm ich in einer Schutzhaltung meine Füße hoch, auf das Unfassbare starrend – so klein die Dinger waren, ich hatte eine tiefsitzende Angst vor ihnen. Die Mama am Fenster murmelte etwas von „brauchst dich nicht zu fürchten, sind ja noch klein", aber ich starrte wie gelähmt auf die „Ungeheuer". Ein großes Gezeter hob im Bus an. Der Besitzer des Sackes auf der hintersten Sitzbank wurde von allen Seiten belehrt und beschimpft, bis er alle *pukpuks,* Krokodile, wieder eingesammelt und den Sack, dieses Mal hoffentlich sicher, verschnürt hatte.

Die Mamas erzählten mir auf der Weiterfahrt, dass sie regelmäßig mit ihrem Gemüse den Markt in Lae beschickten. Selbst unter Berücksichtigung der

Fahrkosten bleibe noch genügend Profit. Eine der Mamas, die auf der anderen Seite des Mittelganges saß, beugte sich zu mir herüber und sagte: „Eine Frau fährt gar nicht mehr mit, die hat schon so viel verdient, dass sie lange zu Hause bleiben kann. Die ist richtig reich geworden und hat hundert oder tausend Kina gespart!" Da war er wieder, erkannte ich amüsiert, der Niugini-Umgang mit Zahlen oder mit Zeit. *Wan handred o wan tausen samting*, einhundert oder tausend etwas, jedenfalls eine Stange Geld.

Im Markhamtal erstarben unsere Gespräche, denn es war stickigheiß, die Erde staubtrocken, so dass wir immer wieder kleine Schlucke aus unseren Getränkeflaschen nippten. Die Landschaft, die ich auf unseren Autofahrten so genossen hatte, flog unbeachtet an mir vorbei, während sich auf mich und auf alle anderen Passagiere eine immer dickere Staubschicht legte. Bei der Ankunft in Lae schaute mich die Mama vom Fenster an und lachte: „Jetzt sehen wir alle, ob schwarz oder weiß, aus wie *tumbuna,* wie Ahnen!" Marina und Gunnar erwarteten mich an der Bushaltestelle. In ihrem Haus stellte ich mich erst einmal lange, lange voller Genuss unter die „Nichteimerdusche".

Die Woche in Lae verbrachte ich entspannt in dem Bewusstsein, Urlaub von meiner Arbeit zu haben. Morgens durfte ich beliebig lange schlafen, nachmittags gingen wir bei Paulchen Eiskaffee trinken und lauschten dem neuesten Klatsch von Lae, den Paulchen wusste. Er berichtete von Rudolf, einem Deutschen, der für die GTZ, Gesellschaft für Technische Zusammenarbeit, als Entwicklungshelfer tätig war. Die Angestellten dieser Organisation pflegten wir Missionsleute als Bonzen zu bezeichnen, da sie überdurchschnittlich gut für ihre Arbeit bezahlt wurden. Rudolf habe gerade Besuch von seiner Freundin aus Deutschland, wusste Paulchen zu berichten, und die sei so schockiert über die Hygiene in diesem Land, dass sie einen Waschtick entwickelt habe. „Den ganzen Tag läuft bei ihr die Waschmaschine", kicherte Paulchen, „sie wäscht Bettwäsche und Handtücher jeden Tag. Sie hat so viel Wasser verbraucht, dass Rudolf letzte Woche von der Stadt das Wasserauto kommenlassen musste! Und man weiß ja, was das kostet!" Ich für meinen Teil wusste noch nicht einmal, dass es so etwas wie ein Wasserauto überhaupt gab, wir hatten mit unserem Regenwasser auszukommen, basta.

Marina gab zu erkennen, dass sie mich um meinen neuen Job regelrecht beneidete. „Mir bleiben immer nur die alten deutschen Ks, Kinder, Küche, Kirche", meinte sie traurig. „Für mich gibt es auf die Dauer kein Bleiben in diesem Land, ich will weg von dieser stampfenden, dumpfen Gesellschaft hier". Auch längere Gespräche, in denen wir gemeinsam versuchten, Perspektiven zu finden, die einen Aufenthalt in Niugini erstrebenswert erscheinen ließen, änderten nichts an ihrer Abwehrhaltung gegenüber einem Land, das zu verlassen ich mir gar nicht mehr vorstellen konnte. Am Ende der Woche fühlte ich mich wieder tatendurstig und freute mich auf Michael und Janna und auf mein Gästehaus. Die Rückfahrt im Bus wurde genauso staubig wie die Anfahrt, nur, dass wir dieses Mal schon viel früher wie *tumbuna,* wie Ahnengeister aussahen. In Madang erwarteten mich Michael und Janna mit meinen Badesachen im Auto. In Nagada war erst einmal Badepause, bevor wir den Hügel hinauf zu unserem wunderschönen Amron fuhren.

Ich war richtig aufgeregt, als ich am nächsten Morgen mein Gästehaus betrat. Fast nur fremde Gesichter blickten mir vom Frühstückstisch entgegen, dafür begrüßten Jimmy und John mich, als sei ich monatelang weggewesen. Anne hatte mir alles sauber hinterlassen, und so konnte ich das Haus wieder leicht übernehmen. Mit der Zeit stellte sich ein neuer Tagesrhythmus ein, ich kaufte auch weiterhin ein, was der Markt zu bieten hatte und bekam von John bei der Rückkehr eine Tasse Kaffee gereicht. Aber die früher so nervösmachende Buchführung fiel mir inzwischen so leicht, dass ich nach dem Markteinkauf nur noch mit Jimmy oder John einen Lunch vorbereitete. Danach ging ich mit ihrem Segen während meiner Mittagszeit im Pool des Madang Hotels zum Schwimmen.

Oft traf ich auf Peter Barton, den Besitzer des Hotels, wobei wir uns scherzhaft über die Belegung „unserer" Häuser austauschten. Selbstverständlich waren unsere Häuser in keinster Weise miteinander vergleichbar: das Madang Hotel war ein riesiger Komplex, alle Zimmer mit Klimaanlage, es war das erste Hotel in der Hafenstadt. Mein Gästehaus hatte noch nicht einmal ein Viertel der Zimmer zu bieten, und in ihnen rührte gerade mal ein Ventilator die warme Luft durcheinander. Aber wir begegneten einander mit gegenseitiger Achtung. Peter wusste, dass mein kleines, bescheidenes Gästehaus auch in Touristenkreisen einen guten Ruf erworben hatte, nicht zuletzt durch meine anerkannt gute Küche. Er hatte einen Sohn in Amos` Alter, der zeitgleich auf ein Internat in Sydney gekommen war, so dass wir uns offen über den unerwarteten Trennungsschmerz ausgetauscht hatten. Peters Frau Jan arbeitete, wie ich wusste, auf seinem Katamaran *Melanesian Explorer,* einem Kreuzfahrtschiff, als Kreuzfahrtleiterin für die von ihm aufgebaute, landesweit bekannte Reisegesellschaft *Melanesian Tours.*

Peter`s Chefkoch John hatte ich vor einiger Zeit, als im Madang Hotel an einem Wochenende mit „Deutscher Küche" als Zugpferd geworben wurde, Rezepte geliefert, nach denen er ein fränkisches, leckeres Hochzeitsessen hätte zubereiten können, wie es meine Gäste des öfteren serviert bekamen. Was John daraus gemacht hatte, war schlichtweg eine Katastrophe. Wir waren eigens am Sonntag zum Dinner ins Madang Hotel gegangen, da ich sehen und schmecken wollte, was John aus meinen detailliert beschriebenen Rezepten gemacht hatte. Die Suppe war fade, die Leberklößchen in ihr schwammen verkocht in Einzelteilen darin herum, der Tafelspitz war zu harten Scheiben zerkocht, die dazu gereichte Meerrettichsauce war klumpig und ohne jeglichen Pfiff. John sagte, den Kopf aus der Küche herausstreckend, vorwurfsvoll: „Du hättest eben kommen sollen, gemeinsam wäre vielleicht etwas Besseres aus deinen Rezepten geworden!" „Ja, hättest du mich nur mal gerufen, ich wäre schon gekommen oder ich hätte dir einen meiner Mitarbeiter geschickt!", antwortete ich lachend.

Im Pool des Madang Hotels schwamm ich mir ganz unerwartete Muskeln an, täglich steigerte ich meine Poollängen um eine weitere, und ich genoss die Erstarkung meines Körpers. Nach Essen war mir in der brütenden Mittagshitze ohnehin nicht zumute, so dass es mich jeden Mittag zu diesem von Meerwasser gespeisten Pool zog.

Reiseleitung für Touristen durch Niugini

Eines Mittags erwartete mich Peter bereits und berichtete von einer deutschen Reiseagentur, die sich Studien- und Erlebnisreisen in alle Welt auf die Fahne geschrieben hatte. Es handle sich um ein renommiertes Unternehmen, dessen seit Jahren in Niugini erprobte Reiseleiterin leider plötzlich erkrankt sei. Ob ich vielleicht mit meinen Erfahrungen, die ich inzwischen mit Touristen gesammelt hatte, und mit meinem Hintergrund an Wissen über das Land, die Begleitung einer deutschen Gruppe übernehmen wolle? Ich wollte schon bei seinen ersten Worten sofort, und wie ich wollte! Unvermittelt war in mir das Bedürfnis, ja, eine regelrechte Gier geweckt, mein geliebtes Niugini einmal mit ganz anderen Augen zu sehen. Er hatte auch noch von einer Bezahlung gesprochen, aber das war an mir vorbeigerauscht. Ich habe es, glaube ich, geschafft, gelassen zu wirken, und mir mein Frohlocken über das Angebot nicht anmerken zu lassen. Ich müsse das noch mit meinen Vorgesetzten in Lae absprechen, und natürlich mit meinem Mann und meiner Tochter, aber schon bald wolle ich ihm Bescheid geben, meinte ich locker. Hätte ich auch nur den Hauch einer Ahnung gehabt von dem, was auf mich zukommen würde, wäre ich mit Sicherheit weniger locker gewesen.

Als ich vor einigen Wochen meine Schatztruhe sichtete, fiel mir unter anderem auch die Reisebeschreibung der Tour in die Hände, bei der ich zum ersten und letzten Mal in meinem Leben als Reiseleiterin fungierte. Beglückt glaubte ich, nun könne mir nichts mehr passieren; das werde meine Erinnerungen schon beflügeln. Ich fand sogar einen kleinen Block mit vertraulichen Notizen, die mir Jan als Leiterin der Kreuzfahrt überlassen hatte. Bei der Beschreibung der Ankunft in Finschhafen hatte sie hinzugefügt „ein Ort, den du selbstverständlich kennst", und ich erkannte mit Erstaunen, dass ich in Niugini einen besseren Ruf gehabt haben musste, als mir bewusst war. Seltsamerweise fand ich auch ein Telefax der deutschen Reiseagentur an Melanesian Tours, bei dem mir fast die Spucke wegblieb. Da schreibt eine Ellen im Namen einer Agentur, die für ihre Studien- bzw. Erlebnisreisen horrende Summen verlangt: … an den Tagen, die unterstrichen sind, akzeptieren wir *kein* Lunch, nur Frühstück und Dinner. Bitte teilen Sie uns mit, welche Summe wir für fünf Mal Lunch von der Gesamtsumme abziehen können. Na

Bravo, dachte ich, als ich auch noch den Vorschlag las, dass ich als Reiseleitung eine Kabine mit einer alleinstehenden Dame hätte teilen sollen. Nur Jan hatte ich zu verdanken, dass mir dies erspart blieb.

Michael und Janna waren natürlich dafür, dass ich die Gelegenheit wahrnahm, Niugini einmal aus einer ganz anderen Perspektive zu sehen und auch noch dafür entlohnt zu werden. Ein Anruf in Lae bei meinen Vorgesetzten ergab eine Erlaubnis, die Reise anzutreten unter der Voraussetzung, eine geeignete Vertretung zu finden. Anne stimmte sofort zu, mich im Gästehaus zu vertreten, da sie ihr Fernstudium beendet hatte und nun auf eine Anstellung in der *Primary School* wartete. Von Peter`s Agenturleiter bekam ich die Beschreibung der Reiseroute, eine Liste mit den Namen meiner Reisegruppe und ein Flugticket nach Port Moresby. Ich rief noch bei Willi in Port Moresby an, der dort als Stadtmissionar arbeitete sowie bei Ulrich in Goroka, seit einem Jahr Referent am dortigen Melanesischen Institut. Von beiden erhielt ich eine Zusage, jeweils an den Abenden des Aufenthalts mit meiner Gruppe in ihrer Stadt, einen Vortrag über Niugini mit seinen Chancen und Problemen zu halten. Derart gestärkt, flog ich an einem Sonntagabend im Februar nach Port Moresby, da ich tags darauf schon um neun Uhr morgens meine Reisegruppe in Empfang nehmen sollte.

Im Islander Hotel der Stadt lernte ich gleich beim Einchecken an der Rezeption Wilma, eine einheimische junge Angestellte des Hotels, kennen, die über die Erkrankung der eigentlichen Reiseleiterin Bescheid wusste und mir gleich ein paar Ratschläge im Umgang mit deutschen Touristen erteilte. Aus der Reservatenkammer brachte sie mir ein Schild mit dem Namen „meiner" Reiseagentur in großer Schrift, womit ich am nächsten Morgen meine Gruppe am Flughafen abholen sollte. Sie trug mich noch für den Weckdienst ein, machte mich Weiße aber darauf aufmerksam, dass man im Hotel zwar bemüht sei, solchen Service anzubieten, ich mir aber bewusst machen solle, in einem Land zu sein, in dem die Uhren etwas langsamer tickten. Als ich daraufhin meine drei Jahre Buscherfahrung erwähnte, meinte sie lachend: „Siehst du, jetzt hast du Rassismus einmal anders herum erlebt!"

Am nächsten Morgen klappte es natürlich nicht mit dem Weckdienst, aber in meiner Aufregung saß ich trotzdem um halb acht Uhr beim Frühstück, um dann pünktlich um neun Uhr meine Reisegruppe am Flughafen zu erwarten. Nervös las ich noch einmal die Namensliste durch, Wilmas Stimme vom Vorabend im Ohr, die gesagt hatte, die Deutschen seien die schwierigsten Touristen, vielleicht, weil sie den weitesten Weg hinter sich hatten. Es „doktorte" gewaltig auf der Liste, zwei Ehepaare hatte ich zu erwarten, vier alleinreisende Männer, und eine Singlefrau. Pünktlich, wie Air Niugini war, landete das Flugzeug aus Singapore. In mir flog noch ein Erinnerungsfetzen vorbei, in dem ich Michael Somare, den damaligen Premierminister des Landes, sah, wie er bei irgendeinem Inlandflug das Flugzeug rasch und unvermittelt verließ, weil er bemerkt hatte, dass der Pilot ein Einheimischer war.

Dann kamen die Menschen an, mit denen ich die nächsten drei Wochen auf engste Weise verbringen würde. Zwei ältere Ehepaare, vier Männer etwa in meinem Alter, und eine ältere Dame von schätzungsweise siebzig. Sie zeigten sich ziemlich enttäuscht, dass ich nicht die von ihrem Reiseveranstalter avisierte Reiseleiterin war. Eifrig versuchte ich, ihre Bedenken auszuräumen, da ich Land und Leute durch meinen Aufenthalt im Lande gut kannte. Von den Vorträgen, die ich organisiert hatte, berichtete ich, wobei gleich heute Abend der erste stattfinden sollte – sie schauten mich frustriert-fragend an. Im Islander Hotel wurden die Zimmer belegt. Beim Lunch ergab sich eine lebhafte Unterhaltung über dieses heiße Land, das die Gruppe nun gemeinsam bereisen sollte. Als ich hörte, welche Länder die Mitglieder meiner Reisegruppe bereits bereist hatten, fühlte ich mich etwas entmutigt, wie eine Landpomeranze, die sich gerade mal in Südostasien ein wenig auskannte.

Nach dem Lunch war eine Stadtrundfahrt durch Port Moresby angesetzt, bei der ich beschämt zugeben musste, dass sie auch für mich neu war, danach ein Besuch des Nationalmuseums. Am Abend kam Willi ins Hotel und hielt einen ausgezeichneten Vortrag über das Leben in Niugini zwischen Steinzeitalter und Postmoderne. Dass er das ehrenamtlich und mir zuliebe tat, wurde von der Gruppe billigend als ihr gutes, ihr zustehendes Recht aufgenommen.

Ich musste gleich am ersten Abend erkennen, mit welcher Spezies Mensch ich es zu tun hatte: hier waren Landsleute, die glaubten, die Welt gesehen zu haben. In ihnen war keinerlei Bewusstsein dafür, dass sie jeweils nur aufgenommen hatten, was ihr Reiseveranstalter für sehens- oder vermittelnswert hielt. Sie hatten Länder bereist, von deren Existenz ich nur am Rande einmal gehört hatte, und ich fühlte mich wieder so richtig als *buskanaka* bei ihren eifrigen, einander übertönenden Erzählungen. Für solche Menschen konnte nicht zählen, dass ich im Busch gelebt hatte, und schon gar nicht das „Wie"; sie wollten für das viele Geld, das sie bezahlten, Exotik pur aufgetischt bekommen, und zwar nach Möglichkeit auf silbernen Tellern. Oh, Wilma, dachte ich, sie haben den weitesten Weg zurückgelegt …

Am nächsten Morgen flogen wir um sieben Uhr nach Losuia auf Kiriwina Island, der Hauptinsel von den vielen kleinen Inseln der Trobriander-Gruppe. Von dort durchquerten wir mit einem Bus die Insel bis Kaibola, wo wir das Kreuzfahrtschiff *Melanesian Explorer* bestiegen, und wo wir auf eine amerikanische Reisegruppe stießen, die bereits von Madang hierher gesegelt war. Wir lernten die „crew" des Boots kennen: Kapitän Linus, der Koch Boaz, beide von den Trobrianderinseln, der Steward James aus dem Sepikgebiet, und andere, die sich um die Reisegesellschaft bemühten – ein buntgemischtes Trüppchen. Mich erkannten sie sofort als *wantok* an, als sie merkten, dass ich Tok Pisin sprach. Jan war eine ausgezeichnete Kreuzfahrtleiterin; jeden Abend bereitete sie die Gruppen auf den nächsten Tag vor. Sie beschrieb die uns erwartenden Ereignisse und Orte in anschaulichen, farbenfrohen Worten, ließ dabei immer wieder pikante, kleine Details einfließen, die nur ein Insider wissen konnte, um die Vorfreude zu wecken. Gleich am ersten Abend kam Frau Macks, die ältere Singledame meiner Gruppe, auf mich zugestochen und forderte wutbebend von mir: „Das kann ich Ihnen sagen, Sie sind ungefähr meine hundertste Reiseleiterin. Ich erwarte von Ihnen bei solchen Vorträgen, dass Sie neben mir sitzen und mir Wort für Wort übersetzen!" Die anderen Mitglieder der Gruppe meinten, ich solle lieber von meinen Erfahrungen im Lande berichten – so waren von nun an meine Abende ausgefüllt mit der Übersetzung von Jans Rede, dann einem kleinen Vortrag über meine Erlebnisse in Niugini. Hernach hatte ich schon den Vortrag für den nächsten Abend auszuarbeiten, denn tagsüber waren wir mit Besichtigungen beschäftigt.

Ein Ehepaar meiner Reisegruppe wurde schnell zu meinem Beschützerpaar. Beide waren Ärzte aus Bayern, noch dazu mit einem „von" vor ihrem Namen – sie waren ein so erfrischend natürliches Paar, nannten einander „Oide und Oida", bei ihnen fühlte ich mich richtig aufgehoben, wenn mich wieder einmal Frau Macks in ihrer unschönen Art gedemütigt hatte. Sie boten mir das „Du" an, und schon bald nannten Ina und Max diese Frau eine alte Hexe, und die Gruppe tat es ihnen flugs nach.

Ich möchte nicht pauschal die deutschen Reisenden aburteilen als Kulturbanausen, denn es waren auch ausgesprochen aufgeschlossene Menschen in meiner Gruppe, aber die wenigen, die ignorant und blasiert über die Schönheiten des Landes hinwegsahen, beherrschten die Reisegruppe eindeutig. Auf den Trobrianderinseln plapperten sie von Galapagos, im Sepikgebiet vom Amazonas, ansonsten „sahen" sie mit ihren allzeit gezückten Kameras, so dass ich oft meinem amerikanischen Kollegen Mark neidvolle Blicke zugesandt hatte, wenn seine Gruppe vor Begeisterung sprühte.

Was Jan uns als Kreuzfahrtleiterin bot, war bis in die kleinsten Einzelheiten durchdacht und auf Reisende zugeschnitten, die eine Studienreise gebucht hatten. Die Wanderungen zu den Sehenswürdigkeiten dauerten fast nie länger als eineinhalb Stunden, unterwegs wies sie auf Besonderheiten in der Natur hin wie einen Lippenstiftbaum, aus dessen Samenschale ein roter Farbstoff gewonnen wurde, der tatsächlich für Lippenstifte Verwendung fand. Oder sie erwähnte die Haltbarkeit von Yams im Vergleich zu Süßkartoffeln, nämlich zwölf Monate, während Bataten sich nur drei bis vier Wochen hielten.

Wir badeten an Traumstränden, wurden hingewiesen auf die besten Gelegenheiten zum Schnorcheln, wir „duschten" in einem Wasserfall – Bilder, die sich mir unvergesslich eingegraben haben. Auf Kailuna lernten wir die Schwiegerltern von

Kapitän Linus kennen; der Schwiegervater war „chief" seines Stammes. In Madang hatte ich immer Linus` schöne Frau bewundert, jetzt verstand ich, warum. Das alte Paar hatte mit seinen fein modellierten Gesichtern eine unglaubliche Ausstrahlung von Würde.

Von den Trobrianderinseln segelten wir zu den Inseln der D`Entre Casteaux-Gruppe, meist schroff aus dem Meer ragende, unvermittelt fünfzig Meter hohe kleine Koralleninseln, die Menschen eindeutig polynesischen Ursprungs mit weichen Locken und meist schön geschnittenen Gesichtern. Jan berichtete von höchst freizügigen Sexualpraktiken des Inselvolks, die Mädchen seien ab etwa elf Jahren bereits geschlechtsreif, und in der matrilinearen Gesellschaft suchten sie ihre Sexualpartner selbst aus. Falls möglich, sollten wir ein solches Ritual der Partnersuche auf dem Schiff vorgeführt bekommen – ein faszinierendes, unvergessliches Ritual. Dabei säßen sich Mädchen und junge Männer in Reihen einander gegenüber und rieben ihre Gesichter aneinander, bis sie in Trance versanken. Am Ende eines solchen *Singsings* hätten sie dann ihre Partnerwahl getroffen.

Wieder verbrachten wir Tage, die perfekter nicht hätten organisiert hätten sein können. Besuche in Yamgärten und Dörfern wechselten einander ab mit herrlich weißen Stränden sowie Bade- und Schnorchelmöglichkeiten. Überall auf den Inseln boten die Bewohner exquisite Schnitzereien aus Ebenholz feil; vor allem die *fucking pigs* begleiteten mich noch lange. Kaum hatte ich mich auf einer der immer relativ kurzen Wanderungen einmal in die Büsche verdrückt, um mein Geschäft zu verrichten, schon stand wieder ein Mann mit aufdringlichem Grinsen vor mir, der ein *fucking pig* verkaufen wollte.

Zu Ende eines solchen Tages gestand sogar Michael, ein Kriminalpolizeichef aus dem Saarland, ein, seit dem Roten Meer noch nicht so gut geschnorchelt, nein, überhaupt noch nie so intakte Korallenriffe gesehen zu haben. Ina und Max grinsten mich bei diesen Worten an, denn beim Schnorcheln war uns nicht entgangen, dass Michaels blonde Haarpracht eine Perücke war. Als ich später mit James, dem Steward, bei einer unserer Unterhaltungen in Tok Pisin über die Perücke sprach, meinte er nur: „Das hätte ich dir gleich sagen können, dass der falsche Haare hat! Ich arbeite jetzt seit vier Jahren auf diesem Boot, die Tricks der Weißen habe ich schnell erkannt."

An einem Abend hatte Jan es „geschafft": eine Gruppe Jugendlicher kam an Bord, um uns dieses faszinierende Ritual der Partnersuche vorzuführen. Junge Männer, in Jeans oder *laplaps* und schmuddelige T-Shirts gekleidet, und Mädchen in Grasröcken setzten sich einander gegenüber, sangen lustlos irgendetwas vor sich hin, und begannen, ihre Gesichter aneinander zu reiben, von „in Trance geraten" war keine Spur zu entdecken. Aber Frau Macks war tief beeindruckt. Neben mir hörte ich Mark, meinen amerikanischen Kollegen begeistert sagen: „Das sind Teenager, einfach nur Teenager!" Das waren sie wirklich. Was hier abgezogen wurde, war eine traurige Show, die vielleicht in grauer Vorzeit einmal eine kultische Bedeutung gehabt haben mochte, aber jetzt versuchten eindeutig ein paar junge Menschen ein Ritual vorzuführen, zu dem sie keinerlei inneren Bezug hatten. Diese Erkenntnis behielt ich wohlweislich für mich, denn schließlich waren wir auf einer Studienreise …

In der Nacht darauf segelten wir nach Tufi. Jan hatte auf die Wasserknappheit des Kreuzfahrtschiffes hingewiesen, das erst in Finschhafen wieder Wasser aufnehmen könne, und gebeten, das Duschen auf ein Mindestmaß zu beschränken. Wieder hatte sie uns zu einem Wasserfall zum Duschen geführt, wobei ich war mir nicht sicher war, ob der Grund wirklich Wassermangel war, oder ob uns noch etwas Exotik geboten werden sollte. Auf Tufi sollten uns die Amerikaner verlassen und nach Port Moresby fliegen, um ihre Heimreise anzutreten. Am Morgen hörte ich alle Amerikaner ausgiebig duschen, und als ich beim Frühstück zu Jan darüber sprach, meinte sie, das sei ihr von vornherein klargewesen, obwohl sie uns am Vortag in Wasserfällen habe duschen lassen.

Bei Tufi ankerten wir in einem wunderschönen Fjord und besuchten auf der Vulkaninsel den bunten Markt, auf dem neben Früchten und Gemüse auch Tapastoffe angeboten wurden, hergestellt aus der geschlagenen Rinde eines bestimmten Baumes. Später fuhren wir mit Schnellbooten in die Mangrovensümpfe hinter dem Fjord. Jan wies uns auf die Berge im Hintergrund hin, und sie erklärte, die Fjorde seien durch in die See rinnende Lavafinger entstanden. Wieder gab es die schönsten Bademöglichkeiten, wieder wurden uns pikante Details über die Menschen mitgeteilt. In der Nacht segelten wir durch die Solomonsee nach Tami – wir bekamen Exotik pur geboten, hier Ebenholzschüsseln mit Einlegearbeiten aus Perlmut, da aus Schildpatt hergestellte spiralenförmige Armreife, dort Halsketten aus Delphinzähnen.

Im Hafen der kleinen Stadt Finschhafen erklärte uns Jan, hier hätten meine Schwiegereltern geheiratet, der Ort sei im Zweiten Weltkrieg zunächst in den Händen der Japaner gewesen, gegen Ende des Krieges hätten ihn die Amerikaner und Australier besetzt. Auf der Insel Siassi sah ich buntbemalte, riesige Kanus, wie ich sie nie zuvor gesehen hatte. Sie wurden hergestellt für den *Kula*- Handelsring, der die Trobrianderinseln verband bis weit hinter Madang mit der Gegend des unteren Sepiks. Die Kreuzfahrt hätte schöner nicht sein können, manchmal glaubte ich, meine Augen könnten noch mehr Schönheit gar nicht aufnehmen, aber Frau Macks war allzeit bereit, mich zurückzustoßen in die Rolle einer „kleinen Missionarsfrau", wie sie mich bezeichnete.

Als wir eines Dienstagmorgens in Madang einliefen, hatte ich meine Reisegruppe, die den Tag zur freien Verfügung haben sollte, zum Kaffee nach Amron eingeladen – zusammen mit der Hexe, versteht sich. Zu Hause klagte ich Michael und Janna, wie es mir ergangen war und buk zur Beruhigung zwei Wasserbiskuits, die ich mit Ananas aus eigenem Anbau und Dosenkirschen belegte. Wenn ich mir Fotos von diesem Nachmittag anschaue, sehe ich nichts von der Bitterkeit, die mich damals erfüllte. Ich sehe entspannte Menschen an einem schöngedeckten Tisch, die sich offensichtlich gut unterhalten. Gegen Abend brachte mich Michael wieder zum Madang Hotel, meine Gruppe freute sich, mich wiederzusehen, sogar die „Hexe" rang sich so etwas wie ein Lächeln ab, und wir gingen zusammen an Bord des Melanesian Explorer, der für mehr als eine Woche unser Heim gewesen war.

Am Abend nahmen wir unser Dinner an Bord mit einer neu hinzugekommenen amerikanischen Reisegruppe zu uns, während wir nach Norden zur Insel Manam segelten. Dort besuchten wir am nächsten Morgen auf der Vulkaninsel einige Dörfer, um am Spätvormittag unsere Route weiter in Richtung Sepik fortzusetzen. Als wir den Sepik erreicht hatten, folgten wir ihm flussaufwärts, bis wir mit den Schnellbooten in einem von Dschungelgewächsen überhangenen Kanal zu den Murik Seen fuhren.

Weiter flussauf in Angoram tauchte ein riesiges *Haus Tambaran* auf, ein Haus des Ahnengeisterkults, von denen im Sepikgebiet unendlich viele existieren. In diesem wurden Schnitzereien aus dem gesamten Gebiet des Sepik zum Verkauf angeboten, es war eigens dafür errichtet worden und hatte mit den ursprünglichen Ahnenkulthäusern nur den Namen gemein. Von besonderem Interesse waren hier die *story boards,* geschnitzte Bilder, die eine Geschichte erzählten. Natürlich besuchten wir auch das Dorf Kambaramba, von dem ich schon viel gehört hatte. Seine Häuser ruhten alle auf Holzpfählen im Wasser. Bis vor einigen Jahren hatten die Frauen des Dorfes den Lebensunterhalt der Familien durch Prostitution bestritten. Die Regierung und die im Sepikgebiet hauptsächlich präsente Katholische Mission hatten dies durch Umsiedlung in Dörfer mit Land zu unterbinden versucht, aber heute noch wurden die Frauen des Dorfes *Tu-Kina-Meri,* Zwei-Kina-Frauen genannt.

Wir bekamen gezeigt, was das Sepikgebiet aufzuweisen hatte. Wir sahen Dörfer wie Tambanum, in dem Margaret Mead lange Zeit mit ihrem zweiten und dritten Ehemann gelebt hat. Im Töpferdorf Aibom lernten wir die Mutter von James kennen. In Timbunke konnten wir den Frauen bei der langwierigen, mühsamen Arbeit zusehen, welche die Gewinnung von Sago bedeutet, als sie aus dem inneren Mark der Palmen die mehlartige Substanz gewannen, die im Sepikgebiet das Grundnahrungsmittel ist. Immer war alles gespickt mit Jans Hinweisen, wie: „In diesem Dorf dürfen beim Betreten des *Haus Tambaran* Frauen auf keinen Fall die Holzplanken davor betreten, um die Geister der Ahnen nicht zu vertreiben", „Dort alle die Hüte abnehmen", oder „Bitte hier nicht die Kinder berühren, da die Mütter befürchten, der Geist des Kindes werde verschwinden".

Wir kamen auch in Dörfer, deren *Haus Tambaran* außer interessant geschnitzten Holzpfosten am Eingang und vielleicht noch einem reich mit Ornamenten verzierten Rednerstuhl so gut wie nichts zu bieten hatten, worüber sich Frau Macks laut empörte. Noch immer war ich in ihren Augen die „kleine Missionarsfrau", die sie gerne mit Fragen nach der Einwohnerzahl der Dörfer oder der Größe eines Sees bloßzustellen versuchte. Oft dachte ich voller Ingrimm: hättest du mal besser eine Tour durch deutsche Völkerkundemuseen gebucht, dann wärst du eher auf deine Kosten gekommen.

In den Chambri Seen flogen vor unseren Schnellbooten Königsreiher und Lilienhüpfer auf, wir trafen auf Gruppen von bunten Enten; Kormorane und schwarze Kakadus mit ihren heiseren Schreien flogen über uns hinweg, Krokodile tauchten vor unseren Booten fort und verschwanden im Wasser – es war nach der Kreuzfahrt von Insel zu Insel wie die Entdeckung einer anderen Welt. An einem Abend ankerten wir nahe dem Dorf Avatip, wo Jan eine besondere Überraschung vorbereitet hatte: an Bord kam eine Gruppe der Dorfmänner, um die Gesichter von fünf willigen „Opfern" genau wie die Holzmasken, die sie herstellten, zu bemalen. Ich gehörte natürlich zu den Ersten, die sich als Opfer anboten, wollte ich auf meine Art doch auch so viel wie möglich aus dieser Reise für mich herausholen, wenn ich mich schon ständig von einer Hexe demütigen lassen musste.

Wieder hatte ich bewusst meine Kamera zu Hause gelassen, da ich die Erinnerungen mit meinen Augen aufnehmen wollte – ich habe aber trotzdem viele Fotos von dieser Reise, da mich die Mitglieder meiner Gruppe reichlich damit belieferten. Immer wieder fand ich Entspannung bei Ina und Max, die mir rieten, die „oide Hex" am besten gar nicht zu beachten. Oder der Koch Boaz schickte mir durch James, den Steward, einen Teller mit einer besonders reichlichen Portion – ich könne es brauchen, wurde mir in Tok Pisin zugeflüstert.

Einmal bestiegen wir die Schnellboote, um zu einem See zu fahren. Ich war schon im Boot, und Herr Hock, ein ziemlich nörglerisches Mitglied meiner Reisegruppe, stand noch mit seiner Frau neben James an der Reling. Lauthals rief mir James in Tok Pisin zu: „Eh *wantok,* dieser Mann neben mir hat auch Lügenhaare auf dem Kopf!" Erschrocken schaute ich zu ihm auf, wie konnte er nur, wo doch Herr Hock gleich neben ihm stand? James grinste mich verschwörerisch an – ihm war völlig bewusst, dass wir für Herrn Hock eine Art Geheimsprache redeten. Er hatte gerade entdeckt, dass der neben ihm stehende Mann ein Toupet trug, sagte er, und, dass der an allem etwas auszusetzen hatte, wussten wir schließlich alle.

Von Ambunti flogen wir nach Mount Hagen im Hochland, von wo aus wir uns im Bus in Tagesetappen mehrere Tage ostwärts Richtung Madang bewegten. In Mount Hagen fragte mich Frau Macks natürlich als erstes, wie hoch der Berg sei, dem die Stadt ihren Namen verdankte, mein Nichtwissen beantwortete sie mit einem erbosten Schnauben. Max, der neben mir stand, raunte beim Aussteigen aus dem Bus: „Sog doch dera oidn Hex oafach irgend a Zohl!" Ich schaute ihn hilflos an, noch nie war es mir gelungen, „mich gut zu verkaufen". Wie oft hatte ich schon den Telefonhörer aufgelegt, und gedacht, da hättest du doch das sagen können oder jenes, Schlagfertigkeit war eben einfach nicht mein Ding. „Eins ist mir jedenfalls klar", antwortete ich nur, „so etwas mache ich nie wieder!"

Am nächsten Tag ging´s zu einem Naturschutzgebiet im Baiyer River Tal. Plötzlich waren wir in einem so niedrigen Tal, dass es tropisch heiß war und Moskitos gab, daran hätte eine erfahrene Reiseleiterin natürlich denken müssen! Küstenerprobt, wie ich war, hatte ich wie immer eine Flasche Autan in meiner Tasche bei mir, von dem sich nun die schlimmsten Nörgler am freigiebigsten bedienten. Zugegeben, auch ich war ein wenig enttäuscht über die Ungepflegtheit des Naturschutzgebietes, war mir aber bewusst, in einem Entwicklungsland zu reisen, in dem eben nicht alles so reibungslos ablaufen konnte wie in Deutschland.

Immerhin waren die verschiedensten Arten von Vögeln in Käfigen untergebracht, um sicherzustellen, dass Reisende von jeder Art wenigsten ein Exemplar sehen konnten, was in der freien Natur kaum gewährleistet sein konnte. Vor dem Käfig mit einem Paradiesvogel stehend, erklang neben mir die Stimme meiner Kritikerin: „Der singt ja gar nicht! Also, bei uns in Münster im Zoo kann man bei den Käfigen auf einen Knopf drücken und hört dann die zugehörige Vogelstimme!" In diesem Moment wünschte ich mir ein Mauseloch zum Verkriechen herbei, so fassungslos machte mich diese Ignoranz. Was sind das nur für Menschen, dachte ich, die eine Reise in ein Entwicklungsland buchen und deutsche Pünktlichkeit, deutsche Perfektion und Technologie erwarten.

Wir setzten unsere Reise gen Osten fort, sahen nachgestellte Stammeskämpfe – die Hochländer hatten ihre eigene Strategie entwickelt, ihre einst gelebte Kultur gegen gute Kina vorführend zu verkaufen. Als wir eine Teefabrik besuchten, war es schon später Nachmittag, aber der Besitzer, ein Weißer, ließ uns doch noch ein. Die Arbeiter waren gerade dabei, in einer Halle den Staub der getrockneten Teeblätter zusammenzukehren, der für Teebeutel verwendet werde, wurde uns erklärt. Noch heute kann ich keinen Beuteltee trinken – zu deutlich sehe ich die Arbeiter vor mir, die den Staub, in dem sie den ganzen Tag barfüßig gestanden hatten, zusammenkehren.

Bei Besuchen in Dörfern stellte ich verblüfft fest, dass Geschäftsleute, Weiße wie Einheimische, die Hochlanddörfer „bereicherten" mit Dorfkinos. Auf riesigen Leinwänden konnten einheimische Jugendliche Kung Fu-Filme durch von Generatoren betriebene Vorführapparate bestaunen und dabei den Rest ihrer überlieferten Kultur vergessen.

Wir übernachteten im Hochland in bezaubernden Hotels, aber mit Erstaunen nahm ich die Sicherheitszäune wahr, mit denen jedes der Hotels geschützt wurde: hohe metallene Zäune mit dicken Stacheldrahtrollen darauf. Einer der Hoteliers hatte zwischen doppelten Zäunen sogar Rottweiler zum Schutz seiner Gäste eingesetzt, worauf ich ihn ansprach. Er erklärte mir, schon Ende der siebziger Jahre seien sie dazu übergegangen, ihre Gäste derart zu schützen, seither habe sich die Sicherheitslage stetig verschlechtert.

Im Asarotal sahen wir eine Vorführung der Schlamm-Menschen – immer wieder musste ich erleben, wie Kultur, die einmal einen Rückbezug hatte, die den Menschen Halt gegeben hatte, gegen Kina verkauft wurde, und ich fühlte mich trauriger und elender mit jedem Tag. Aber, fragte ich mich, was wäre die Alternative gewesen, die Menschen zu schützen vor all dem „Fortschritt?" Hätte man besser einen Zaun gezogen und gesagt: nun lebt mal schön weiter euer naturverbundenes, abgeschiedenes Leben? Ich habe keine Antwort.

In Goroka hielt uns Ulrich seinen versprochenen Vortrag, und er erzählte dabei eine Geschichte von Aborigenes in Australien, die mich tief berührte. Weiße waren zu einem abgeschieden lebenden Stamm vorgedrungen. Sie hatten, um ihre freundliche Gesinnung zu beweisen, an Träger ihrer Expedition, die sie aus dem Stamm gewannen, jeweils eine Eisenaxt verschenkt. Diese Eisenäxte, verteilt in einem Stamm, der bisher nur Steinäxte gekannt hatte, lösten eine beispiellose Kettenreaktion aus. Die *big men* des Stammes, die durch lange Tradition eine Führungsrolle im Stamm innehatten, wurden unvermittelt ihrer Macht beraubt. Was vorher selbstverständlich von ihnen bestimmt wurde, fingen die Stammesmitglieder nun an, zu hinterfragen. Das Miteinanderteilen, das für den Stamm eine Überlebensfrage gewesen war, wich dem Neid auf Besitz und der Gier nach solchem. Lüge und Betrug unter Menschen, die sich bisher bedingungslos aufeinander verlassen hatten, hielten Einkehr in den Stamm. Am Ende blieben Eingeborene zurück, die in Reservaten stumpf ihr Dasein fristeten.

Von Goroka rollten wir die Hochlandstraße über Kainantu und den Kassam Pass in das Markhamtal hinunter, passierten die Zuckerplantagen im Ramutal, um endlich, endlich Madang zu erreichen. Im Madang Hotel erwarteten mich Michael und Janna. Wir bekamen von John ein herrliches Dinner serviert, bei dem wir à la carte wählen konnten. Die meisten der Deutschen wählten Hummer, wohl, weil er am teuersten war, ich wollte endlich mal wieder John`s ausgezeichnetes Steaksandwich kosten. Nach dem Dinner nahm ich Abschied von meiner ersten und letzten Reisegruppe. Von einigen Mitgliedern war es ein warmer, herzlicher Abschied, von anderen fiel er mir so leicht, wie Abschiede eigentlich nicht sein können. Ich hatte eine „Weltreise" mit meiner Gruppe zurückgelegt. Dass ich wieder zu Hause war, dazu benötigte ich einige Zeit, es zu begreifen.

In Amron brauchte ich Abende um Abende, an denen ich versuchte, das Erlebte in Worte zu fassen, um es zu verarbeiten. An den ersten Abenden hörten mir Janna und Michael noch einigermaßen geduldig zu. Als ich sie neben mir heimlich die Augen verdrehen sah, verzog ich mich auf die Veranda und versuchte, dort das Unglaubliche mit mir allein zu klären. Meine Art, zu verarbeiten, war und ist die

Sprache. Erst, wenn ich etwas in Worte gefasst habe, kann ich es abschließend beenden.

Da mein Mann und meine Tochter von meiner Verarbeitung nichts mehr wissen wollten, schrieb ich meiner Mutter einen mindestens zehnseitigen Brief. Ich beschrieb die Reise in allen Details und endete mit dem Satz: „Und nun sitze ich auf der Veranda und bin dabei, die Wunden meiner Selbstachtung zu lecken". Ich erlebte für mich alles in Bildern noch einmal und noch einmal nach, und mit jedem Bild begann ich zu genesen, wieder mich selbst zu spüren als den lebensoffenen Menschen, in dem ich mich wiedererkannte. In meinem Gästehaus sah ich zunächst die Gäste argwöhnisch auf nörglerische Tendenzen hin an, aber nach und nach wurde ich wieder zu der das Leben anpackenden Person mit Freude am Umgang mit Menschen, die ich vorher gewesen war.

Begegnungen mit Menschen im heißen Land Niugini

Mein Gästehaus zu leiten, fing an, mir wieder richtig Spaß zu machen. Ich bereitete für meine Gäste herrliche Speisen, ja, zunehmend wurden regelrechte Menüs daraus. Von John, dem Koch im Madang Hotel, der eigentlich ein wirklich guter Koch war, nur die deutsche Küche nicht mehr anrühren mochte, erhielt ich Rezepte, die den Ruf meines Gästehauses landesweit hoben. Zum Nachtisch servierten Jimmy und John neuerdings Kaffee und Kuchen, was besonders bei Amerikanern und Australiern großen Anklang fand. Einmal hatte ich einen Käsekuchen vorbereitet, den ich mit Sternfruchtscheiben belegte, die man inzwischen auch in deutschen Supermärkten bekommen kann. Als ich am Morgen darauf mit meinen Gästen am Frühstückstisch saß, sagte Moira, eine rundliche Amerikanerin: „Dein Essen war wieder so reichhaltig und gut. Aber musstest Du Dir auch noch die Arbeit machen, und die Früchte auf dem Kuchen so schön schnitzen?" Lachend erklärte ich ihr, wie mühelos ich die Frucht „geschnitzt" hatte, und von meinem nächsten Markteinkauf legte ich ihr beim Lunch eine Sternfrucht auf den Teller.

Es gab auch Gäste, die mich in ihrer Achtlosigkeit an meine Reisegruppe erinnerten, zum Glück waren sie aber in der Minderzahl. An einem Tag gegen Ende der Regenzeit fuhr vor dem Gästehaus ein Motorrad vor, eine richtig schwere, lautdröhnende Maschine. Jimmy, der herbeigeeilt war, sagte am Fenster stehend, ungläubig: „Das kann nicht sein, da steigt eine Frau mit zwei Kindern ab, eine weiße, natürlich!" Die Frau stellte sich heraus als eine mutige Holländerin, die tatsächlich mit zwei fast halbwüchsigen Söhnen auf einem geliehenen Motorrad das Land bereiste. Ich gab ihr ein Dreibettzimmer, und kaum hatten die drei es bezogen, dröhnte aus dem Zimmer laute Musik, daneben schienen sie sich schreiend zu unterhalten. Wie die meisten Niederländer, die ich kennengelernt hatte, sprach die Dame ein ausgezeichnetes Englisch.

Sie gesellte sich zu mir in die Küche, wo ich gerade bei der Vorzubereitung des Dinners war, und sagte in forderndem Ton, das Abendessen für sich und ihre Söhne wolle sie lieber selbst zubereiten, denn von Fertiggerichten halte sie garnichts. Ich zeigte auf die sechs Kochstellen meines Gasherds, alle besetzt, und entgegnete: „Ich koche hier für zwanzig Personen, wie soll da noch Platz sein für jemanden, der für drei kocht?" Ich hatte mit dieser energischen Dame eine lange Diskussion zu bestreiten, an deren Ende, als sie immer lauter wurde, ich sie bat, meine Küche zu verlassen und sich nach Möglichkeit um eine andere Unterkunft zu bemühen. Nach einer guten Stunde streckte sie ihren Kopf in die Küche und meinte, ich könne ruhig sie und ihre Söhne in mein Essen miteinbeziehen. Mit etwas klammen Gefühlen fuhr ich an diesem Nachmittag nach Hause, trug aber Jimmy auf, die drei Holländer genau im Auge zu behalten.

Am nächsten Morgen kam ich ins Gästehaus, Jimmy rollte mit den Augen und klagte: „So habe ich noch nie jemanden essen gesehen. Die Mama und die Söhne haben nicht genug gekriegt, die haben sich die Teller vollgehäuft, wie noch nie jemand vor ihnen." Aus dem Zimmer der Holländer kamen die gewohnten Geräusche, Musik hämmerte, Gespräche wurden schreiend geführt. Meine anderen Gäste fragten nach dem Frühstück, wie lange die Schreihälse denn zu bleiben vorhätten. Beruhigend konnte ich ihnen mitteilen, dass sie nur eine Nacht gebucht hatten. Normalerweise mussten die Gäste bis zehn Uhr auschecken, dann wurden die Zimmer von Jimmy oder John gereinigt, weil meist schon am gleichen Tag neue Gäste angemeldet waren.

Es wurde elf, es wurde zwölf Uhr, aus dem Zimmer dröhnte es nach wie vor. Ich hatte bereits meine Markteinkäufe zugunsten der Buchhaltung verschoben, hatte mit Jimmy ein Lunch vorbereitet; wir sahen uns an und nickten. Es war Zeit, die drei auf die Regeln des Hauses hinzuweisen. Ich klopfte an der Tür des Zimmers, immer lauter, bis mir aufgetan wurde. Was ich nun sah, ist fast unbeschreiblich: auf den Betten lümmelten zwei blonde Knaben in schlammverkrusteter Bettwäsche, auf dem Boden, an den Wänden, überall waren Spuren von Schlamm.

Ich erinnerte die Holländerin an die Hausregeln, die sie am Nachmittag des Vortages unterschrieben hatte – und die Tür wurde mir vor der Nase zugeknallt. Jetzt waren all meine Abwehrmechanismen mobilisiert, ich wartete genau eine halbe Stunde, bis ich mit Jimmy wieder an die Tür hämmerte und kategorisch brüllte: „Raus!" Beziehungslos, wie die drei wohl waren, hatten sie gepackt, die „Dame" beglich wortlos ihre Rechnung, und als wir das Geräusch des startenden Motorrads hörten, sahen Jimmy und ich einander vielsagend an.

Kurz danach kam ein Team des Bayerischen Fernsehens, das einen Film zum hundertjährigen Bestehen der Lutherischen Kirche in Niugini drehen wollte. Was waren das für mich erfrischende, anregende Menschen! Im Gespräch mit ihnen meinte ich, wieder „meine" Sprache zu entdecken, ich fühlte mich so wohl in der

Gegenwart dieser Frauen und Männer, dass ich sie einlud, uns in Amron zu besuchen. Roswitha und Jochen waren zum Heimaturlaub in Deutschland, und hatten eine tiefe Lücke an Gesprächspartnern in uns hinterlassen. Das Team war so offen; in ihrer Gegenwart fühlte ich mich wieder wie eine richtige Frau, nicht mehr nur wie ein funktionierendes Wesen. Durch sie erkannte ich, wie ausgehungert ich nach Menschen war, mit denen man sich wirklich tief unterhalten, wirklich austauschen konnte. Susanne, eine ehemalige Lehrerin, die mit Marian liiert war, einem warmherzigen Polen, dazu die spritzige Italienerin Antonella, und ein Regisseur, den ich als schwul einstufte. Amos war zu den Osterferien gekommen, und unsere Gäste hatten im Nu die Herzen unserer Kinder erobert. Sie schwangen mit ihnen, Tarzanschreie ausstoßend, an den Seilen des Mangobaums über den Abhang, sahen Videofilme der Kinder mit an und lachten dabei Tränen. Janna und Amos genossen diesen Besuch, als wären sie *wantoks,* was sie ja auch waren, denn sie sprachen alle Deutsch. Wir verabredeten, am Samstag nach ihren Dreharbeiten miteinander zu kochen, und den Sonntag auf Sinub zusammen zu verbringen.

Am Samstag kochten wir in Gemeinschaftsarbeit zusammen ein Abendessen, das bis in die kleinsten Details gelungen war, nur Roswitha und Jochen, die beiden absoluten Genießer, fehlten mir dabei. Marians Krautsalat mit viel Knoblauch, den er mit einem Teller und einer wassergefüllten Schüssel beschwert „ziehen" ließ, habe ich von da an oft nachgemacht. Am Sonntag fuhren wir, mit Körben beladen, nach Sinub, und die Vierergruppe hatte offene Augen für die Schönheit, die „unsere" Insel zu bieten hatte. Sie spielten, tauchten, schnorchelten mit unseren Kindern, sie waren so reich an Sprache, an Aufnahmefähigkeit für die Besonderheiten dieses Landes, das Zusammensein mit ihnen war ein reines Lusterlebnis. Als sie abreisten, habe ich ihnen hinterhergetrauert, als seinen sie die letzten Menschen auf der Welt gewesen.

In Nagada trafen wir oft auf „Yachties", die in der Bucht ankerten. Sie machten dort für einige Wochen zum Ausruhen Halt, bevor sie ihre Weltumsegelung fortsetzten. Oft trafen wir uns am Strand zum Grillen. Sie erzählten abenteuerliche Dinge, die sie auf ihren Reisen erlebt hatten. Sie waren eine wahre Bereicherung unseres Lebens. Die Frauen waren meist pragmatische, zupackende Personen, die auch unter schwierigen Bedingungen ihren Humor nicht verloren, von ihrer Art ganz an Außenstationsfrauen erinnernd. Wir kamen einmal mit einem sehr interessanten Paar ins Gespräch, und wurden, nachdem wir uns einige Male am Strand getroffen hatten, auf ihre Jacht eingeladen. Charlotte und Lawrence waren die schillerndsten Menschen, die ich je kennengelernt habe. Charlotte sprach ein Englisch, das sie sofort als Zugehörige der Oberschicht auswies, Lawrence dagegen sprach wie ein Londoner Cockney, etwa vergleichbar mit dem australischen Akzent.

Wir verbrachten mit den beiden unvergessliche Tage, segelten mit ihnen zwischen den Inseln herum und gingen vom Boot aus schwimmen. Charlotte besorgte die Küche an Bord für uns alle. Nach wenigen Wochen schien es mir, als seien wir schon seit Ewigkeiten befreundet. Bei unseren Segeltouren fing Lawrence oft Fische, die wir dann auf einer der unbewohnten Inseln grillten. Als besonders schmackhaft habe ich einen Fisch in Erinnerung, den er liebevoll „Süßlippe" nannte. Einmal holte ich Charlotte zum Einkaufen ab, Lawrence stakte sie im Dingi vom Ankerplatz zum Strand, reichte ihr beim Aussteigen galant die Hand, und sie sagte würdevoll, als spreche sie mit ihrem Butler: „Thank you, James, well done."

Die beiden besuchten uns auch in Amron und waren begeistert von unserem baum- und strauchbestandenen Garten. Wir verbrachten regnerische Nachmittage auf der Veranda, und lernten durch sie, auch auf Englisch herrlich herumzublödeln. An einem dieser Nachmittage, als ich sie gerade in Nagada abgeholt hatte, geschah gleich nach dem Betreten des Hauses das Unfassbare: die Erde bebte. Wir befanden uns neben unserem Bambusregal, als etwas wie eine Welle durch das Haus wogte. Alle Gegenstände neben uns gerieten in Bewegung, das Bambusregal knirschte und ächzte, ein Blumentopf fiel herunter, aus der Küche hörte ich Geschirr klirrend aufschlagen, das ganze Haus bebte. Es schien, als bäumte es sich auf – wir blickten einander voller Panik an. Michael rief mir zu, notfalls sollten wir alle unter den großen schweren Esstisch kriechen, doch ich blieb bewegungslos, wie erstarrt stehen. Ich fühlte mich wie in einem dieser schrecklichen Träume, in dem ich die Gefahr näherkommen sehe, aber unfähig bin, mich von der Stelle zu rühren. Die Wellen gingen langsamer durch das Haus, nach und nach verebbten sie wie Wasser im Sand. Als es vorbei war, konnten wir uns endlich wieder bewegen, die Starre fiel von uns ab. Wir fielen einander in die Arme, die Worte kamen zurück, und einander übertönend, sprudelten wir alle heraus, wie wir uns gefühlt hatten. Sicher hatte das Erdbeben nur wenige Minuten gedauert, jedem von uns war es aber wie eine gelähmte Ewigkeit erschienen. Ich erzählte, wie Mama Aisaip uns bei einem Besuch das große Erdbeben in Begesin geschildert hatte, einige Jahre nach unserer Abreise ereignet. Da hatte nicht nur die Erde gebebt, sondern sie war klaffend meterweise aufgerissen und hatte ganze Häuser zusammen mit ihren Bewohnern verschluckt. Im Vergleich dazu waren wir – von einigen zerbrochenen Gegenständen abgesehen – mit einem Schrecken davongekommen.

Amos kam in der Trockenzeit zu den kurzen Ferien, es wehte eine kräftige Brise vom Meer, als Lawrence uns zu einem besonderen Spektakel einlud: wir sollten auf seiner Jacht Spinnakerfliegen. Das Boot ankerte in der Bucht, und Lawrence befestigte an den Seiten des Bugs mit Schoten ein buntes großes Segel in der Form eines Ovals. Er schlang die beiden Schoten zu einer Schlaufe, in der

Biliau, Strandleben

sich jemand einhängen konnte, und stellte uns an, die Taue jeweils von beiden Seiten zu lenken. Er erklärte uns, bei einem nichtverankerten Boot würde der von achtern kommende Wind das Boot durch das geblähte Spinnakersegel vor sich hertreiben, das Segel würde die Jacht wie ein Zugpferd durch die See ziehen. Begeistert waren Janna und Amos dabei, sich breitbeinig in die Seile zu stellen, wobei sie sich beidseitig mit den Händen festhielten. Wenn der Wind von achtern kam, hob er sie im ballonartig geblähten Spinnaker hoch, hoch, hoch. Wir an den Schoten mussten als Ausgleichende rechts oder links ziehen, wenn dann die Brise nachließ, sanken sie, Lustschreie von sich gebend, zurück ins Wasser. Ein wiederaufkommender Wind ließ sie erneut aufsteigen; wir lenkten die Schoten so lange wie möglich, bis sie im Abflauen des Windes langsam im warmen Wasser des Pazifiks versanken. Es wurde ein langer Tag des Lustfliegens, wie immer unterbrochen von köstlichen Gerichten, die Charlotte servierte. Ihr Rezept eines Avocadodipps, den sie „*Free Bird* Dipp, ausnahmsweise nicht alkoholisch" nach ihrer Jacht nannte, genieße ich noch heute.

Die beiden flogen nach England in Urlaub und baten uns, ihre Jacht während der vier Wochen ihrer Abwesenheit zu hüten. Wir übernahmen diese Aufgabe gerne, denn inzwischen waren auch Roswitha und Jochen von ihrem Heimaturlaub zurück, so dass die entstandene Lücke durch die Abwesenheit unserer neu gewonnenen Freunde nicht so schmerzhaft war, wie erwartet. Aus England kam bald eine Karte, auf der stand: „Wir genießen einen ziemlich nassen englischen Sommer! Wir haben unsere Visa für Niugini für zwei Monate per Telex erneuert bekommen. Hoffentlich ist bei euch alles in Ordnung und Gabi arbeitet nicht zu schwer in ihrem Gästehaus. Dies ist eine Postkarte von meinem Heim. Charlotte und Lawrence" Auf der Rückseite der Karte war ein wunderschönes, verschnörkeltes Schloss mit von Zinnen umrahmten Türmen im Tudorstil in einer Luftaufnahme abgebildet, im Hintergrund ein Tennisplatz und ein Swimming Pool.

Wir blickten einander an: „Toll, so natürlich und herzlich kann also eine englische Lady sein!" Bei ihrer Rückkehr erzählte Charlotte von ihrem Vater, der ein typischer Landlord* sei. Er sei mit einer Postkarte von den Palauinseln, die sie ihm von ihrem Segeltörn geschickt hatten, zu seinem Postamt gegangen, um zu fragen, wo um Himmels Willen Palau sei. Da auch der Postbeamte auf seiner Weltkarte Palau nicht hatte finden können, hatte ihr Vater kurzerhand beschlossen, es gebe keinen Ort auf der Welt, der Palau hieße. Als Charlotte und Lawrence später weitersegelten, vermissten wir ihre erfrischende, überaus herzliche Art lange, aber wir hörten nie wieder etwas von diesen beiden besonderen Menschen. Die Erfahrung solch kurzfristiger, dennoch intensiver, herzlicher Kontakte, ist ein Umstand, mit dem ich bis heute nicht recht umzugehen weiß, obwohl ich sie in Niugini oft gemacht habe.

In Madang, unserer kleinen Hafenstadt, gab es keinen Zahnarzt. Zwar hatte das Madang Hospital eine kleine Abteilung, in der auch ein Zahnarzt arbeitete, aber dort war die Ausstattung noch derart vorsintflutlich, dass wir es vorzogen, lieber nach Lae zu fliegen oder zu fahren. Der dort praktizierende neuseeländische Zahnarzt war in seiner Praxis bestens ausgerüstet, vergleichbar mit europäischem Niveau, und man brauchte nicht wie in Madang nach dem Mundausspülen in einen bereitstehenden Eimer zu spucken. Mit Roswitha besprach ich, als für uns beide ein Zahnarztbesuch fällig war, wir könnten zusammenfliegen, in Lae bei Marina und Gunnar übernachten, vielleicht noch beim *Saina* essengehen, oder bei Paulchen Eiskaffee trinken. Wir malten uns einen gemeinsamen Besuch, auf der Veranda sitzend, in bunten Farben aus, und meine heftige Angst vor dem anstehenden Termin schrumpfte auf ein Minimum.

An einem heißen Morgen brachte uns Michael zum Flughafen in Madang, wo ich erst einmal wieder meine Plakatfolie vom Gästehaus besitzergreifend bewunderte. War das nicht *die* Idee meines Lebens gewesen? Im Flughafengebäude kamen wir ins Gespräch mit einer älteren amerikanischen Dame. Ich hatte mir immer viel darauf zugute gehalten, ein neutrales Englisch zu sprechen, ohne amerikanischen oder gar australischen Akzent, wurde aber nun eines Besseren belehrt. Die Amerikanerin hielt uns eindeutig für Australierinnen, Roswitha neben mir

* Anmerkung: s. http://en.wikipedia.org/wiki/Belvoir_Castle, http://www.hiddenengland.org/belvoir.asp, http://www.castlegate.net/CASTLES/BELVOIR

grinste sich einen ab, als ich die Amerikanerin erschrocken anschaute. Um eine Illusion ärmer bestieg ich neben Roswitha das Flugzeug von *Talair.*

Wie üblich waren die Passagiere eine Mischung aus Weißen und Schwarzen, die Schwarzen wiederum waren in einer bunten Mischung vertreten, wie es sie wohl nur in einem ethnischen Völkergemisch wie in Niugini geben kann. Ich sah modern gekleidete, selbstbewusste Frauen, offensichtlich auf Geschäftsreise, daneben solche, deren *bilums* mit Gemüse und Früchten vollgepackt waren. Es wurden Kostüme, *laplaps,* und Grasröcke nebeneinander in aller Natürlichkeit getragen. Ich entdeckte eine neue Art von Kostüm: einige Frauen trugen geschneiderte, nicht einfach um die Hüften geschlungene *laplaps,* darüber aus dem gleichen bunten Stoff eine *meri blaus,* eine Frauenbluse. Genauso selbstverständlich gab es Männer im Lendenschurz mit Federn im Haar neben solchen in Anzügen mit Aktentasche.

Roswitha steuerte zielbewusst auf die Sitze neben dem Notausgang zu. Wie eigentlich immer trugen wir an den Füßen *Flipflops,* die Art von Sandalen, die in Niugini eben getragen wurde. Entschlossen packte Roswitha auf dem Sitz neben mir aus ihrer Reisetasche feste Sportschuhe aus und zog sie in aller Ruhe an. Auf meine erstaunte Frage antwortete die im Lande Aufgewachsene: „Ja meinst du vielleicht, ich will nach einem Flugzeugabsturz mit Flipflops durch den Busch um Hilfe laufen?" Meine ohnehin vorhandene Flugangst erhielt durch dieses Verhalten noch einen so kräftigen Schub, dass ich an den Rest des Fluges keine Erinnerungen habe.

Unsere Zahnarzttermine nahmen wir zusammen wahr, wobei es für mich wie ein Trostpflaster war, sie fast händchenhaltend hinter uns bringen zu können. Danach gingen wir bei Paulchen unseren Eiskaffee trinken und bekamen den neuesten Klatsch aus Lae gleich mitserviert.

Am Abend versanken wir mit Marina und Gunnar in unserer üblichen Art von tiefschürfenden Gesprächen, wieder einmal „retteten" wir die Niuginis aus all ihren Nöten. Karl, ein Freund der Familie, der Entwicklungshelfer im Hochland war, erzählte von Oktedi, einem Ort nahe Kainantu im Hochland, wo man vor kurzem Gold gefunden hatte. Wie immer seien die Niuginis durch weiße Firmen in Verträge eingebunden worden, die sie ausbeuteten. Das Quecksilber, das die Firmen, an denen auch deutsche beteiligt seien, zum Binden des Goldes benötigten, werde einfach in den nahe gelegenen Fly River* geleitet, womit die Lebensgrundlage der Anwohner zerstört werde. Er beschrieb den Hochlandort, in dem ständig über den Bergen die Nebelschwaden hingen als einen Ort, an dem man „nicht tot über`n Zaun hängen" mochte.

* Anmerkung: der damalige Südostasienreferent des Bayr. Missionswerkes (hier „Ulrich" genannt), der die Quecksilberverseuchung bekanntmachte, erhielt ein Einreiseverbot seitens der Regierung

TEIL 4

Heimaturlaub in Deutschland

Im deutschen Spätsommer waren wir dran, unseren Heimaturlaub anzutreten. Immerhin gestand das Missionswerk seinen Mitarbeitern inzwischen zu, nach einem dreijährigen Aufenthalt vier Wochen in ihre Heimat zurückkehren zu dürfen. In Nagada lebte jetzt ein australisches Ehepaar, Ligita und Kym, mit denen wir uns befreundet hatten. Ligita erklärte sich bereit, mich im Gästehaus zu vertreten, einige Tage arbeitete ich sie ein, dann war sie so weit. Mir war ein wenig bange, denn ich fühlte mich inzwischen fast unentbehrlich, aber sie freute sich darauf, eine Aufgabe zu haben. Gatedai brachte uns zum Flughafen, und wieder einmal musste ich fliegen, um einen Ort zu erreichen. Wir hatten in Bangkok eine Zwischenlandung mit Übernachtung, meine Erinnerungen daran sind eher bizarrer Natur.

Beim Anflug nach Bangkok durchschauten Janna und Amos erstmals meine offenbar bisher perfekt getarnte Flugangst. Aus den Augenwinkeln sah ich, wie Amos seine Schwester mit dem Ellenbogen anstupste und auf meine, um die Armstützen geklammerten Hände mit weiß hervortretenden Knöcheln deutete. Start und Landung – dabei starb ich regelmäßig den Heldentod. So eindringlich ich mir auch klarzumachen versuchte, wie viel gefährlicher eine Autofahrt zu Hause war, so meldete sich die Erinnerung an mein Schlüsselerlebnis in Begesin stets aufs Neue. In Bangkok hatten wir Hotelzimmer mit Dusche und einer richtigen Badewanne. Janna konnte ihr Glück kaum fassen, und nahm an diesem Nachmittag und Abend mindestens drei Mal ein Bad, unterbrochen vom Schwimmen im hoteleigenen Pool, was sie ja zur Genüge kannte. Genüsslich ließ sie wieder und wieder Wasser in ihre Wanne laufen, ohne Angst, damit sparen zu müssen; sie gab Badesalz dazu und fühlte sich wie eine Luxuslady.

Michael machte sich auf den Weg, die Welt außerhalb des Hotels zu erkunden, wofür wir anderen viel zu faul waren. Bei der Rückkehr, so berichtete er, hätten ihm mehrere junge Männern ihre Schwestern, garantiert noch Jungfrauen, zum Sonderpreis angeboten. „He, du hast tatsächlich Chancen, da draußen die Welt zu erobern!", konstatierten wir gemeinsam, „willst du nicht noch mal losziehen und dir einen schönen Tripper holen?" Selbst uns hatten die Buschtrommeln gemeldet, dass nach Bangkok die Lustbomber flogen, um als Tripperklipper zurück zu kommen.

In Deutschland bekamen wir vom Missionswerk die altbekannte, karg möblierte Wohnung gestellt, und verbrachten ein paar Wochen, in denen wir hauptsächlich Verwandte und alte Freunde besuchten. Wir mieteten uns einen

Fernseher, um wieder Anschluss an die deutschen Gepflogenheiten zu finden. Michael wollte unbedingt deutsche Nachrichten sehen, in Niugini hatte er regelmäßig „Deutsche Welle" gehört, um nicht den Anschluss an das Geschehen in Deutschland zu verlieren. Eines Abends saßen wir vor dem Fernseher und sahen die Tagesschau, da schaute ich ihn verloren an und sagte: „Sag mal, haben wir diese Nachrichten nicht schon vor drei Jahren gehört? Eigentlich hat sich nichts geändert. Ein paar andere Überschriften, ein paar andere Namen – aber eigentlich sind es doch die gleichen Nachrichten, die wir schon immer gehört und gesehen haben". Seltsam berührt sahen wir einander an. Nach wie vor wurden in Deutschland die Ereignisse detailliert berichtet, der Aufbau der Geschehnisse war der gleiche, die Namen hatten sich geändert, aber die deutsche Art, sich in als berichtenswert eingestuften Einzelheiten zu ergehen, war geblieben. Die Freude am Fernsehen wich der Vorfreude auf Videoabende in Niugini.

Wir besuchten meine Eltern, Freunde in Markt Nordheim und überall in Deutschland. Wir versuchten, deutschen Landen wieder einen Reiz abzugewinnen. Der Spätsommer war mild. Wir genossen das Zusammensein mit Menschen, zu denen wir eine tiefe Beziehung hatten, aber in Deutschland leben wollten wir wirklich nicht, denn wir fühlten uns meilenweit von der deutschen Art entfernt, mit Problemen umzugehen. Nachrichten empfanden wir als deutsches Suhlen in Problemen, unsere Sinne waren auf andere Empfindungen gerichtet. Oft fühlte ich mich, als ob ich neben mir stünde.

Unser Urlaubsjahr war in Deutschland das Jahr des Eiernudelskandals. Als wir in Markt Ostheim unsere Freunde Mariechen und Werner besuchten, wurden wir zu einem Sommerfest des Kirchenchors eingeladen. Manfred, der Mann meiner einst besten Altsängerin sagte: „Von mir aus kann es alles geben, nur keinen Eiernudelsalat!", und wieder berührte mich seltsam, wie „die Deutschen" mit Problemen umgingen. Ich empfand alle Probleme und Nachrichten als aufgebauscht, überbewertet, konnte sie nicht einordnen.

Marina und Gunnar waren ebenfalls mit ihren Kindern in Neuendettelsau, sie bewohnten ein Haus, in dem sie sich vorbereiteten, für immer in Deutschland zu bleiben. Um keinen Preis wollte Marina noch einmal nach Niugini zurück, für sie war dieses Land ein abgeschlossenes Kapitel ihres Lebens. Wir verbrachten so manchen Abend mit Gesprächen und Kartenspielen, unsere Kinder genossen das Zusammensein, aber in unserer Einstellung zu Niugini trennten uns Meilen.

Die Wochen verflogen wie im Fluge, bald war die Zeit zum Abschiednehmen gekommen, und unsere Kinder waren voller Vorfreude, wieder ihr Zuhause zu erreichen. Janna sehnte sich nach ihren Ausritten mit Jim, Amos wollte zu seinen Freunden im Hostel, Michael freute sich auf seine Studenten, und ich dachte eifrig an mein Gästehaus. Ein letztes Mal besuchten wir meine Eltern, wo meine Mutter uns alle mit ihrem herrlichen Essen verwöhnte. Aber auch sie hatte die Abnabelung innerlich vollzogen, und so fiel es ihr dieses Mal leichter, uns unserer Wege ziehen zu lassen.

Wir wurden mit dem Missionsbus nach Nürnberg gebracht, wieder hatte eine fähige Sekretärin alles für unsere Rückreise organisiert; dieses Mal sollten wir in Bahrain einen Zwischenhalt haben und in Sydney eine Übernachtung, bevor wir über Port Moresby nach Hause fliegen würden. Leichten Herzens verabschiedeten wir uns in Nürnberg von unseren Freunden und bestiegen das Flugzeug, mit dem wir dem Land, das für uns Heimat geworden war, näherkommen konnten.

An diesen Flug habe sogar ich einige Erinnerungen. In Bahrain erstanden wir in den zollfreien Geschäften für jeden von uns ein paar Kleidungsstücke, für Janna ein witziges Kleidchen aus Baumwollstoff; ich bekam sogar Ohrringe aus schwarzer Koralle, die wir uns in Lae niemals hätten leisten können. In den „duty-free-shops" durfte man in jeglicher Währung bezahlen, die man zur Verfügung hatte, und, als ich in einem der Geschäfte in Kina und Toea unsere Ware beglich, dachte ich beseligt: das ist es, das ist mein Geld.

In Sydney angekommen, nahmen wir uns ein Taxi, um zu unserem vorausgebuchten Hotel zu kommen. Der Taxifahrer kannte das Hotel nicht, obwohl er, wie er uns beteuerte, schon seit Jahren in Sydney arbeitete. Er fragte über Funk bei seiner Zentrale nach, und es dauerte ziemlich lange, bis er eine Auskunft erhielt. Er schaute uns entgeistert an und fragte: „Sind Sie sicher, dass Sie in dieses Hotel wollen?" Wir antworteten, dass wir natürlich dorthin wollten, da genau dieses Hotel für uns gebucht worden sei. Unterwegs erkärte uns der Fahrer, weshalb er so vorsichtig nachgefragt habe: das Hotel sei mitten im *Kings Cross,* dem Vergnügungsviertel von Sydney, in das ihm eine Familie wie die unsere nicht recht passen wolle. Nun waren wir daran, erstaunt zu sein, aber wir sahen keine Möglichkeit, die Buchung rückgängig zu machen. Als er uns dann vor dem Hotel absetzte und die Koffer auslud, wünschte er uns mitleidig viel Glück.

Wir betraten das Hotel am Morgen dieses Tages, und schon an der Rezeption war viel roter Plüsch zu sehen, überhaupt schien die Farbe Rot das Hotel zu dominieren. Mitgenommen von dem langen Flug bezogen wir unsere Zimmer und beratschlagten, was als Nächstes zu tun sei. Nach Auspacken unserer Koffer nahmen wir erst einmal eine Dusche, um die Ermüdung durch den Flug von uns abzuspülen. Dort sah ich als erstes in einer Ecke eine riesengroße Kakerlake, und dachte grimmig: „Eh, so etwas, haben die noch nicht entdeckt, dass es inzwischen Fallen für euch gibt?" Nachdem alle geduscht hatten, ließen wir uns von der Rezeptionsdame ein Taxi bestellen und fuhren zum Hafen der Stadt.

Viel erinnere ich nicht von dem, was wir unternahmen, um den Tag wach zu überstehen, damit wir in der Nacht vor dem erneuten Flug schlafen könnten. Uns war nur klar, dass wir unserem Schlafbedürfnis jetzt keinefalls nachgeben durften, wenn wir nicht die Nacht zum Tage werden lassen wollten. Wir machten eine

Rundfahrt durch den Hafen mit, und besuchten anschließend ein unter der Erde gelegenes Aquarium, bei dem wir, durch dicke Glasscheiben geschützt, die Fütterung der Meerestiere miterlebten.

Zurück in Kings Cross in unserem Puffhotel, wie wir es in der Zwischenzeit getauft hatten, stellten wir fest, dass wir noch einmal die fremde Welt da draußen besuchen mussten, um etwas zu essen, denn Essen gab es in diesem Hotel nicht. Schon, als wir vor das Hotel traten, brandete uns wieder der ungeheure Lärm des Viertels entgegen. Die Menschen um uns herum schienen nur Hektik und schreiend geführte Gespräche zu kennen. Wir machten uns auf den Weg, ein Lokal zu finden, in dem wir eine Kleinigkeit zu uns nehmen konnten, um danach endlich endlich zu schlafen. Auf dem Weg überholte uns ein Fixer, die Spritze offen in der Hand tragend. Er schaute uns ungläubig an und rief: „Eine Familie, eine richtige Familie, wie ekelhaft!" Amos ins Visier nehmend, fragte er wütend: „Liebst du deinen Vater, deine Mutter?" Amos antwortete hilflos, das tue er natürlich. „Ihr seid wirklich von gestern!" schrie der Junkie uns angewidert an und rannte weiter.

Wir fanden ein einigermaßen normal aussehendes Lokal, in dem wir etwas essen konnten, und kehrten müde in unser Hotel zurück. Michael und ich waren unseren Kindern gegenüber in erheblicher Erklärungsnot, als wir zu erklären versuchten, dass es Frauen gab, die Sex verkauften und Männer, die ihn kauften. Wir versuchten, ein System zu erklären, das wir selbst nicht recht verstehen konnten. Trotz der Klimaanlage konnten wir den draußen tobenden Lärm deutlich hören, aber irgendwann muss uns der Schlaf gnädigerweise dennoch eingeholt haben.

Am Morgen erzählte Janna von ihren Nuttenstudien, die sie in der Nacht betrieben hatte. Sie deutete zum Fenster hinaus und erklärte uns, die eine Nutte da drüben müsse wohl einen zu hohen Preis verlangt haben, denn es seien immer wieder Freier, nachdem sie mit ihr geredet hatten, von ihr weggegangen. Zum Frühstück holte uns Michael von Mac Donalds gleich gegenüber Hamburger und Cola, dann packten wir unsere Koffer und verließen das Puffhotel. Im Gepäck beförderten wir auch Kakerlaken –was sich aber erst zu Hause in Amron herausstellte.

Heimatgefühle

Als uns Gatedai in Madang abholte, schauten wir einander beglückt an, denn wir wussten: wir waren wieder zu Hause. In Amron schritten wir erst einmal unseren Park ab, bevor wir das Haus betraten. Schon am übernächsten Tag flog Amos nach Ukarumpa, und gleich, nachdem wir ihm zum Abschied zugewinkt hatten, setzten wir Janna bei ihrer Pferdeweide ab, da sie dringend das Bedürfnis hatte, ihren Jim zu reiten. Michael wurde von seinen Studenten sehnlich erwartet, und mich zog es magisch zu meinem Gästehaus.

Janna auf ihrem Jim

Ligita hatte das Haus mustergültig geführt, ja sogar die Buchführung erledigt, die sie mir zu hinterlassen angedroht hatte. Jimmy und John begrüßten voller Freude ihre Mama, die sie offensichtlich vermisst hatten, und ich übernahm die Regie meines Gästehauses unbeschwert, als wäre ich am Ort meiner Bestimmung angelangt. Unsere Freunde in Baitabag hatten uns ebenso vermisst, wie wir sie während ihres Heimaturlaubs vermisst hatten. Wir fielen einander glücklich in die Arme.

Michael baute in Amron am Abhang hinter dem Haus eine Pyramide, da er in Deutschland sein Faible für Esoterik erkannt hatte. Er baute sie nach dem Muster der Veranda: ein auf Holzpfählen gebauter Boden wurde von Wänden umgeben, die lediglich aus Fliegengitterdraht bestanden.

Das Telefon in unserem Haus schien wieder nicht mehr stillstehen zu können, so dass mein Gästehaus für Weihnachten und Neujahr bereits im November ausgebucht war. Janna rief mich in Madang an, um mir ihre Aufträge zu erteilen, was sie mitgebracht haben wollte. Es war nach kurzer Zeit, als seien wir nie weggewesen. Mit Roswitha und Jochen fuhren wir zu unserem *full-moon-barbeque* nach Sinub und verbrachten dort Wochenenden voller Besinnlichkeit, uns einfach an der Natur und unserem Dasein erfreuend.

Die Vorweihnachtszeit nahte, als uns Helga und Ulrich aus Goroka besuchten. Sie übernachteten natürlich in Baitabag bei Roswitha, da sie Ulrichs Schwester war. Im Gästehaus rief mich Janna an einem Freitag an, die Alina neben sich sitzen hatte, und erteilte mir den Auftrag, in einer der Videotheken unbedingt die „Dornenvögel", die sie und Alina sehen wollten, aufzutreiben. Am Schreibtisch machte ich mir Notizen, als ich draußen John`s jüngste Tochter Shirley, genannt nach meiner Vorgängerin, laut plärren hörte. Irgendetwas, das sie unbedingt haben wollte, schien ihr John`s Frau, die wie immer an der Außenanlage arbeitete, nicht geben zu wollen. Das Geschrei von Shirley steigerte sich immer mehr, bis sie wütend brüllte: „*Yu lapun Mama, yu!,* Du alte Mama, du!" John`s Frau schaute von der Erde, die sie bearbeitete, zu mir auf und sagte: „Hab´ ich's John doch gesagt! Es war längst Zeit, mit dem Kinderkriegen aufzuhören!"

In der Stadt bekam ich tatsächlich die von den Mädchen gewünschten Videos, gleich drei an der Zahl, wie ich erstaunt bemerkte. Wie soll das gehen, dachte ich, drei Videos an einem einzigen Wochenende, das wird ja ein Marathon? Es ging, und wie! Nicht nur Janna und Alina schauten die Filme an, zu zwölft lümmelten wir in unserem Gästezimmer auf sämtlichen verfügbaren Polstern herum, und wir zogen uns an einem einzigen Wochenende alle drei Folgen des schwülstigen Epos hinein. Zwischendurch kochte ich auch mal Kaffee, richtete belegte Crackers, wir nahmen den strömenden Regen wahr, aber gnadenlos verfolgten wir die Filme, stritten mal miteinander über Sinn oder Unsinn der Geschichte – wir gaben erst auf, als wir nur noch übersättigt „Uff" sagen konnten. Am Ende schworen wir einander, lange Zeit nicht mehr fernsehen zu können und gingen völlig übersättigt auseinander. Dennoch habe ich dieses verrückte Wochenende in guter Erinnerung. Noch heute sehe ich wenig fern, aber wenn, dann mit meiner ganzen Person, ich sehe nicht einen Film an, ich lebe in ihm, bin ein Teil davon. Wenn mir gesagt wird, das sei doch nur ein Film, kann ich nur irritiert die Schultern zucken; ich sehe die Gefahr, die Gefühle, lebe sie mit, und denke: keine Ahnung, die haben keine Ahnung.

Zur Weihnachtsfeier der *Primary School* war Jannas große Stunde gekommen. Michael und ich saßen als stolze Eltern unter den Zuschauern, als Janna in einem Singspiel ihren Auftritt als Schneekönigin hatte. In einem weißen, langen Gewand spann sie, silbern geschmückt, ihre magischen Fäden als Königin der Kälte, während wir Eltern in der Hitze versuchten, uns Kühle zuzufächeln. Danach durfte sie auf Deutsch, Englisch und Japanisch „Stille Nacht" zu Klavierbegleitung vorsingen, und wir sahen beglückt, wie unser Kind sich den anderen Eltern präsentierte.

Das beheizte Klavier ...

ging letzlich in Flammen auf, die Saiten zersprangen mit lautem Pingping. Warum? Der fromme Schösslingausbuddler, s.S. 211, hatte es bei unserer Abreise erstehen wollen, pokerte dann aber wegen des Preises derartig rum, dass Michael der Film riss, er zwischen unserem und dem Haus des Nachbarn eine Woody-Allen-Show zelebrierte und das gute Stück in Brand setzte.

Badenfreuden in der Südsee

Dann kam Weihnachten, ich bereitete mich mit John und Jimmy auf den Ansturm der Gäste vor, die vor allem aus Lae kommen sollten. An Heiligabend blickten wir uns am Nachmittag fragend an: längst hätten die Gäste eingetroffen sein müssen, aber nicht ein einziger zeigte sich. Ich rief in Lae bei einigen der Gäste an, konnte aber niemanden erreichen. Gegen Abend machte ich mich grübelnd und voller schlechtem Gewissen meiner Familie gegenüber auf den Heimweg, und verbrachte diesen Abend ziemlich ratlos. Am nächsten Morgen rief ich wieder bei Ron an, meinem Chef aus Lae, der ebenfalls mit seiner Familie hatte kommen wollen, und hörte fassungslos seiner Schilderung zu: Er war in aller Früh mit seiner Familie in Lae aufgebrochen. Sie hatten anstandslos sämtliche Flüsse durchquert, aber kurz vor Madang war ihnen plötzlich der Weg versperrt. Sie hielten in einiger Entfernung vor einer Brücke, die stand auch noch, nur die Straße davor und dahinter gab es nicht mehr. Sie war offensichtlich vom vielen Regen weggespült worden. So hatten sie sich auf den Rückweg gemacht und unterwegs immer wieder andere Autos vor einer Weiterfahrt gewarnt.

Dieses Weihnachten verbrachte ich nicht mit Kocherei, was mich auf den Gedanken brachte, in Zukunft an Feiertagen kein Essen mehr anzubieten. Ich schrieb meinen Vorgesetzten in Lae, man könne nicht von mir erwarten, für mein Gehalt ohne Freizeit auskommen zu können. Sie schluckten meine Pläne anstandslos. Von nun an gab es nicht nur am Wochenende kein Essen in meinem Gästehaus, auch die Feiertage gehörten mir und meiner Familie. Stattdessen hatten die Gäste die Möglichkeit, in der Küche selbst einen kleinen Snack zuzubereiten. An Silvester war das Haus schon wieder ausgebucht. Ich lud ein paar besonders nette Gäste ein, es mit uns in Amron zu begehen, und so verbrachten wir den Abend mit einer bunten Gruppe von Menschen, die ich zwar auch bekochte, aber eben zu Hause.

In Madang lernte ich Uwe kennen, der neu bei *Lutheran Shipping* arbeitete. Als ehemaliger Kapitän, groß und mit leuchtend blauen Augen, wurde er eine echte Bereicherung für unser Leben. Uwe hatte eine interessante Vergangenheit hinter sich, die er uns schilderte. Mitte der siebziger Jahre war er in Niugini gewesen und hatte die alte Nussschale *Simbang,* die nun von der viel moderneren *Totol* abgelöst war, an der Küste entlanggeschippert. Später hatte er als Kapitän Öltanker über die Meere gelenkt und war eines Tages dieser Arbeit absolut überdrüssig, so dass er fristlos kündigte und sich eine Jacht in Taiwan kaufte. Er und seine Frau Renate, eine Ärztin, hatten beschlossen, sich die Welt vom Meer aus anzuschauen. So segelten sie los, von der Nordsee aus hinunter zu den Kanarischen Inseln.

Wo es ihnen gefiel, da blieben sie eine Weile, bis es sie weiterzog. Auf Tahiti brachte seine Frau eine Tochter zur Welt, die sie Tiare nannten. Sie segelten weiter, bis sie schließlich nach zwei Jahren in Neuseeland an der Nordhälfte der Insel hängenblieben, und ihr „Bubchen" geboren wurde. Bald stellte sich heraus, dass der Sohn mit einem Herzfehler zur Welt gekommen war, und er wurde nur vier Jahre alt. Während Uwe über den Tod seines „Bubchens" kaum hinwegkommen konnte, lernte Renate, die als Ärztin vielleicht die Situation nüchterner eingeschätzt hatte, für seinen Geschmack zu schnell das Lachen wieder. Die Ehe zerbrach, und er hatte sich an seine Wurzeln in Niugini erinnert und arbeitete wieder bei *Lutheran Shipping,* nur dieses Mal nicht als Kapitän, sondern als Organisator im Büro.

Bei seinen zahlreichen Besuchen im Gästehaus behauptete Uwe mir gegenüber: „Ich bin ein Geschäftstalent, wenn du mich in die Wüste stellst, verkaufe ich dir Sand". Als ich ihn Jahre später von Deutschland aus einmal anrief, berichtete er mir, er habe gerade ein Postamt in Neuseeland gekauft, seine Tochter Tiare sei Pilotin geworden und fliege immer wieder, die Flügel ihres Flugzeugs schwenkend, über sein Haus hinweg. Aber uns in Madang steckte er nun erst einmal mit seiner abenteuerlichen Segelfreude an, und wir verbrachten so manches „maritime" Sonntagsfrühstück in seinem Haus, zu dem ich selbstgebacken Brötchen mitbrachte. In seiner Begeisterung steckte er uns derart an, dass wir lange Zeit erwogen, als „Yachties" die Welt zu umsegeln. Bei einem Besuch von Uwes Exfrau mit Tochter Tiare freundete Janna sich gleich mit dem weltoffenen Mädchen an und sie schrieben sich noch lange Zeit Briefe.

Tschernobyl – und das Leben geht weiter, auch in Niugini

Roswitha rief mich früh am Morgen aus Baitabag mit kippeliger Stimme an: „Jochen hat gerade Deutsche Welle gehört. Es hat ein fürchterliches Unglück gegeben! Habt Ihr schon etwas davon gehört?" Langsam, stockend, brachte sie System in ihr Entsetzen, sie erzählte von einem Atomkraftwerk in der Sowjetunion, in der Ukraine, in dem es einen Super-Gau gegeben habe. GAU stehe für „größter anzunehmender Unfall", ganz Europa sei von der atomaren Strahlung verseucht, es werde viele Jahre dauern, bis diese üble Strahlung abgeebbt sein werde. Verstört legte ich den Hörer auf.

Ich berichtete Michael von dem Gehörten. Wir beschlossen, gegen Abend bei meinen Eltern anzurufen, um Näheres zu erfahren, denn jetzt lagen sie mit Sicherheit noch im Bett. In Deutschland war es mitten in der Nacht. Wir saßen zusammen und versuchten, uns zu erklären, was so ein Supergau nach sich ziehen könne. Die Worte fehlten uns, wir brachten nichts zustande, das einen Sinn ergeben hätte. Zunächst war ich nur heilfroh, so weit ab vom Geschehen in Deutschland zu sein; hier, in einem Land, das dort „Wildnis" genannt wurde, konnte meinen Kindern nichts geschehen, glaubte ich. Michael hörte noch einmal Deutsche Welle, und kam mit besorgter Miene zurück, nicht viel klüger als vorher. Anscheinend sei dort die Hölle los, meinte er, alles, was er gehört habe, sei voller Widersprüche.

Die Zeit verstrich schleichend, endlich, am Nachmittag, hielten wir es nicht mehr aus und meldeten uns beim Telefonamt an, um meine Eltern anzurufen. Meine Mutter stand offensichtlich unter Schock, sie konnte uns nicht viel mehr mitteilen als das, was wir bereits über die Deutsche Welle wussten. Das Land liege im Koma, meinte sie, das einzig Sichere sei, dass nichts mehr so war, wie es vorher gewesen war. Ständig gebe es in den Nachrichten neue Verhaltensmaßregeln, wie: die Fenster geschlossenzuhalten, sich möglichst wenig im Freien aufzuhalten, die Kinder auf keinen Fall im Sandkasten spielenzulassen, da Sand die Strahlung am schnellsten aufnehme. Pilze würde man in Deutschland für viele Jahre nicht essen können, Wild auch nicht, warum, das könne sie sich auch nicht erklären. Traurig klagte sie: „Es ist so ein schöner, milder Frühling draußen, ich kann kaum glauben, dass der Salat und das Gemüse im Freien nicht essbar sein sollen, wie uns in den Nachrichten erzählt wird, man sieht jedenfalls nichts davon."

Nachdem ich den Hörer aufgelegt hatte, sahen wir uns fassungslos an – Deutschland war offensichtlich im Chaos versunken. Ich bäumte mich auf gegen die Hoffnungslosigkeit, die sich in uns breitmachen wollte und erinnerte Michael daran, wie wir die Nachrichten im Heimaturlaub empfunden hatten, wie die deutschen Medien in der Regel jedes Thema breitwälzten und ausschlachteten. Was blieb, war tiefe Ratlosigkeit.

Roswitha und Jochen kamen mit ihren Kindern zu uns, wir überlegten gemeinsam, was wir hier am anderen Ende der Welt tun könnten. Uns fiel nur ein, dass es etwas Ritualhaftes sein müsse. Nacheinander duschten wir, was uns wie eine angebrachte Reinigungszeremonie vorkam. Dermaßen gereinigt, pilgerten wir mit Kerzen in die Pyramide hinter dem Haus und setzten uns, einander an den Händen haltend, in einem Kreis zusammen. So saßen wir lange schweigend, jeder seinen eigenen Gedanken nachhängend. Es geschah nichts Besonderes, aber am Ende fühlten wir uns alle etwas leichter. Danach war auch für uns nichts mehr so, wie es vorher gewesen war.

Einige Wochen später wurde in den Supermärkten in Madang deutsche Butter zum Vorzugspreis angeboten, was bei uns gruselnde Gänsehaut auslöste. In abendlichen Gesprächen beschlossen Michael und ich, nie mehr nach Deutschland zurüchzukehren. Uwes Neuseeland peilten wir an, oder Australien, wir wollten unsere Kinder in Sicherheit aufwachsen sehen. Meine pragmatische Mutter schrieb uns: „Was wollt ihr, wir leben alle auf dem gleichen Planeten. Sicherheit gibt es auf dieser Erde nicht."

Eines Nachmittags, als Amos wieder zu den kurzen Ferien bei uns war, war ich mit den Kindern auf dem Weg nach Nagada zum Baden. An der Abzweigung der Straße wurden wir von einem Polizisten angehalten. Freundlich wie immer rief ich locker: „Abinun!", womit in Niugini üblicherweise den ganzen Tag über gegrüßt wurde. Mein Gruß wurde nicht wie gewohnt erwidert, der Uniformierte schaute mich nur scharf an und verlangte kategorisch, auf meine Zigarettenschachtel zwischen den Sitzen deutend: „Smok i kam!" Genau übersetzt bedeutet das: „die Zigarette kommt", aber das war es nicht, was mich erschreckte. In Tok Pisin gab es zwar eigentlich kein Wort für „bitte"; was mich so alarmiert aufschauen ließ, war der fordernde, bedrohliche Ton. Ich reichte dem Mann meine Zigarettenschachtel und er nahm sich in aller Ruhe drei Zigaretten heraus, reichte mir die Schachtel zurück, und bedeutete mir, weiterzufahren.

Wir brachten auf der Weiterfahrt zunächst kein Wort heraus über diese erschreckende Begegnung, aber in Nagada setzten wir uns erst einmal am Strand zusammen, um miteinander das Ganze zu verarbeiten. Am Abend schilderten wir Michael unser Erlebnis, und auch er war erschrocken, dass so etwas in unserer kleinen Hafenstadt möglich sein sollte, in der wir uns bisher in einer heilen Welt gewähnt hatten. Amos klagte bitter: „Jetzt geht das also auch bei uns los, was im Hochland schon längst üblich ist!" Als er nach diesen Ferien nach Ukarumpa zurückflog, bat er uns beim Abschied: „Passt auf euch auf, bitte!"

Bei Janna stellte der Zahnarzt in Lae fest, dass ihr Kiefer zu klein sei für all die Zähne. Er müsse ihr vier Zähne ziehen, stellte er fest, um dann mit einer Spange die Eckzähne in die entstandenen Lücken hineinzudrücken. An einem Freitag in der Trockenzeit flogen wir mit Janna nach Lae, da bei unserem Zahnarzt gerade eine Kieferorthopädin mitarbeitete, die ihr gleich nach dem Zähneziehen die Spange anpassen sollte. Da die Ärztin nur für kurze Zeit in Niugini war, musste Janna diese Ochsentortur an einem einzigen Wochenende überstehen. Wir durften zwar händchenhaltend dabei sein, aber die Schmerzen wirklich mitzutragen, war nicht möglich.

In Lae wohnten wir jetzt bei Rudolf, dem Entwicklungshelfer, über dessen Freundin mit Waschzwang uns Paulchen damals berichtet hatte. Lae kam uns unerträglich heiß vor, auch wenn in Rudolfs Haus sämtliche Ventilatoren auf Hochtouren liefen. In der hohen Luftfeuchtigkeit konnten ein bis zwei Grad mehr Hitze einen Riesenunterschied ausmachen. Nachdem Janna das Zähneziehen überstanden hatte, erstand ich in einem Supermarkt zwei riesige Plastikdosen, es müssen Gallonen gewesen sein, mit Eiskreme. An normale Nahrung war nicht zu denken, so dass sich das Kind ein Wochenende lang ausschließlich von Eiskreme ernährte, was zudem etwaigen Nachblutungen entgegenwirkte. Zum Glück hatte Rudolf noch andere Entwicklungshelfer zu Besuch, so dass unser armes gebeuteltes Mädchen durchgehend jemanden hatte, der sich liebevoll um sie kümmerte.

Am Montag hatten wir gleich am Morgen einen Termin beim Zahnarzt und Janna bekam von der Kieferorthopädin ihre Spange angepasst. Danach fanden wir uns bei Paulchen auf eine Tasse Kaffee ein. Endlich habe Janna alles überstanden, erzählten wir Paulchen glücklich, so dass er Janna ausnahmsweise mit einer Riesenportion Eiskreme beglückte, die sie ohne jegliches Murren vertilgte.

Rudolf brachte uns am Nachmittag zum Flughafen, nach dem „Ochsenwochenende" zog es uns zurück nach Madang. Wir hatten unser Gepäck gerade aufgegeben und warteten auf den Aufruf unseres Fluges, als auf der Rollbahn des kleinen Flugplatzes von *Talair* eine mittelgroße Maschine landete und neben uns Wartenden ausrollte. Wir müssen irgendein Geräusch gehört haben, denn plötzlich standen wir alle vor dem Gebäude und sahen, wie eine schwarze Lawine auf uns zurollte. In meiner Erinnerung geschieht das völlig geräuschlos, es hat etwas Gespenstisches, so dass wir einfach nur fassungslos dastanden und die Masse von schwarzen Menschen auf uns zuwogen sahen.

Sie trabten heran, unaufhaltsam, Frauen mit Bilums auf dem Rücken, Männer mit bemalten Gesichtern, eindeutig Hochländer, es schien, als könne nichts diese Menschen zur Umkehr bewegen. Immer näher kamen sie auf uns zu, die wir wie gelähmt dastanden. Endlich geriet auch unsere Gruppe in Bewegung, wir hatten erkannt, dass wir uns vor der anwogenen Masse aus Menschen in Sicherheit bringen mussten. Wir fühlten uns wie Gejagte, Panik hatte uns erfasst. Wir rannten ins Gebäude, sahen zurückblickend, wie die Lawine sich weiter näherte, hüpften über Gepäckwaagen, weg, nur weg in Sicherheit, und drängten uns an die Wand.

Die schwarze Woge zog an uns vorbei, mit dumpfen Gesichtern, nicht rechts, nicht links blickend, schwappte nach draußen zu dem gelandeten Flugzeug. Männer hoben aus dem Bauch des Flugzeugs einen Sarg heraus, er wurde sechs Männern auf die Schultern geladen und ein unmenschlich klingender Schrei drang aus vielen Mündern. Ich rief dem neben mir stehenden Talairpiloten zu: „Alles, was ich möchte, ist weg von hier, ich will nach Madang!" Er schaute mich an: „Da sind wir schon zu zweit", antwortete er, „aber wenn die sich nicht beeilen, wird das heute nichts mehr mit einem Flug!" Jetzt kam wieder Bewegung in die Menschenmasse: genauso unaufhaltsam wie vorher, wogte sie an uns vorbei nach draußen auf die Straße, und wir schauten ihnen nach, bis der Pilot rief: „Auf auf, Leute, sonst wird das heute nichts mehr mit Madang!" So eilten wir zum Flugzeug, so schnell wir konnten.

Noch nie war ich so glücklich, Madang zu sehen, wie an diesem Tag. Erst später fanden wir heraus, weshalb es zu diesem Menschenauflauf gekommen war. Okuk, ein Politiker aus der Chimbuprovinz im Hochland, ehemals Außenminister des Landes, war gestorben. Seine Sippe ließ seinen Leichnam von Stadt zu Stadt fliegen, und in jeder kamen die Chimbus zum Flugzeug, um den Sarg durch die Straßen zu tragen. Ulrich und Helga erzählten uns später, dies sei das erste Mal gewesen, dass sie Goroka im absoluten Ausnahmezustand erlebt hatten. Die Einheimischen hätten Geschäfte geplündert, Polizisten hätten die Einbrecher gejagt, dabei in die Luft geschossen, Goroka sei ein einziger Hexenkessel gewesen.

Zurück in meinem Gästehaus, begrüßte ich ein neu angekommenes älteres amerikanisches Ehepaar, die sich als Ed und Estelle, die zukünftigen Hosteleltern für Ukarumpa, vorstellten. Zunächst dachte ich erschrocken: wie soll das gut gehen, zwei so alte Leute, die können doch niemals bei unseren Kindern die Eltern vertreten? Da sie zur Orientierungszeit in Madang waren, waren wir bemüht, ihnen alle unsere schönen Plätze zu zeigen. Wir nahmen sie mit nach Sinub, zum *waterhole,* nach Nagada, kreuzten mit dem Motorboot zwischen den Inseln herum, zeigten ihnen, was wir für zeigenswert hielten. Im Laufe der Tage lernten wir zwei natürliche Menschen mit einem ganz eigenen, feinen Sinn für Humor kennen. Sie waren sehr aufgeschlossen, Neues zu lernen, so dass wir keine Mühe hatten, ihnen erste Wörter in Tok Pisin beizubringen. Der Begriff *wantok* war besonders einleuchtend für sie.

Eines Sonntags suchten wir mit Ed und Estelle das *Jais Aben* Hotel zum Lunch auf und lernten dabei einen amerikanischen Tauchlehrer kennen. Ed stellte sich ihm als Pfarrer im Ruhestand vor, der nun dabei sei, ehrenamtlich als Hausvater das Hostel in Ukarumpa zu übernehmen. Großspurig tönte der Tauchlehrer: „Ich bin in dieses Land gekommen, um eine Menge Geld zu machen, das war meine Philosophie!" Auf dem Rückweg meinte Ed schmunzelnd: „Das kann auch nur einem *wantok* von uns einfallen, Geld machen als Philosophie zu bezeichnen". Als die beiden nach vier Wochen ihre Orientierungszeit in Madang abgeschlossen hatten, trennten wir uns als Freunde. Sie wurden die besten Hosteleltern, die das Lutheran Hostel je gehabt hatte.

Ligita kam zu mir ins Gästehaus und fragte spöttisch, ob alle meine *wantoks* in der Mitte der Straße gingen – ich schaute sie verständnislos an. Sie sagte: „Da ist im Hafen wieder eines dieser Russenschiffe, dieses Mal heißt es Maxim Gorki, die sind doch immer vollgepackt mit deinen *wantoks.* Gerade kam ich in der Stadt auf der Straße kaum weiter, weil die einfach nicht schauen, sie gehen tatsächlich in der Mitte der Straße, als gäbe es bei euch keinen Verkehr!" Da sie keine Kinder hatte und sich unterfordert fühlte, bot Ligita mir an, mich bei meinen Markteinkäufen zu begleiten. Auf dem Marktplatz wimmelte es von Weißen und Ligita meinte lachend: „Siehst du, sie gehen nicht nur in Trauben in der Mitte der Straße, sie treten auch sonst nur in Horden auf!" Empörter als die Einheimischen um uns herum beobachteten wir eine dicke, blonde Frau, wie sie gerade achtlos über Gemüse, das auf der Erde auf Bananenblättern lag, hinwegstieg. Ich sagte zu Ligita: „Meine *wantoks* treten nicht nur in Horden auf, offensichtlich hat ihnen auch niemand gesagt, wie man sich in diesem Land zu benehmen hat." Ich ahnte noch nicht, dass diese Gelegenheit sich bald für mich ergeben würde. Wieder war es Peter, der Besitzer des Madang Hotels, dem ich eine außergewöhnliche Erfahrung zu verdanken hatte.

Vorträge über Niugini auf der Kazakhstan

Auf dem Weg zum Pool des Madang Hotels begegnete ich Linus, dem Kapitän des *Melanesian Explorer.* Begeistert rief er bei meinem Anblick: „Oh Gabi, du wirst ja fett!" Ich schaute an mir hinunter, ich konnte nichts dergleichen entdecken. Zu Linus sagte ich: „Soweit ich das sehen kann, bin ich nicht dicker als damals auf deinem Boot, und fett zu werden, habe ich eigentlich nicht vor." Er komme gerade aus dem Büro von *Melanesian Tours,* berichtete Linus, und da sei mit Sicherheit gerade mein Name gefallen, er wisse nur nicht, in welchem Zusammenhang. In seinem Büro trafen wir auf Peter und seinen Sekretär. „Ja", meinte Peter, „wir haben in der Tat gerade von Dir gesprochen." Er brauche jemanden, der für „Delphin Seereisen", eine deutsche Reiseagentur für Kreuzfahrten, Vorträge auf einem Schiff während der Fahrt von Cairns nach Madang hielt, erzählte er, spontan sei ihm dabei ich eingefallen.

Hinter meinen Schläfen fing es an, zu hämmern. Ich sah mich wieder auf dem Melanesian Explorer, Bilder von der „Weltreise der Demütigung" stiegen auf, ich hörte, wie Frau Macks mich eine kleine Missionarsfrau nannte. Oh nein, dachte ich, nicht noch einmal so etwas. Peter sprach ungerührt weiter, er würde mir eine Einreiseerlaubnis für Australien besorgen, ich brauchte nur nach Cairns zu fliegen und dort an Bord der MS Kazakhstan gehen. In den zwei Tagen, die sie von Cairns nach Madang benötigte, sollte ich den Deutschen an Bord über mein Leben in Niugini Vorträge halten, und schon sei ich wieder in Madang. So langsam fing die Sache an, mich zu reizen. Peter fügte noch hinzu, das Ganze sei in keiner Weise vergleichbar mit der damaligen Reiseleitung, womit er mich dann bezirzt hatte.

In den drei Wochen, die mir blieben, organisierte ich alles bestens. Wieder war Ligita bereit, mich im Gästehaus zu vertreten, sie sagte sogar freudig zu, hatte sie doch dadurch eine richtige Aufgabe. Ich erinnerte mich an Rick aus Townsville, der Silvester bei uns in Amron verbracht hatte, und mit dem ich Adresse und Telefonnummer ausgetauscht hatte. Er hatte zum Abschied gesagt, wenn ich jemals nach Australien käme, würde er mir auf jeden Fall sein Land zeigen. Als ich bei ihm anrief, sagte er sofort zu, sich Urlaub zu nehmen und mich in Cairns abholen zu wollen. Ich solle versuchen, ein paar Tage früher zu einzutreffen, damit er genügend Zeit habe, mir sein „Aussieland" zu zeigen.

An den Abenden, die zunehmend zu Regenabenden wurden, sah ich meine Notizen von den Kurzvorträgen auf dem *Melanesian Explorer* durch und bastelte daraus zwei Vorträge für die *Kazakhstan.* Peters Sekretär überreichte mir eine Einreiseerlaubnis für Australien sowie ein Flugticket nach Cairns, Michael brachte mich mit Janna zum Flughafen – ich war auf dem Weg in ein neues Abenteuer.

Ich flog über Port Moresby nach Cairns, wo mich Rick erwartete. Wie versprochen, zeigte er mir „sein Australien", wir verbrachten unvergessliche drei

Tage, die im Nu verflogen. Zunächst buchten wir uns in einem Motel ein, verstauten unser Gepäck, und los ging´s mit Erkundungsfahrten rund um Cairns. Die Straße wand sich an riesigen Zuckerrohrplantagen vorbei die Berge hinauf. Rick zeigte mir die Tafelberge, die „Atherton Tablelands" im Hochland, gleich hinter Cairns, mit wunderschöner Aussicht auf das Mulgrave Valley und seinem dichten Regenwald. Rick machte mich auf die Zerstörung des unter uns liegenden Waldes aufmerksam, die durch einen, erst kürzlich über das Land gezogenen Zyklon, einen Wirbelsturm, wie er in Australien häufig vorkommt, entstanden war.

Anschließend zeigte er mir etwas ganz Besonderes: Wir hielten vor der Ruine eines malerisch überwachsenen Schlosses im spanischen Stil. Rick erzählte die ergreifende Geschichte eines nach Australien ausgewanderten Spaniers, der für seine Liebste in Spanien dieses Schloss, das dem ihres Vaters glich, errichtete. Als es fertig war, schrieb er nach Spanien, seine Braut könne nun nachkommen, musste aber erfahren, dass sie an irgendeiner Seuche gestorben war. Traurig hatte der Spanier das Schloss niemals bezogen und es dem Verfall anheimgegeben. „Bald werden die Touristen in Scharen hier anrücken", seufzte Rick traurig, „bis jetzt ist der Ort noch ein Insidertipp, den nur wir Einheimischen kennen". Auf der Rückfahrt parkte er unvermittelt bei einem kleinen Fluss, in dem wir ungefährdet schwimmen konnten, da er, wie Rick wusste, garantiert krokodilfrei war.

Am nächsten Tag schipperten wir mit einem Glasbodenboot zum Great Barrier Reef. Auf der Fahrt erklärte unser Bootsfahrer, wir hätten gut daran getan, unsere Schnorchel mitzubringen, denn da draußen sei die Welt noch in Ordnung. Wir hielten an einer kleinen Insel, bekamen frischgefangenen Hummer mit einem köstlichen Dipp serviert, und weiter ging die, durch den Glasboden des Bootes herrlich zu beobachtende „bunte" Fahrt zum größten Korallenriff der Erde. Wir schnorchelten eine Weile, aber irgendwann sagte ich zu Rick: „Was haben nur alle für ein Getue mit diesem Riff, bei uns in Niugini sieht man die gleiche bunte Welt beim Schnorcheln unter sich wie hier!" Er lachte: „Ja, aber dies ist Australien, und schon allein deshalb etwas Besonderes, du Niugini-Nationalistin!" Da war er wieder, dieser ganz natürlich gezeigte Nationalstolz, den ich an Touristen schon so oft bemerkt hatte, egal, aus welchem Land sie kamen. Ob wir Deutschen wohl jemals dazu in der Lage sein werden, fragte ich mich?

Am Abend setzten wir uns zum Essen in eins der Straßenrestaurants, die es in Cairns Tür an Tür gab. Wieder berührten mich die offenblickenden Menschen, die durch die Straßen der Stadt schlenderten, nicht eilten. Menschen, die Zeit hatten, einander in die Augen zu schauen und zu grüßen. Rick erstand noch eine Flasche Wein in einem *bottle shop* und erklärte mir, dies sei hier so üblich, da sich die Restaurantbesitzer auf diese Art die Lizenz für Alkoholausschank ersparten. Tatsächlich wurden uns im *b.y.o.*-Restaurant anstandslos schöne Weingläser auf den Tisch gestellt – *b.y.o.* steht für *bring your own,* bring deinen eigenen (Alkohol), was ich in Cairns zum ersten Mal erfuhr.

An diesem Abend, meinem letzten in Cairns, hatte ich ein Erlebnis, mit dem ich bis heute nicht umgehen kann, vor dem mir sogar bange ist, es aufzuschreiben. Wir bestellten unser Essen, prosteten uns mit unseren Gläsern Wein zu, als ich spürte, dass mich jemand ansah. Spürte, schreibe ich, es war mehr als Spüren – etwas bohrte sich von der Seite in mich hinein, ließ mich nicht mehr los, zwang mich aufzusehen. Gerade hatte ich mich noch lachend mit Rick unterhalten, jetzt konnte ich nicht mehr hören, was er sagte, das „Etwas" sog meine Aufmerksamkeit wie mit magischen Kräften an. Aus den Augenwinkeln nahm ich einen Aborigine, einen Ureinwohner Australiens, wahr, der auf einer Bank unter einem der rötlich gefärbten Eukalyptusbäume saß, und ich wusste tief in mir, dass es dieser Mann war, dessen Kräfte mich gezwungen hatten, in seine Richtung zu blicken.

Unser Essen wurde gebracht, ich wollte essen, aber der Blick des Aborigene hinderte mich, hielt mich fest. Er stand auf, noch immer mich anblickend, kam auf uns zu. Neben unserem Tisch stehend, sagte er mit heiserer Stimme: „*You arrr one of us,* du bist eine von uns!" Ich schaute fassungslos auf, begegnete seinem Blick – ein Gefühl der völliger Unwirklichkeit überkam mich, die Augen des Mannes schienen größer zu werden, als wollten sie mich mitnehmen, irgendwohin, aber ich wollte nicht mit. Er versuchte es noch einen Moment mit seinen Augen, bis er sich umdrehte und einfach in der Menschenmenge verschwand. Noch heute kann ich den Blick des Mannes spüren und seine Worte hören, aber noch immer weiß ich nicht, was das alles zu bedeuten hatte.

Der große, dunkle Mann war verschwunden, aber ich konnte nicht essen, zu tief war mein Innerstes getroffen von einem einzigen langen Blick. Rick meinte, das sei nur „irgend so ein Abo" gewesen, aber ich fühlte, dass es mehr war. Noch jetzt beim Aufschreiben dieser Begegnung, muss ich mich innerlich schütteln, um das beklemmende Gefühl abstreifen zu können, das sie in mir bewirkt hat, und die Trauer über das Nichtverstehen stellt sich wieder ein.

Am nächsten Tag brachen wir früh auf, da mir Rick noch einmal etwas Außergewöhnliches zeigen wollte, bevor er mich gegen Abend zu meinem Schiff bringen musste. Wenn ich mich an das Umland von Cairns erinnere, sehe ich vor mir breite Straßen, eingerahmt von Wäldern aus Zuckerrohr, und weiter draußen vor der Stadt blaues Meer und lange, von Kokospalmen gesäumte Strände. Wir biegen um eine Kurve, der gleiche Traumblick tut sich auf; ich schaue hoch zu den Bergen, und sehe endlosen Regenwald, der sich bis hoch hinauf erstreckt. Weiter im Inland ist alles von den Rottönen der Erde geprägt, die Luft schwirrt in ihnen über einsam stehenden Eukalyptusbäumen.

Wir besuchten einen Ort, wo wir eine seltsam altmodische Eisenbahn bestiegen, die nostalgische Erinnerungen in mir weckte, sie hatte die Bezeichnung

„Eisen-Bahn" wirklich verdient. Mit ihr ratterten wir einen gewundenen Weg hinauf, immer am (kürzlich durch den Zyklon geschädigten) Regenwald vorbei. Wir erreichten den bezaubernden kleinen Ort Kooranda, eine von Künstlern aller Richtungen bewohnte Enklave, und bummelten lange durch das Städtchen. Wir kamen mit den freundlichen Bewohnern ins Gespräch, die teilweise begeistert reagierten, wenn ich mich als eine in Niugini lebende „Kraut" zu erkennen gab, und eine Malerin lud uns spontan zum Mittagessen ein. Rick blieb nur noch die Zeit, mich zu Wasserfällen zu bringen, die meterhoch inmitten des Urwalds so laut heruntertosten, dass wir uns lediglich schreiend verständigen konnten. Schon war die Zeit gekommen, mich zu meinem Schiff zu fahren.

Im Hafen von Cairns thronte groß und weiß die MS Kazakhstan, geschmückt mit gelbem Hammer und Sichel auf rotem Grund. Ich bedankte mich bei Rick dafür, dass er mir sein Australien gezeigt hatte und ging an Bord des Kreuzfahrtschiffes. Auf diesem Schiff arbeiteten neben der Reiseagentur ausschließlich Sowjetbürger, denen es untersagt war, außer bei ihrem Service Kontakt mit den deutschen Reisenden aufzunehmen. Ich wurde von Marianne, einer deutschen Reiseleiterin herzlich begrüßt, die mir zunächst meine Kabine zeigte. Sie führte mich über lange teppichbelegte Korridore, so dass ich nun verstehen konnte, warum immer, wenn eines dieser Schiffe in Madang lag, so viele Weiße die Stadt überfluteten. Die Kazakhstan konnte mindestens hundertachtzig Passagiere aufnehmen, und nach endlosen Fluren öffnete Marianne meine geräumige Außenkabine mit einem offenstehenden Bullauge. Ich stellte mein Gepäck ab und wurde anschließend durch das ganze riesige Schiff geführt, mit all dem Luxus, den es zu bieten hatte. Sie zeigte mir die exquisit ausgestatteten Speisesäle, daneben eine riesige Halle für Vorführungen, Konzerte und Vorträge. Eine Etage tiefer waren die Fitnessräume mit allen nur denkbaren Geräten, eine Bibliothek und das Bordkino.

Ganz oben sah ich die Sonnendecks mit Liegestühlen neben einem großen Pool – auf diesem Luxusschiff war an nichts gespart worden. Oben in ihrem Büro händigte mir Marianne einen Schiffsplan aus und sagte, um neunzehn Uhr werde sie mich im Speisesaal A erwarten. Trotz des Plans brauchte ich ziemlich lange, um meine Kabine zu finden. Dreimal landete ich im Speisesaal und versuchte von dort aus, mich zu orientieren. Schließlich hielt ich einen Steward an, der mir mit stoischer Miene in hartem Deutsch Auskunft erteilte.

Ich schaffte es gerade noch, zu duschen, als es schon an der Zeit war, mich auf den Weg zum Speisesaal zu begeben. Dieses Mal fand ich leichter den Weg, denn auf den Korridoren waren viele Kabinennachbarn unterwegs zum gleichen Ziel. Marianne erwartete mich bereits und stellte mich gleich dem „Künstlervölkchen" vor, dem ich nun als Vortragsrednerin angehören sollte. Ohne jegliche Vorbehalte wurde ich von diesen Menschen locker aufgenommen, sie wollten nur wissen, was mein Auftrag auf dem Schiff sei, schon war ich eine der Ihren. Ich fühlte mich erst ein bisschen fremd unter ihnen in meinem Secondhand-Kleidchen, das ich in Chinatown in Madang erstanden hatte. Ich lernte den Schlagersänger Graham Bonney mit seiner Frau Iris kennen, den Zauberer Perry mit Frau Eve, und noch das schwule Seidenmalerpärchen Mike und Mike. Mit ihnen am Tisch saß eine flotte blonde Hamburgerin namens Günna, zu der ich mich spontan hingezogen fühlte.

Alle begegneten mir äußerst aufgeschlossen. Beim Abendessen lauschte ich amüsiert den Insidergesprächen, man war schon seit Genua zusammen und hatte so einige gemeinsame Erfahrungen gesammelt. Aber auch ich wurde wie selbstverständlich in die Unterhaltung mit einbezogen, und innerhalb kurzer Zeit hatte sich bei mir jedes Gefühl von Fremdheit gelegt, ich fühlte mich rundum aufgehoben in diesem Kreis, und bald „badete" ich in dem lebhaften, auf Deutsch geführten Gespräch. Während des Abendessens legte die Kazakhstan ab und nahm Kurs auf Madang.

Nach dem Essen gab Graham im Vorführsaal ein Konzert, zu dem wir selbstverständlich alle mitkamen. Für mich, die ich eigentlich nur klassische Musik hörte, war dieses Konzert trotzdem ein wahrer Hochgenuss, und ich fühlte mich an die sechziger und siebziger Jahre erinnert. Graham verstand es, uns alle mitzuziehen in seine Musik, er verbreitete Schwung und gute Laune, am Ende klatschten und klatschten wir alle mit den anderen Passagieren, bis uns die Hände weh taten.

Nach dem Konzert begaben wir uns zusammen an die Bar. Wieder wurde herrlich herumgeflachst, gelacht und gescherzt, als ob wir uns schon ewig gekannt hätten, aber auch richtig gute Gespräche entstanden. Als ich um elf Uhr meine Kabine aufsuchen wollte, wurde ich nachdrücklichst gebeten, mir das gut zu überlegen, ich solle mich nicht so dämlich ausschließen, denn schließlich gebe es um null Uhr das Mitternachtsbuffet. Etwas so Üppiges wie die voll geladenen Tische dieses Buffets hatte ich noch nie vorher gesehen, ich konnte mir jetzt erst bildhaft vorstellen, was gemeint ist, wenn es heißt, die Tische haben sich unter dem Essen gebogen. Natürlich konnte ich nicht widerstehen, mich von dem reichhaltigen Angebot an Speisen zu bedienen, und nun war mir auch klar, warum ich am frühen Abend so viele wohlgenährte Menschen auf dem Sonnendeck gesehen hatte. Mit Sicherheit würde ich nie an einer solchen Kreuzfahrt teilnehmen, zu gut konnte ich mir vorstellen, wie leicht man dabei träger und träger wurde.

Am nächsten Morgen flippte ich nach dem späten Frühstück noch einmal meine Notizen auf einem der Sonnendecks durch – alles, was ich den künftigen Gästen „meines" Landes erzählen wollte, war feinsäuberlich notiert, so dass ich mich gut gerüstet fühlte. Die „kleine Missionarsfrau" würde nicht wieder unvorbereitet in eine Sache hineinschlittern. Beim wiederum üppigen Mittagessen versprachen mir alle am Tisch, zu meinem, für nachmittags angesetzten Vortrag zu erscheinen, und ich fühlte mich eigenartig sicher und geborgen. Ich hatte nicht nur meine Vorträge gründlich ausgearbeitet, ich setzte mich sogar regelrecht in Szene.

Um siebzehn Uhr betrat ich barfüßig den Vorführsaal, gekleidet in einen *laplap* und ein T-Shirt, an den Oberarmen trug ich Muschelarmreife und den spiralenförmigen Schildpattreif von einer der Inseln, die ich als Reiseleiterin besucht hatte, dazu hatte ich mir eine ebenfalls dort erstandene Delphinzahnkette umgehängt.

Ein wenig erschrocken stellte ich beim Betreten des Saals fest, dass er reichlich besetzt war. Da muss ja fast das ganze Schiff hier sein, dachte ich. Ich nahm nur offene Augen wahr, vorne, ganz nah vor mir, sah ich meine Tischnachbarn, und so begann ich. Ich erwähnte, dass ich seit insgesamt sieben Jahren mit meiner Familie in Niugini lebte, gab einen kurzen Abriss über die Geschichte des Landes, ich beschrieb das Leben auf einer Außenstation, sprach über Geburten im Busch, über Cargokulte und animistisches Denken, ich erzählte und erzählte, es floss nur so aus mir heraus.

Als ich nach einer dreiviertel Stunde enden wollte, baten mich alle einstimmig, meinen Vortrag für morgen gleich anzuhängen, und so setzte ich ohne Zögern fort. Ich bewegte mich in die achtziger Jahre, erzählte von dem alten Mann beim *waterhole* an der Nordküste, beschrieb Erlebnisse und Begegnungen mit Menschen in meinem Gästehaus, schilderte „unsere" Insel in bunten Farben, wieder konnte mich nichts aus meinem Redefluss herausbringen. Zum Abschluss präsentierte ich die Geschichte von der Eisenaxt, und was sie alles verändert hatte, und zu guter Letzt wies ich noch auf gewisse Benimmregeln hin, die auf dem Markt in Madang zu beachten waren.

Als ich am Ende aufforderte, Fragen zu stellen, kam natürlich die Frage von einem Mann: „Wie konnten Sie den Menschen dort ihre Kultur nehmen?" Ein vernehmliches Raunen ging durch die anderen Zuhörer, aber ich hatte diese Frage erwartet, sie war schon in meinem Vortrag eingeplant. Zunächst gab ich die Frage zurück und fragte, wer mit „Sie" gemeint sei. „Die Missionen, die Kirchen", war die erwartete Antwort. Jetzt kam die Klugscheißerin in mir zum Tragen, ich warf die Frage in den Saal und ließ alle an ihrer Beantwortung mitarbeiten. Als eine erhitzte Debatte im Gange war, erzählte ich von Michaels Großvater, der nicht hatte wissen können, dass viele „Eingeborene" sich aus anderen, für ihn noch nicht ersichtlichen Gründen taufen ließen. Ich gestand ein, dass von den Missionaren in der Vergangenheit teils schwere Fehler begangen worden waren, warf aber die Frage in den Raum, ob es Ethnologen, die abgeschieden lebende Stämme als paradiesisch beschrieben, in denen aber grausamste Riten gebräuchlich waren, wirklich um die Erhaltung einer uralten Kultur gehe.

Hinzu fügte ich, dass auch einheimische Politiker zwischen der Arbeit der Missionen und der Profitgier von Geschäftsleuten und Pflanzern zu differenzieren wussten. Als ich noch von meiner Reiseleitung bei deutschen Touristen erzählte und von den Zweifeln, die mich im Hochland in Anbetracht des Ausverkaufs der Kultur befallen hatten, waren alle auf meiner Seite: es wäre nicht sinnvoll, um bestimmte Ethnien einen Zaun zu ziehen, denn damit könne man sie nicht vor der so genannten Zivilisation schützen. Zum Schluss erhielt ich tosenden Applaus, und fragte mich, ob ich ein Konzert gegeben hatte, aber meine neugewonnenen Freunde waren der Ansicht, ich hätte meine Schlacht wacker geschlagen. Und am nächsten Tag hatte ich einen freien Nachmittag, den ich im befriedigenden Gefühl genoss, gute Arbeit geleistet zu haben.

Am Morgen darauf legten wir auch schon in Madang an – es war für mich ein geradezu erhebendes Gefühl, einmal die Ankunft eines „Russenschiffs" in Madang von Bord aus zu erleben. Michael und Janna erwarteten mich bereits, sie durften bald auf das Schiff kommen, wo ich sie dem bunten Künstlervölkchen stolz vorstellte. Marianne hatte von der Bordküche jede Menge deutscher Lebensmittel organisiert, und Graham brachte aus der Bar einige Sechserpacks Bier. Wir standen während der Abwicklung der Zollformalitäten zusammen auf dem Oberdeck, und überlegten, wie wir all diese Kostbarkeiten durch den Zoll bekommen sollten. Perry, der Zauberer, hatte eine Lösung, er packte alles in seinen riesigen Zauberkoffer und meinte, irgendwie werde es uns schon gelingen, die Schätze von Bord zu kriegen. Abgemacht war, dass in Amron eine Benefizvorstellung für alle hundertachtzig Schüler und Studenten der Station stattfinden sollte.

Endlich durften wir das Schiff verlassen, die anderen Passagiere sollten den Tag zur freien Verfügung haben und am Nachmittag eine Besichtigungsfahrt entlang der Nordküste unternehmen. Das Künstlervolk wollte mit uns ebenfalls die Nordküste hochfahren, allerdings nur bis Amron, und den Tag bei uns verbringen. Die Zöllner bestaunten Perry`s großen Zauberkoffer und fragten nach dem Inhalt. „Ich bin ein Zauberer", meinte Perry locker und wurde misstrauisch angeschaut. „Sehen Sie", fuhr Perry fort, „das ist mein Beruf". Dabei ließ er aus einem Tennisball grellgefärbte Federn sprießen, aus einem Regenschirm zog er endlose Reihen bunter Tücher, er jonglierte mehrere kleine Bälle vor den mitrollenden Augen der Zollbeamten, aber, als aus einem plötzlich Wasser in ihre Gesichter spritzte, hatten die Zöllner endgültig genug. „Sie können gehen", wurde uns hastig mitgeteilt, und wir begaben uns auf kürzestem Wege zum *Pickup*, den Michael von Gatedai geborgt hatte.

In Amron zeigte Michael der Gruppe voller Freude unseren Garten und das Haus, während ich vor Janna in der Küche all die deutschen Köstlichkeiten ausbreitete, die Perry zaubernd von Bord gebracht hatte: da war Pumpernickelbrot, deutscher Senf, Salami, ein ganzer geräucherter Schinken, es gab Dosen mit Linsen, eingeschweißte Schinkenwürfel, Päckchen mit Bratensauce – wir zehrten lange von den geschmuggelten Schätzen.

Als wir alle zusammensaßen, berichteten wir Michael und Janna, wie es uns an den Tagen ergangen war, die wir zusammen an Bord verbracht hatten. Ich beschrieb die Tische, die sich unter dem Essen gebogen hatten, Iris erzählte, wie ich die Frage des „Spießers" bei meinem Vortrag pariert hatte. Plötzlich kam Günna auf die Veranda, ganz bleich im Gesicht und sagte: „Wie konnte ich nur? Da bin ich doch glatt im Badezimmer auf eine Personenwaage gestiegen!" Sofort stand Graham auf, steuerte den Gang entlang Richtung Badezimmer, Iris rief ihm nach: „Graham, tu`s nicht!" Aber jetzt wollte er es wissen. Als er zurückkam, war er anstatt bleich eher grün im Gesicht – „Kreuzfahrten sollte ich tunlichst nicht mehr mitmachen", sagte er erbittert zu Iris, „sie sind jedes Mal ein einziges Befressnis!"

Allzu bald hatte er wieder Gelegenheit, zu essen. Michael hatte seine ausgezeichneten Laugenbrezeln gebacken, die wir mit gesalzener Butter bestrichen, er hatte Platten mit allen exotischen Früchten, die man sich nur irgend vorstellen kann, beladen – es war ein Schlemmen und Scherze austauschen auf unserer Veranda wie noch nie zuvor. Gleich danach kochte ich Kaffee zu dem von Michael gebackenen Obstkuchen, und schon war die Zeit für das Konzert gekommen.

In der großen Halle war es wegen der auf das Wellblechdach knallenden Sonne brütendheiß, hinzu kamen die dicht an dicht sitzenden oder stehenden Schüler, wobei uns allen im Nu der Schweiß in der feuchtheißen Luft am Körper hinunterran. Aber, kaum hatte Graham begonnen, nahm keiner von uns mehr sich selbst wahr. Graham war wirklich ein echter Entertainer und Schlagersänger der Spitzenklasse, dieser Mann brauchte kein Podium, um sein Können unter Beweis zu stellen. Er sang sein erstes Lied, alle hörten begeistert zu, beim zweiten klatschten wir schon den Rhythmus mit. Graham sang und wackelte mit seinem Hintern, seine Gitarre hob uns von den Bänken, er brachte uns dazu, mitzusingen, er schwang seine Gitarre hin und her und spielte gleich darauf weiter. Die ganze Halle johlte und klatschte, die Schüler tobten vor Begeisterung, im Grunde „spielte" Graham auf uns so meisterhaft wie auf seiner Gitarre. Hingerissen gaben wir uns alle seiner Musik hin. Bei einem besinnlichen Lied wurden wir wehmütig, aber gleich folgte wieder einer seiner mitreißenden rhythmischen Songs. Zu Ende, als er schweißgebadet „My Bonney is over the ocean" anstimmte, fielen wir mit ein. Graham erhielt jubelnden Applaus, die Schüler pfiffen und klatschten, sie verlangten schreiend eine Zugabe, aber, als er nach „Mathilda" endgültig Schluss machte, sahen wir ein, dass er uns alles gegeben hatte.

Doch nun waren Perry und Eve daran, uns in ihre Welt der Magie zu ziehen. Was die beiden boten, war wieder einmal wie die Eröffnung einer fremden Welt für mich. Wie viel mehr muss es das gewesen sein für Schüler und Studenten, die – zumindest noch teilweise – verwurzelt waren in einem Leben, in dem magisches Denken neben all dem neu erlernten Wissen seinen festen Platz hatte? Perry und Eve trugen ihre Utensilien nach vorne, zuletzt den riesengroßen schwarzen Zauberkoffer. Perry führte seine diversen Kunststücke vor, zunächst ähnliche wie bei den Zollbeamten. Fassungslos und stockstill schauten die Schüler zu, wie er da jonglierte, wie Tücher und Federn aus Gegenständen auftauchten, aus denen es logischerweise nicht möglich war. Als Perry merkte, dass eigentlich alle nur versuchten, die „Logik" hinter seinem Zaubern zu entdecken, änderte er seine Taktik, sein Zaubern wurde zunehmend witziger, verlor ein wenig vom Ernst der Magie. Die ersten erleichterten Lacher ertönten, und Perry legte einen Gang zu. Nun kam der schwarze Zauberkasten ins Spiel, er zerlegte ihn ganz offensichtlich vor unseren Augen, Eve stieg hinein, wurde von eingeschobenen Seitenwänden umgeben. Perry nahm die Seitenwände wieder heraus – Eve war verschwunden. Ein Aufstöhnen ging durch die Studenten und Schüler. Perry drapierte Tücher auf den Kasten, und als er sie wegzog, saß Eve wieder darin. Wie gebannt verfolgten wir alle seine Zauberei, er brachte uns dazu, den Atem vor Spannung anzuhalten, dann wieder schrien wir vor Erleichterung, wenn er „einen Knoten gelöst" hatte. Am Ende bekam auch er donnernden Applaus, keiner wollte das Ende der Vorstellung wahrhaben, aber für alle war klar, dass sie einen unvergesslichen Nachmittag ganz umsonst erlebt hatten. Gatedai schritt nach vorne, bedankte sich in bewegenden Worten im Namen aller für dieses außergewöhnliche Erlebnis, und wir gingen auseinander, noch ein wenig gefangen in der Welt, in die uns Graham und Perry entführt hatten. Am Abend brachten wir das Künstlervolk nach Madang. Der Abschied war lang und herzlich, wir versicherten einander, in Kontakt bleiben zu wollen – ich hatte ein Stück weit gelernt, dass auch Abschiede ihren Platz im Leben haben, und so glaubte ich gar nicht erst an ein Wiedersehen.

Wenige Wochen später erhielten wir einen Brief von Günna, geschrieben an Bord der Kazakhstan: „Wir haben seit Madang knapp 1000 km zurückgelegt, sind jetzt ... Danke noch mal für den wunderschönen Tag in eurem Hause ... " Beigelegt war ein Foto, auf dem Günna zu sehen war, von Graham und Iris eingerahmt, Grahams Bäuchlein war noch etwas gewachsen. Ich habe nie wieder etwas von diesen wunderbaren Menschen gehört, aber meine Schatztruhe kann sich noch gut erinnern an sie.

Noch einen Brief bekamen wir, er kam aus Deutschland und war offensichtlich auf einer altertümlichen Schreibmaschine getippt. Er war adressiert: An das Evangelisch-Lutherische Pfarramt Papua Neu-Guinea, zu Händen Frau ... , New Guinea. Wie dieser Brief den Weg zu uns geschafft hat, ist mir noch heute ein Rätsel, aber es gibt ihn, so unglaublich es klingen mag bei der Adressenbeschreibung. Der Schreiber erzählt darin, er habe meine Vorträge genossen, habe aber bei einer Stadtrundfahrt in Madang den Zustand des deutschen Friedhofs „wie einen Schlag ins Gesicht" empfunden. Ob ich nicht mit zwei, drei, oder vier Einheimischen in ein bis zwei Tagen den Friedhof in Ordnung bringen könne? Auch an das Auswärtige Amt hatte der Mann geschrieben und eine Kopie des Briefes beigelegt, in dem die gleichen Vorschläge zu lesen waren, mit zwei, drei, oder vier Einheimischen ...

Zeit ohne Kinder

Ich habe mich lange davor gedrückt, habe überlegt, was ich noch Abenteuerliches, Schönes, Bewegendes erlebt haben könnte, um das, was mir den Atem nahm, noch ein wenig vor mir her zu schieben. Aber wie im wirklichen Leben gehört die Zeit, als auch Janna uns verlassen musste, als Kapitel dazu. Als sie mit der sechsten Klasse die *Primary School* abgeschlossen hatte, meldeten wir sie in Ukarumpa an der *High School* an. Zumindest, trösteten wir uns, musste sie nicht alleine dorthin, sie würde ihren Bruder als Beschützer dabei haben.

Wir verbrachten noch einmal wundervolle Weihnachtsferien miteinander, in denen Amos und Michael zusammen einen Tauchkurs absolvierten. Wir besuchten bewusst als Familie das *waterhole,* waren an Wochenenden auf Sinub, trafen uns mit Freunden in Nagada, aber der eiserne Ring um das Herz des Alphamuttertiers Gabi zog sich mit jedem Tag enger und enger zusammen.

Ich erinnerte mich, wie Janna mit Michael an einem Wochenende nach Goroka geflogen war, ein Wochenende, über das ich mich gefreut hatte, es allein zu verbringen. Ich hatte eine schwere Erkältung, und gedachte, mich über die freien zwei Tage gründlich zu erholen. Aber pünktlich am Samstag war von meiner Mutter ein Päckchen gekommen mit Tüllstoff, um den Janna sie gebeten hatte. So hockte ich also an einem Wochenende fiebergebeutelt an der Nähmaschine, um das heißersehnte Balletträckchen für Janna bis zu ihrer Rückkehr fertigzunähen.

Dieses Mal versuchte ich, mit einer Art vorbeugender Therapie, dem Schmerz zu begegnen. Wie beim Abschied von Amos rief ich Bilder aus Jannas früher Kindheit in mir wach, ich erinnerte mich an ihre Wortschöpfungen, wie sie `Toilette spülen´ „schwankeln" genannt hatte, wie sie einen Waschlappen als „Lappwaschen" bezeichnete. Ich sah mich wieder bei meinem Baby Janna nach dem Brei füttern ihren Mund abschlecken und hörte sie dabei wie eine Katze schnurren. Ich erinnerte mich an ihre hilfeflehenden Blicke, als sie eine Schule besuchen musste, von deren Unterrichtssprache sie so gut wie nichts verstand. Ich versuchte redlich, mich auf dieses erneute Loslassen eines Kindes vorzubereiten.

Als es so weit war, als wir unseren davon fliegenden Kindern nachwinkten, glaubte ich, nie mehr lachen zu können. Mein Gästehaus, ohne Anrufe von Janna, die dies oder das mitgebracht haben wollte, es schien mir alles so freudlos, so sinnentleert. Michael und ich mussten völlig neu lernen, wer wir waren ohne diese Kinder, die wir über Jahre hatten begleiten dürfen. Essen ohne unsere Kinder – das Kochen hatte wochenlang nichts Lustbereitendes für mich. Schwimmen und Schnorcheln, Michael und ich rückten oft hinterher wortlos zusammen, schauten aneinandergelehnt dem Sonnenuntergang zu; wir brauchten keine Worte – unsere Kinder fehlten uns.

Ich begann, in Nagada bei Fonte, einem Angestellten von Kristen Pres, der von den Fidschi-Inseln stammte, einen Karatekurs zu besuchen. Neben Sam`s

Haus standen wir auf dem Rasen, vor uns der Sandstrand und die über dem Meer untergehende Sonne, und bewegten uns nach Fontes Anweisungen. Ich habe noch im Ohr, wie Fonte „Kick!" ruft und unsere Beine hochschnellen.

Bald begannen Michael und ich, abends abwechselnd Yoga und Aerobics zu machen, die Wochenenden mit Roswitha und Jochen auf Sinub waren eine große Hilfe bei dem Selbstfindungsprozess zu zweit. Es dauerte seine Zeit, aber irgendwann konnten wir damit umgehen, dass wir ohne unsere Kinder leben mussten.

Zu den Osterferien kamen sie wieder, unsere beiden starken Kinder, sie hatten sich in ihrem Hostelleben enger denn je zusammengefunden und schrieben sich jetzt kleine Briefchen, die sie in den Pausen austauschten, meist über typische Teenagerthemen wie „Soll ich mit dem oder du mit ihr gehen?". Ich kochte wieder mit Lust, sie wollten Braten mit viel Sauce und Klöße haben, wir genossen das Essen und Einanderwiederhaben, Miteinandersingen, ich musste Videos aus Madang mitbringen, wir waren eine Familie.

Mein Bruder Klemens besuchte uns ebenfalls in den Osterferien. Wir waren begeistert über sein Kommen und eifrig bemüht, ihm all unsere schönen Orte zu zeigen. Wir fuhren die Nordküste hoch zum *water hole,* zeigten ihm den bunten Markt in Madang, wo ich an exotischen Früchten erstand, was zu haben war. Ich wollte ihm alles, alles bieten, was nur möglich war. Willig probierte er auch von allem, das Einzige, das er sich weigerte, auch nur zu versuchen, war mein geliebter *sapsap,* den lehnte er kategorisch ab. Ich habe inzwischen in einem Buch über Pflanzen der Tropen gelesen, dass diese Frucht, mit botanischem Namen Durian, wie keine andere die Menschheit spaltet und sogar in Teilen Südostasiens nicht in öffentlichen Verkehrsmitteln mitgeführt werden darf.

Wir verbrachten mit Klemens einen wunderschönen Tag auf „unserer" Insel, grillten und schnorchelten, Roswitha und Jochen kamen mit ihren Kindern und Kaffee und Kuchen dazu. Es wurde ein ganz besonderer Tag mit herrlichen Blödeleien auf Deutsch, aber auch in Tok Pisin, für das Klemens ganz schnell ein Gespür entwickelt hatte. Gegen Abend machten wir uns auf die Rückfahrt, und, wie es eigentlich hatte kommen müssen, setzte plötzlich der Motor des Bootes aus. Nun erlebte ich meinen Bruder, wie er leibte und lebte: „Siehste, es bassiärt immä wos!", rief er im Dialekt des Ortes, in dem wir aufgewachsen waren. Als Kinder hatte uns meine Mutter nicht erlaubt, diesen (zugegebenermaßen nicht gerade schönen) Dialekt, zu sprechen, und wir hatten ihn auch nur benützt, wenn wir sie ärgern wollten. Aber ihn jetzt, in dieser Situation, im Pazifik zu hören – ich brach vor Lachen fast ab. Natürlich brachte Michael irgendwann den Motor doch wieder in Gang; bis dahin badete ich mit meinem Bruder in den Sümpfen unseres Heimatdialekts.

Klemens, ein anerkannter Heilpraktiker in Hamburg, erklärte uns bei unseren Dinners, dass man Salat eigentlich vor den Hauptmahlzeiten zu sich nehmen solle, da er durch Vergärung im Darm abgebaut würde. Brav vertilgten wir nun unseren Salat als Vorspeise, nur am letzten Abend sagte Amos treuherzig am Tisch: „Aber, wenn Klemens abgereist ist, dürfen wir unseren Salat wieder zum Essen genießen?"

Wir waren eifrig bei der Sache, Klemens „unser Niugini" von der besten Seite zu zeigen, abends machte ich Wasser für seine Eimerdusche heiß, nachts stellten wir ihm den einzigen Ventilator, den wir außer dem Deckenventilator im Wohnzimmer hatten, vor sein Bett. Er machte die schönsten Fotos von Amron, vom *water hole,* von Sinub, die wir haben. Aber erst jetzt, da ich dieses reiche Leben mit seinen sinnlichen Farben und Gerüchen für meine Kinder aufschreibe, hat er mir gestanden, dass er sich in jeder einzelnen der zehn Nächte bei uns geschworen hat, am nächsten Tag in ein Hotel mit Klimaanlage umzuziehen.

Ausgerechnet während Klemens` Besuch passierte die Sache mit dem Wassertank. Ich war gerade dabei, in der Küche Salat zu waschen, als ich auf den grünen Salatblättern kleine, dünne rote Würmchen entdeckte. Schlängelnd schwammen diese im Wasser umher; ich schaute fassungslos auf das Gewimmel. Roswitha, die dabei war, mir in der Küche zu helfen, stellte ungerührt fest: „Das sind *wrigglers,* da müssen Mokitos es irgendwie geschafft haben, ihre Eier im Wassertank abzulegen." „Was tun?", fragte ich. „Erst mal müssen wir diese Mahlzeit retten", kam es von meiner pragmatischen Freundin. Ich holte von meinem Medizintisch Baumwollgaze, mit der ich die Wunden unserer Studenten zu verbinden pflegte, schnitt die Mullbinden zurecht und befestigte mehrere Lagen davon am Wasserhahn mit einem Gummi. Nachdem ich die Salatblätter noch dreimal gewaschen hatte, wechselte ich die Mullbinden aus: voller Ekel sah ich einen dicken roten Klumpen auf der alten Gaze, der von Leben nur so wimmelte. Beim Nudelnabschrecken schafften es ein paar der roten Würmchen trotz der erneut um den Wasserhahn gebundenen Läppchen, sich rot auf den hellen Nudeln zu ringeln, aber die räumte ich stillschweigend mit einem Löffel weg.

Beim Essen beratschlagten wir, wie dem Problem beizukommen sein könnte. Jochen hatte die rettende Idee: man müsse eine sparsame Dosis Kerosin in den Wassertank kippen, es würde sich wie ein Film auf der Wasseroberfläche verteilen und somit die *wrigglers* ersticken. Sie würden auf den Boden des Wassertanks sinken und wir müssten lediglich genug Wasser aus dem Tank lassen, um die *wrigglers* herauszuspülen. Allerdings dürfe es nicht zuviel sein, erklärte uns Jochen, denn sonst würde das Wasser nach Kerosin schmecken. Ich glaube, an diesem Abend hatte Klemens endgültig die Nase voll von unserem heißgeliebten Land, und das Essen nahm er höchst zögerlich zu sich.

Gleich nach dem Dinner machten sich die Männer im Schein von Taschenlampen an die Arbeit. Unter Johlen gossen sie eine knappe halbe Tasse Kerosin im strömenden Regen in den großen Wassertank neben dem Haus. Michael holte ein

Stück Fliegengitter, sie schnitten es zurecht, befestigten es um das Einlaufrohr des Tanks, und als sie triefend nass wieder hereinkamen, meinten sie, nun bliebe nur noch das Warten. Keiner wollte an diesem Abend unter die Dusche, zu eklig war für alle die Vorstellung, die roten Dinger könnten sich auf unserer Haut räkeln. Am nächsten Morgen schmeckte und roch das Wasser ganz eindeutig nach Kerosin. Aber, nicht umsonst waren wir „damals" im Busch gewesen. Kurzentschlossen pumpte Michael aus der Betonzisterne mit der Handpumpe Wasser in den kleinen Tank auf dem Hausdach, so dass ich Kaffee ohne den üblen Kerosingeschmack aufsetzen konnte.

Wir hielten Kriegsrat, und Michael meinte, jetzt im April könnten wir es getrost noch wagen, den verseuchten Tank zu leeren, in ein paar Regennächten werde er sich wieder füllen, und bis dahin hätten wir ja das Zisternenwasser. Gleich am Nachmittag setzte er das Vorhaben mit einigen Studenten um, und ich war sehr beruhigt, als ich in der Nacht dem gleichmäßigen Trommeln des Regens auf dem Wellblechdach lauschte.

Nimmt das meiner Erzählung etwas von ihrer Farbenfreude? Für uns war das Leben mit all den kleinen Widrigkeiten, die es begleiteten, einfach nur unser Leben. Deutschland, dort zu leben, das war für uns weit weg; wir konnten uns nicht mehr vorstellen, unser Sein, unsere Sinne auf dieses Land einzustellen. Klemens behauptete kürzlich am Telefon mir gegenüber, noch während seines Aufenthaltes hätten wir die Kinder zum Flugplatz gebracht, und: „Du hast natürlich Rotz und Wasser geheult beim Abschied". Vergessen, verdrängt? Ich weiß nichts mehr davon, ich möchte nur festhalten, in welchem Land, in welcher farbenfrohen Natur meine Kinder aufgewachsen sind.

Veränderungen

Jimmy aus meinem Gästehaus rief abends in Amron an, er habe Probleme mit einem Gast, ich müsse kommen und schlichtend eingreifen. Spontan wollte ich sofort los. Michael fragte: „Bist Du des Wahnsinns fette Beute? Auf keinen Fall kannst Du in der Dunkelheit alleine nach Madang fahren!" Erbittert fuhr er fort: „Denk mal daran, wie oft wir Janna nicht zu Geburtstagspartys ihrer Klassenfreundinnen gehen lassen konnten. Was haben wir schon alles gehört, das Weißen passiert ist in und außerhalb der Stadt!" Ich hielt erschreckt inne. Wie oft hatte ich mich erinnert an die Aussage unseres Freundes in Deutschland: wohin ihr auch geht, ihr nehmt euch selber mit. Immer wieder, wenn Heimweh, Traurigkeit, Wut oder Ohnmacht mich zu ersticken drohten, hatte ich mich erinnert. Natürlich, jederzeit konnte da auf der Straße ein gefällter Baumstamm liegen – und das bedeutete Vergewaltigung, Ausraubung, Mord. Da half auch nicht das Verstehen der Umstände: dass hier von der Zivilisation gebeutelte Menschen am Werke waren, deren soziale Strukturen am Zerbersten waren. Es ging um mein Leben – und es schränkte mein Leben ein.

Wie oft war ich in letzter Zeit abends zu Bett gegangen, und hatte gebetet, Gott gib mir positive Gedanken, sonst erreicht der Schrecken auch uns. Die Weißen in Madang hatten längst begonnen, dicke Sicherheitszäune um ihre Häuser zu ziehen, ihre Fenster mit Eisenstäben zu sichern, so dass sie wie Gefängnisse wirkten. Permanent hatte ich mich geweigert, das für uns auch nur in Betracht zu ziehen. Wir lebten doch auf einer Missionsstation, wir mussten sicher sein, wenn wir es nur schafften, positive Gedanken zu bewahren. Bei uns brauchte ein *raskol,* Gauner, wie es sie inzwischen auch in Madang gab, nur seine Faust durch das Fliegengitter zu schieben, schon befand er sich in unserem Haus.

Aber Jimmy hatte mich gerufen, das tat er garantiert nicht ohne Grund. Michael ging über die Station zu Gatedai, kehrte mit dem *Pickup* zurück, auf dessen Ladefläche eine Gruppe von Studenten stand, die alle die Mama nach Madang begleiten wollten. Geschützt von lautsingenden Studenten, die eindeutig alle schwarz waren, konnte ich mich unbesorgt auf den Weg nach Madang machen.

Im Gästehaus traf ich auf Jimmy, im Aufenthaltsbereich heftig mit einem Amerikaner disputierend, der offensichtlich in meinem fast ausgebuchten Haus ein Zimmer für sich allein beanspruchte. Erleichtert kündigte mich Jimmy beim Eintreten als Mama des Gästehauses an. Sofort stach der große Mann mit erhobenem Zeigefinger auf mich zu: „Sie werben im Flughafen mit Übernachtung und Frühstück für zehn Kina!", schrie er mich an, „mit keinem Wort erwähnen Sie, dass das Zimmer mit anderen Gästen zu teilen ist!" Als ich erwiderte, dass man dies schon aus dem Namen Gästehaus ableiten könne und auf die diversen Hotels der Stadt hinwies, rief er, auf den an der Wand hängenden Belegungsplan des Hauses zeigend: „Legen Sie doch einfach ein paar andere Männer zusammen!" Ohne Probleme könne er dann das Zweibettzimmer hier alleine bewohnen.

Keinem Argument war dieser Mann zugänglich. Wie sollte ich die Zimmerbewohner jetzt am Abend erreichen, wie ihnen plausibel machen, dass sie wegen eines einzelnen Mannes, der zu Gästehauspreisen ein Zimmer allein bewohnen wollte, heute noch umziehen sollten? Am Ende dieser absolut fruchtlosen Debatte gab ich völlig entnervt nach, ich rief bei Hugh im *Coastwatchers* am Ende der Straße an. Er gab dem Amerikaner ein Zimmer zum Vorzugspreis von zwanzig Kina, und der Widerling zog mit seinem Rucksack befriedigt von dannen. Auf der Rückfahrt mit dem *Pickup* konnte ich mich des Gefühls kaum erwehren, einem äußerst geschickt eingefädelten Trick auf den Leim gegangen zu sein.

Am Abend saßen wir zusammen und überlegten, wie wir mit der stetigen Verschärfung der Sicherheitslage umgehen sollten. Zum ersten Mal gelang es mir, einzugestehen, dass die ewigen Telefonanrufe mir auf die Nerven gingen, dieses immer Verfügbarsein, mit fiesen Typen wie dem heute Abend höflich umgehen zu müssen – ich hatte es eigentlich satt. Wir könnten ja mal fragen, ob „Wasserbüffel-David„ mich noch brauchte, meinten wir am Ende.

Schon am Sonntag darauf trafen wir David beim Lunch im *Jais Aben* Hotel. Er war sofort begeistert, als ich ihm unsere Überlegungen unterbreitete. Meine Vorgesetzten in Lae waren weniger begeistert, zwei Jahre hatte ich das Gästehaus nun geleitet, hatte jeden Monat brav den erwirtschafteten Überschuss überwiesen. Es würde nicht leicht sein, geeigneten Ersatz zu finden, schrieben sie mir, ob ich bereit sei, noch eine Weile auszuharren? Es dauerte tatsächlich noch ein halbes Jahr, aber kurz vor Weihnachten kam eine junge Amerikanerin, die ich eine Woche lang einarbeitete, um ihr dann das große Belegungsbuch erleichtert zu übergeben. Sie war ein ähnlicher Mensch wie meine Vorgängerin Shirley, selbstbewusst, laut und forsch. Ich dachte, oh oh, armes Gästehaus, jetzt geht's bergab, aber alles hat seine Zeit, und meine hier ist abgelaufen. Wie von einer Riesenlast befreit, fuhr ich ohne das große Buch an diesem Nachmittag nach Hause. Ich hatte kein Belegungsbuch neben das Telefon zu legen, seltsam verwaist schien der Platz dort. Ich genoss das unglaubliche Schweigen, das von diesem Telefon ausging.

Als Amos und Janna dieses Weihnachten in Amron verbrachten, hatte ich Zeit für meine Familie. Wenn das Telefon klingelte, riefen alle: „Telefon für dich!", aber ich blieb ungerührt sitzen, wo ich war, beruhigt wartend, ob wirklich jemand etwas von mir wollte.

Wie sehr genoss ich, diese beiden selbständig gewordenen jungen Menschen zu beobachten, die eine ganz neue Art des Umgangs miteinander entwickelt hatten. Noch immer tauschten sie ihre Beziehungsbriefchen miteinander aus, eine tiefe Vertrautheit war zwischen den beiden entstanden, sie schienen jede Kleinigkeit des täglichen Lebens miteinander zu teilen. Zwar sprachen wir weiterhin innerhalb der Familie Deutsch, aber, wenn es sich um Emotionales drehte, verfielen Amos und Janna noch Jahre später automatisch ins Englische. Typische Teenager, die sie waren, hatten sie beim Briefchenschreiben einen eigenen Umgangston erfunden: *See you,* bis bald, schrieben sie nun *C U,* oder, da dies das chemische Zeichen für Kupfer ist, auch gleich *Copper.* Ich badete darin, diese wunderbaren Menschen durch ihre Kindheit geleitet zu haben, aber auch als Familie badeten wir an all unseren schönen Orten und diese Ferien waren, glaube ich, die schönsten, die wir zusammen verbracht hatten.

Gleich danach fing ich bei „Wasserbüffel-David„ im Büro zu arbeiten an. Ich lernte, gut vorbereitet durch die Buchführung im Gästehaus, rasch, mit den Abrechnungen bei „den Hühnern" umzugehen. Bald genoss ich es, mit den Fingern auf der elektrischen Rechenmaschine herumzufiddeln. Wie lange hatte ich mich körperlich abgeplagt, hatte schwere *bilums* geschleppt, gekocht und geputzt. Jetzt saß ich von acht bis zwölf Uhr in einem klimatisierten Büro, spielte ein wenig auf dem Rechner herum, und schon gehörte der Rest des Tages mir. Ich fing an, meine Fingernägel, die ich wegen der praktischen Arbeit immer kurz gehalten hatte, wachsen zu lassen und lackierte sie sogar in der reichlichen freien Zeit, die mir nun blieb. Manchmal konnte ich es kaum fassen, wie einfach mein Leben geworden war. Aber die beschauliche Zeit dauerte nur einige wenige Monate, schon schoben sich düstere Wolken vor dieses Glück, die viele Schatten mit sich führten.

Schatten über dem Paradies

Roswitha kam wie so oft zum Eiskaffee nach Amron. Sie berichtete, sie habe auf der Straße neben dem Markt in Madang eine Frau angefahren. „Eigentlich habe ich die Frau nicht wirklich angefahren", erzählte sie, aufgewühlt von dem Erlebten. „Ich konnte wegen der vielen Menschen auf der Straße sowieso nur im Schritttempo fahren. Ganz plötzlich war da eine Frau mit ihrem *bilum* vor mir, die auf mein Auto zutaumelte, und dann ist sie an ihm hinab geglitten. Das Ganze geschah irgendwie völlig geräuschlos".

„Na also", entgegnete ich blauäugig, wie ich noch war, „daraus kann dir doch keiner einen Vorwurf dafür machen!" „Oh doch, das können sie", behauptete Roswitha mit tonloser Stimme, „die Sepiks können das, und wie sie das können". Ihr Auto sei ganz schnell von einer Menschentraube umringt gewesen, die sie finster angestarrt hätte, sie, die reglos da saß. Um die am Boden liegende Frau hätte sich niemand gekümmert.

Sie sei ausgestiegen, berichtete sie, wider jegliche Vernunft, wider alle Warnungen der Regierung, habe sich zu der am Boden liegenden Frau hinuntergebeugt. Die hatte die Augen aufgeschlagen, sie habe ihr aufgeholfen, und die Frau habe gesagt, es sei alles in Ordnung. Aber da waren die *wantoks* der Frau anderer Meinung, die schrien nach *kompensesen,* nach Kompensation, Wiedergutmachung. Roswitha hatte einen in der Nähe stehenden Weißen gebeten, die Polizei zu verständigen, bald waren auch zwei Polizisten zur Stelle. Sie hatten die Frau in ihr Auto gepackt und ins *Madang Hospital* gebracht.

„Ich bin dem Polizeiauto gefolgt", fuhr sie fort, „ein Wunder, dass die Sepiks das überhaupt zugelassen haben, sie hätten mich ja auch auf der Stelle totschlagen können, so geladen, wie sie waren. Aber die Gier nach *kompensesen* war wohl größer". Im Krankenhaus hatte man in Gesprächen mit der Frau festgestellt, dass sie des öfteren an Ohnmachtsanfällen litt, sie sei manchmal unvermittelt für einen Moment nicht richtig da, hatte sie erzählt. Wieder meinte ich, das könne folgerichtig doch kein Mensch ihr, Roswitha, anlasten. „Mit Logik hat das ganze nicht viel gemein", meinte sie traurig, „ich fürchte, da rollt eine Lawine auf uns zu". Sie sollte leider Recht behalten.

Es dauerte nicht lange, da hatten die Leute der Sepiksiedlung herausgefunden, wem der gelbe Suzukijeep gehörte, und wo die Besitzer wohnten. Eine Abordnung von Sepiks kam bald nach dem Unfall zu unseren Freunden nach Baitabag und forderte mehrere tausend Kina *kompensesen* für die angeblich schwer Verletzte. Keinem Argument zugänglich, blieben sie dabei, Roswitha habe die bis dahin gesunde Frau rücksichtslos angefahren. Zum Abschluss bedrohten sie die Familie, sie könnten keine Nacht mehr ruhig schlafen, wenn sie nicht zahlten, denn sie, die Sepiks, hätten weitreichende Verbindungen.

Auf Jochen wurden aus der Sepiksiedlung kurz später im Vorbeifahren Steine geworfen, Roswitha traute sich nicht mehr, in die Stadt zu fahren. Von Seiten der Kirchenleitung wurden Abgeordnete der katholischen Kirche eingeschaltet, die im Sepikgebiet die einflussreichste Kirche war. Sie führten lange Gespräche mit der Sippe, die nicht bereit war, von ihrer Kompensationsforderung auch nur das kleinste Stückchen abzurücken. Roswitha und Jochen reisten für ein paar Wochen ins Hochland in der Hoffnung, es werde Gras über die Sache wachsen. Sie tauschten ihren gelben Jeep gegen ein anderes Auto – kaum waren sie zurück, hatten die Sepiks schon heraus gefunden, welches Auto ihnen jetzt gehörte, und wieder wurden auf Jochen Steine geworfen.

Als absehbar war, dass sich die Situation eher zuspitzen als beruhigen werde, riet die Leitung der Lutherischen Kirche der Familie, das Land möglichst umgehend zu verlassen. Sie fingen an, ihre Überseetonnen zu packen, aber offensichtlich wurde ihr Haus von den Sepiks überwacht, denn eines Abends flog durch das Fliegengitter des Fensters ein mit einem Zettel verschnürter Stein. Auf dem Zettel stand: „Wir werden euch killen. Ihr denkt, ihr könnt uns entkommen, aber wenn ihr nicht zahlt, seid ihr bald tot". Wir überlegten, ob wir zur Polizei gehen sollten, aber eigentlich war uns von vornherein klar, dass das sinnlos war, denn die Sepiks hatten dort zu viele *wantoks.*

Roswitha und Jochen gingen dazu über, tagsüber zu packen, sobald es dunkel wurde und man Licht hätte anmachen müssen, kamen sie zu uns. So schliefen sie in den letzten Wochen ihres Niuginidaseins bei uns in Amron. Trotz aller Ängste verlebten wir zusammen schöne Abende, und ich frage mich erst heute, wo wir den Mut hernahmen, wie wir es schafften, auch noch miteinander fröhlich zu sein.

Für den Abflug brachten wir die Familie im Konvoi mit mehreren Autos zum Flughafen, und, als sie abflogen, waren wir trotz aller Trauer über die Abreise unserer Freunde doch auch mächtig erleichtert, dass sie mit heiler Haut davongekommen waren. Danach war es vorbei, die Unbeschwertheit, die Leichtigkeit. Sie hatte uns verlassen, genau wie unsere langjährigen Freunde.

Ich ging auch weiterhin bei Wasserbüffel-David und den „Hühnern" arbeiten. Täglich holte ich meine Kollegin Margaret am Straßenrand neben der Sepiksiedlung ab, so dass wir zusammen zur Arbeit fuhren. Immer wieder staunte ich, wie sie es schaffte, aus dieser Siedlung, in der die Menschen unter einfachen Bedingungen lebten, adrett gekleidet in unser Auto zu steigen. Da es sich bei dem *Squatter* um eine illegale Siedlung handelte, deren Bildung die Regierung eigentlich verhindern wollte, gab es dort noch nicht einmal Strom, obwohl sie zwischen Madang und Amron lag. Margaret sprach ein Tok Pisin, das mir etwas verwildert vorkam, aber, obwohl sie sich ihre Ausbildung sicher hart hatte erkämpfen müssen, zog sie es vor, mir nicht ihre Englischkenntnisse unter Beweis zu stellen, sondern wir redeten in Tok Pisin miteinander. Als ich sie während des Dramas um Roswitha und Jochen um ihre Meinung gefragt hatte, war ihre Auskunft eher spöttischer Natur gewesen: „Die sind doch alle *longlong,* dumm, verrückt!", hatte sie gemeint, „die leben immer noch im Sepik mit ihren *tumbuna,* Ahnen! Was glaubst du, wie viele Männer im *Squatter* ihre Frauen verdreschen? Und die meinen auch noch, das gehörte sich so!"

Auf unseren Fahrten zur Arbeit trat sie immer den neuesten Klatsch aus der Arbeit und von ihrer Siedlung breit. Vor Wasserbüffel-David bewies sie keinen allzu großen Respekt, denn der hatte ein Verhältnis mit Elizabeth, einer der Arbeiterinnen in der Hühnerfabrik, in deren Büro wir arbeiteten. Elizabeth, so berichtete Margaret, versorgte die anderen Mädchen mit genauen Details über David. Sie beschrieb seinen Körper, der mager wie ein *bun kakaruk,* ein Hühnerknochen sei, und auch über sein Verhalten beim Verkehr schien sie die Mädchen mit ziemlich genauen Beschreibungen zu unterhalten. Oft schaute ich David nach solchen Schilderungen durch die Glasscheibe, die sein Büro von unserem trennte, an, und dachte: wer hätte das gedacht, dass du einmal einen solchen Trottel aus dir machen würdest?

Eines Tages hielt ich es nicht mehr aus. Wieder hatte mir Margaret im Auto von Elizabeths Geschichten erzählt, die Mädchen in der Hühnerfabrik feixten, wie es schien, mit jeder der saftigen Geschichten mehr, und so meinte ich, David zumindest darüber ins Bild setzen zu müssen. Gleich nach Arbeitsbeginn fragte ich ihn, ob er einen Moment Zeit zu einem Gespräch mit mir habe. Ich erklärte ihm in seinem Büro, wie Elizabeth über ihn redete. Bei meinen Worten sank er geradezu in sich zusammen – durch die Glasscheibe beobachtete Margaret alles voller Schadenfreude. Zum Abschluss bedankte David sich förmlich und höflich, er geleitete mich gentlemanlike zur Tür, und ich machte mich an meine Arbeit. Margaret, die offensichtlich genau wusste, worum es bei dem Gespräch zwischen David und mir gegangen war, genoss im Nachhinein wieder und wieder ihre Beobachtungen: *„Sori tru, David*", sagte sie, *„yu toktok na het bilong em i go daun*, Armer David, Du hast geredet, und sein Kopf senkte sich". Als es endlich Mittag war, machte ich mich auf den Weg nach Hause.

Auf der Heimfahrt ließ ich mir durch den Kopf gehen, wie geschickt Margaret mich durch ihre Erzählungen dazu gebracht hatte, das Gespräch mit David zu suchen. Immer wieder hatte sie die diskriminierenden Beschreibungen von Elizabeth bei unseren Fahrten zur Arbeit wiederholt, die fast täglich grotesker wurden. Wollte sie mich, die weiße Kollegin, vielleicht loshaben? Hatte sie mich nur manipuliert? Und Davids Reaktion, war sein Dank Ernst gemeint, oder würde er mir nun nicht mehr in die Augen sehen können?

Ich kam zu einer Einbahnbrücke, bei der ich eigentlich Vorfahrt gehabt hätte. Hätte, aber auf der anderen Seite rollte gerade ein Auto langsam auf die Brücke und ganz bedächtig über die ratternden Holzbohlen auf mich zu. Ich kochte innerlich. Da musste ich mir Sorgen machen um meine Stelle, wollte nach Hause, um meine Gedanken loszuwerden, und der Trollo da nahm mir in aller Ruhe die Vorfahrt! Das Auto hielt neben mir, der Fahrer kurbelte, nochmals langsam und bedächtig, die Scheibe herunter, er nahm seine Sonnenbrille ab, schaute mir aufrichtig entschuldigend in die Augen und sagte: „Sori tru!", „tut mir wirklich Leid!" Auf der Weiterfahrt lachte ich lauthals; was war ich doch deutsch in meinem Denken, mich über eine Lappalie so aufzuregen, und wie locker hatte der einheimische Fahrer reagiert.

Es dauerte ein paar Wochen, David behandelte mich freundlich wie immer, aber nun gab es unerwartet Probleme mit meiner Arbeitserlaubnis, die Kontrollen durch die Behörden, du verstehst doch, Gabi? Oh ja ich verstand, ich verstand nur zu gut. Einige weitere Wochen brachte David mir die Arbeit nach Hause und holte die Bücher nach meiner Bearbeitung ab. Aber dann funktionierte auch das leider, leider nicht mehr, und ich verstand wieder. *Sori tru.*

Janna rief eines Tages aus Ukarumpa an, sie habe eine Mitfahrgelegenheit, aber die Hosteleltern durften sie nur mitfahren lassen, wenn wir unsere Erlaubnis gaben. Das taten wir natürlich gern, wollten wir doch unser Töchterchen auch einmal unverhofft bei uns haben. Wie alle Eltern, die ihr Kind eine Zeitlang nicht gesehen haben, staunten wir, wie groß sie in der Zwischenzeit geworden war; eindeutig erkannte ich in meiner Tochter eine angehende junge Frau. In klaren Worten beschrieb sie uns, warum sie gerade einmal Abstand von Ukarumpa brauchte, und wir waren voller Respekt für ihre Entscheidung.

Am Abend waren wir bei Sam in Nagada zum Grillen eingeladen und trafen dort auf eine Lehrerin, die uns schwor, einmal Rektorin der *Primary School* zu werden. Immer wieder suchte diese Frau das Gespräch mit Janna und sagte zu uns: „Sie ist ja so reif, das Mädchen!" Als Janna wieder nach Ukarumpa zurückfuhr, hatte ich ein diffuses, ungutes Gefühl in mir, obwohl ich wusste, Ed und Estelle würden es gewiss nicht zulassen, dass jemand dort unseren Kindern Unrecht tat.

In den kurzen Ferien im Sommer genossen wir wieder unser Familienleben mit allem, was dazu gehörte. Es war am Pool des Madang Hotels, als ich plötzlich erkannte, wie sich Janna neben dem Großgewordensein verändert hatte. Da saß meine Tochter auf ihrer Liege, saß in der prallen Sonne, und hüllte sich in ihr Badetuch, als müsse sie vor irgendetwas Schutz suchen. Zu Hause sprach ich mit

Michael darüber, er meinte, ihr Verhalten sei wohl auf die Pubertät zurückzuführen, aber ich vermutete eher das Leben in Ukarumpa dahinter, irgendetwas dort war nicht gut für sie, mutmaßte ich.

Ich beobachtete Amos, wie er in Nagagda auf Sams Surfbrett das Windsurfen übte. Wie wir alle fiel er herunter, stieg aufs Brett, versuchte es nochmal, surfte ein Stück, fiel ins Wasser, stieg wieder auf. Als er erneut das Segel aus dem Wasser gezogen hatte, sah ich meinen vierjährigen Amos vor mir, der das Radfahren lernte. Ergrimmt packte er das Segel, er schüttelte es, als wolle er sagen: du machst jetzt gefälligst, was ich will – und stolz surfte er lang davon.

Einmal nahm ich Amos mit zu meinem Karatekurs, was zur Folge hatte, dass ich meinen Kurs aufgab. Formvollendet, fließend, führte der Knabe die Bewegungsabläufe aus, deren Aneignung mich so viel Mühe gekostet hatte. Fonte versuchte mich zu ermuntern: „Was willst Du, Deine Kicks waren richtig schön hoch, Du warst dabei, wirklich gut zu werden", aber ich mochte mich nicht mehr um etwas bemühen, was meinem Sohn so natürlich zufiel. Nach den Ferien ließ ich meine Tochter mit bangen Gefühlen ziehen. Um Amos machte ich mir keine Sorgen, denn er war gefestigt und strotzte vor Selbstbewusstsein.

Alles hat seine Zeit

Ich begleitete Michael nach Goroka, da er zu einer Kirchenkonferenz mußte. Gleichzeitig fand die Goroka Show statt, bei der Gruppen aus dem gesamten Hochland ihre kultischen Tänze vorführten. Bei der Show fühlte ich mich stark an meinen Trip mit den deutschen Touristen erinnert. Was einmal Kultur mit tiefer Bedeutung gewesen war, wurde hier in einer großaufgezogenen Show an fotografierende Touristen verkauft, wobei zuzugeben ist, dass auch wir dem Fotografierwahn verfielen. Ich habe aber beim Fotografieren keineswegs so tiefe Bilder in mir aufgenommen wie bei dem Touristentrip, bei dem ich bewusst meine Kamera zu Hause gelassen hatte.

Allerdings hatte ich ein zusätzliches Handicap: mich plagte eine Amöbenruhr, die mir mächtig zu schaffen machte, was mich sicher auch nicht eben für Eindrücke offen sein ließ. Kaum hatte ich etwas zu mir genommen, war es, als stürzte sich eine wütende Armee darauf, die in meinem Bauch herumwühlte, es zermalmte und keine Ruhe gab, bis ich das Essen oder Getränk wieder als Wasser ausschied. Ich suchte einen Arzt in Goroka auf und bekam Tabletten, die nach Penicillin hoch drei stanken, aber nach einer Woche gurgelnden Wühlens in meinem Inneren war ich von den Amöben befreit.

An einem Nachmittag holte ich Michael von der Kirchenkonferenz ab. Während ich vor dem Haus auf ihn wartete, trat Ron, ein australischer Missionar, aus dem Gebäude auf mich zu. Etwas grünlich im Gesicht, stöhnte er: „Länger konnte ich diesen Anblick nicht mehr ertragen. Stell dir vor, da sitzt du stundenlang einem einheimischen Mann gegenüber, der auch noch der Präsident der Konferenz ist, und dieser Mann trägt ein T-Shirt mit dem Aufdruck „*I'm so happy I could shit all day*!“ Ich konnte nicht anders, ich musste einfach lachen, es platzte aus mir heraus. Ron sah mich zuerst empört an, aber als ich immer weiterlachte, fiel er plötzlich mit ein, und wir standen zusammen und prusteten, bis uns die Tränen kamen.

Wir wohnten in Goroka bei Ulrich und Helga, und, als wir Ulrich erzählten, unter welchen Umständen seine Schwester Roswitha das Land verlassen hatte, beschrieb er, wie auch er auf ähnliche Art und Weise jemanden in Goroka angefahren hatte: „Ich sah, wie ein Polizist einen Einheimischen verfolgte, der vor meinem Auto zusammenbrach, an ihm heruntterglitt und zusammensackte. Ganz schnell umzingelte eine Menschentraube mein Auto, von der die Gefahr ausging, die mich zum Täter hätte stigmatisieren können. Der Polizist kratzte die Kurve, als er das sah. Er verschwand einfach in einer Seitenstraße”.

Wir konnten es kaum glauben, zu tief war die Polizei als Freund und Helfer in unseren Köpfen verwurzelt. „Wären da nicht ein paar Einheimische gewesen”, fuhr Ulrich fort, „die mich kannten, der Mob hätte mich mit Sicherheit totgeschlagen. Aber plötzlich umringten einige Männer mein Auto, die drohten, ich sei ja der und der, wobei sich die Menge nur widerwillig verzog”.

Dann kam der Brief von Ed und Estelle, den Hosteleltern in Ukarumpa. Er gab den letzten Ausschlag für unsere Feststellung, dass unsere Zeit in diesem Land abgelaufen war. Es hatte ein Treffen von Hosteleltern gegeben, stand in dem Brief, die Leitung der Schule habe in Erwägung gezogen, die körperliche Züchtigung einzuführen, denn – noch heute schrecke ich zusammen über die Rigidität der Begründung – auch der Herr strafe, wen er liebt. Natürlich, so schrieben Ed und Estelle, erwogen sie, nichts dergleichen im Hostel einzuführen, aber sie fühlten sich verpflichtet, uns die Überlegungen der Schulleitung mitzuteilen. „Oh nein”, sagte ich weinend zu Michael, „haben wir unsere Kinder ohne jegliche Schläge aufgezogen, um sie jetzt von diesen Frömmlern verprügeln zu lassen?”

Die *High School* in Ukarumpa wurde getragen von S.I.L., dem Summer Institute of Linguistics, einer kirchlichen Vereinigung aus den USA., die in den einheimischen Dörfern das Leben mit den Bewohnern teilten und dabei deren Sprache erlernten, um später die Bibel in die jeweilige Sprache zu übersetzen. Eine durchaus ehrenwerte Sache, aber, wie so vieles, ausgeführt von Menschen, die irgendwann den Willen des Herrn mit ihrem eigenen zu verwechseln schienen.

Abschied vom geliebten Land

In Deutschland war Herbst, in uns war auch Herbst, es war der Herbst unseres Lebens in unserem geliebten Land Niugini, das fühlten wir ganz deutlich. War nicht absehbar, überlegten wir, dass die Sicherheitslage im Lande sich immer mehr zuspitzen werde? Sollten wir warten, bis auch uns die Steine ins Fenster flogen? Oder sollten ein paar überkandidelte christliche Fundamentalisten unsere wunderbaren Kinder verprügeln dürfen? Wir beschlossen, dass ich mit den Kindern in den Weihnachtsferien nach Deutschland reisen sollte, während Michael seinen Vertrag mit der Missionsgesellschaft bis August erfüllte. Er wollte nach unserer Abreise gleich in das kleine Haus in Amron ziehen, wo vorher Irene gewohnt hatte.

Die Kinder müssten, so meinten wir, um den Anschluss an die deutsche Schule zu schaffen, das Schuljahr, das sie in Niugini beendet hatten, noch einmal ein halbes Jahr in Deutschland wiederholen, dann könnten sie es meistern. Meinten wir, denn nun mussten wir unseren Kindern erst einmal unsere Überlegungen plausibel machen, und wir stießen zunächst auf vehemente Gegenwehr. Deutschland, das schien ihnen wie Fremde, in der zwar liebe Menschen wie Oma und Opa lebten, aber doch nicht sie, sie gehörten doch hierher, Niugini war zutiefst ihre Heimat. Irgendwann waren sie so weit, sich in das anscheinend Unvermeidliche zu fügen, aber Schuld an der ganzen Sache hatte in ihren Augen ich.

In diesem Herbst waren Wahlen in Niugini, die Regenzeit wollte und wollte nicht beginnen, es war, als spielte die Natur verrückt. Die Bevölkerung in Niugini war nur schwer zu registrieren, da viele mit dem Wort Geburtsdatum verständlicherweise nichts anfangen konnten. Ich stellte mir das in etwa so vor: „Wann bist du geboren?" Antwort: „1950 *samting,* etwa. Der große Krieg war schon vorbei, die Japaner waren jedenfalls schon weg, die Amerikaner und Australier auch." „Weißt du auch den Monat?" Antwort: „Es war das Jahr, in dem die Trockenzeit nicht enden wollte, es kann im Februar gewesen sein, weil meine Mutter mir erzählt hat, dass die Taros im Garten vertrocknet sind, die Mangobäume gleich nach dem Tragen schon wieder nachblühten, und sie konnte es sich nicht leisten, Reis zu kaufen" …

Um also mit einer nicht registrierbaren Bevölkerung Wahlen durchführen zu können, musste sich die Regierung etwas einfallen lassen. So wurde jedem Wähler, der seine Stimme abgab, der kleine Fingernagel der linken Hand mit schwarzer Tinte bemalt, die mindestens sechs Wochen zu sehen sein sollte. Aber ein paar findige Hochländer fanden einen Weg aus diesem Dilemma, sie konnten die Tinte mittels einer Art Zitronensäure wegätzen, und so gingen sie wieder und wieder wählen, damit auch ja ihr Kandidat die Wahl gewann. Ich schrieb an Klemens: „Es ist nicht anders als in Deutschland, die größten Gauner und Spitzbuben haben es geschafft und sitzen fett und feist in Port Moresby im Parlament!" Bald danach begannen die letzten Weihnachtsferien, die wir in Niugini erlebten.

Ich habe nie so bewusst Abschied genommen wie in diesen Weihnachtsferien. Welche Orte wir besucht haben, ist, glaube ich, müßig, zu erzählen. An jedem dieser Orte versuchte ich, noch einmal, die ganz eigene Schönheit tief in mich einzusaugen, meine Blicke lernten, zu trinken. Janna war kurz davor, durchzudrehen, sie musste sich auf ein Abenteuer gigantischen Ausmaßes einstellen, und fast zerbrach sie daran. Sie hatte sich in Ukarumpa so gut eingelebt, dass sie den Abschied kaum verarbeiten konnte. Es gab Nachmittage, da ich mit ihr die Straße von Amron hinunterwanderte, nur, um irgendetwas zu tun, das die Angst vor dem bevorstehenden Fremden, den Abschiedsschmerz von ihrem heiß geliebten Niugini, die Aufregung vor der großen Reise, auffing. Wenn wir schweißtriefend wieder oben ankamen, hatte sie wenigstens etwas getan.

Die Strecke von Amron nach Madang zum Flughafen hatte etwas Beklemmendes, das sich, glaube ich, jedem von uns wie eine Eisenkette ums Herz legte. Jeder für sich in seine eigene Welt versponnen, versuchten wir, mit unseren Augen Abschied zu nehmen, noch einmal die Schönheit aufzusaugen, als müssten wir loslassen, was kein Mensch loslassen kann. Den Abschied von Michael schafften wir ohne Tränen, ihn würden wir wiedersehen, aber vom Flugzeug aus schauten wir mit schwimmenden Augen auf unser Madang, die Lagunenstadt, die langsam in der Ferne verschwand.

In Port Moresby sprachen meine beiden verbuschten Kinder anbetrachts einiger Ampeln von einer richtigen Großstadt, und ich dachte mit klammen Gefühlen an die richtigen Großstädte, die auf diese beiden *buskanaka* warteten. Auf dem Flug nach Singapur wünschte uns der Flugkapitän ein gutes Neujahr auf Englisch, Tok Pisin und Hiri Motu. Wir erlebten einen Nachmittag in Singapur, den wir in dieser wie abgeschleckt sauberen Stadt mit Einkäufen verbrachten. Jeder von uns hatte tausend Mark zur Verfügung, die aber in einer Stadt, in die Menschen aus ganz Südostasien zum Einkaufen flogen, rasch ausgegeben waren.

Am Abend wollte ich gerne richtig schick zum Essen gehen. Es war Silvesterabend, wir traten von unseren Hotelzimmern auf den Gang, überall funkelten Lichter, der ganze Innenhof des Hotels war ein einziges Lichtermeer. Ich schlug meinen Kindern vor, ein ortstypisches Lokal zu besuchen, wie wir sie bei unseren Einkäufen in der Orchard Road mehrfach gesehen hatten. Aber da biss ich auf Granit, denn sie hatten so viel von Mc Donald`s in Ukarumpa gehört, jetzt waren sie in der großen Welt, das wollten sie nun endlich auch einmal genießen. So kam es, dass wir ausgerechnet in einer exotischen Stadt wie Singapur zum ersten Mal im Leben in den Genuss eines Big Macs mit Pommes kamen.

Am nächsten Morgen setzten wir unsere Heimreise fort, wir flogen mit der Lufthansa, was Janna und Amos einen Schock versetzte. Im Flughafengebäude standen wir neben einigen Deutschen. Meine Kinder sprachen nur noch Englisch mit mir. Auch wenn ich sie auf Deutsch ansprach, bekam ich wütende Antworten auf Englisch, denn sie wollten sich mit „den Deutschen" nicht identifizieren, da sie sich als Niuginis fühlten. Während des Fluges wünschte uns der Kapitän noch einmal ein gutes neues Jahr, jeder Passagier erhielt ein Glas Sekt, und es wurde deutsches Essen gereicht. Zwischen meinen Kindern und mir war die Stimmung eisig, und ich begann, mich vor dem, was vor uns lag, zu fürchten.

Die Seele geht zu Fuß

In Frankfurt holten uns meine Eltern ab, sie erwarteten uns mit einer passenden Winterjacke für jeden. Wir erzählten, dass wir wegen der Übergrenzung der Zeitzone dreimal Silvester gefeiert hatten, und ich warf verstohlene Blicke auf die winterlich graue Landschaft, die an uns vorbei flog. Es sei ein ungewöhnlich milder Winter, meinten meine Eltern, aber für Amos und Janna war er eisig kalt, wie sie ebenso kalt und ruppig von sich gaben.

Meine Mutter hatte die Dachstube, in der wir immer bei unseren Besuchen schliefen, gut vorgeheizt für die „Tropenpflanzen", wie sie uns bezeichnete. Ich weiß nicht, wie ich es geschafft habe, die folgenden Wochen zu überstehen. Meine Mutter verwöhnte uns, so gut es ging, aber meine Kinder wurden mit jedem Tag abweisender, vor allem mir gegenüber, die ich in ihren Augen Schuld hatte, dass sie in dieses blöde Deutschland zurückgemusst hatten.

Amos versuchte, durch unmögliche Tischmanieren, einen Tadel meiner Mutter zu provozieren, aber da war er an die Falsche geraten, meine Mutter tat, als habe sie nichts wahrgenommen. Janna verzog sich in die Dachstube, die zunehmend zu ihrem Hauptaufenthaltsort wurde. Wir versuchten, sie mit Einkäufen oder Spaziergängen aus ihrer Reserve zu locken, manchmal konnten wir ihr nur ein missmutiges Schnauben entlocken. Stunde um Stunde saß sie zusammengekauert neben dem Ofen der Dachstube und schaute mit glanzlosen Augen in ihre innere Welt, zu der allenfalls Amos noch Zugang fand.

Klemens kam aus Hamburg mit seiner kleinen Tochter Katharina, die sich auf ihre große Cousine sehr gefreut hatte. Immer stieg das kleine Mädchen in die Dachstube hinauf, wurde aber offensichtlich so unfreundlich behandelt, dass sie jedes Mal enttäuschter die Treppe heruntergeschlichen kam. Klemens fragte mich ratlos, was denn eigentlich los sei, aber ich konnte nur genauso ratlos die Schultern zucken, wusste nicht, was in meine Tochter gefahren war. Heute weiß ich natürlich, dass meine beiden armen, verbuschten Kinder unter einem Kulturschock gelitten hatten. Aber damals muss ich so neben mir gestanden haben, dass ich, die bei Neuankömmlingen in Niugini einen ebensolchen klar konstatiert hatte, noch nicht einmal an diese Möglichkeit dachte.

Meine Mutter kam auf die Idee, Janna könne mit einem Freund meines Vaters reiten gehen. Gleich am nächsten Tag brachte mein Vater sie zu diesem Freund, der sie auf einen langen Ausritt mitnahm. Es war das erste Mal, dass sich meine einst lebhafte Tochter ein wenig öffnete, aber gleich danach waren wieder die Dachstube und trauriges Grübeln angesagt.

Marina und Gunnar kamen uns besuchen, beim Zusammensein mit ihren Freunden blühten meine Kinder auf, und ich beobachtete beglückt, wie sie lachten und blödelten wie zu Hause. Jetzt, da ich „zu Hause" geschrieben habe, ist mir wieder klar, wie fremd wir alle drei uns gefühlt haben in diesen ersten Monaten in Deutschland. Marina und Gunnar schlugen den Kindern vor, für ein paar Tage mitzukommen – so schnell, wie die beiden zum Packen nach oben verschwanden, hatten sie sich seit unserer Ankunft noch nie bewegt. Glücklich fuhren sie mit unseren Freunden davon, wobei ich beim Winken merkte, dass mir kein Abschied je leichter gefallen war.

Michael schrieb mir aus Amron, unser Haus sei noch warm von uns gewesen, als die neue deutsche Familie aus dem anderen großen Haus gekommen sei. „Sie haben den Schössling, den du als Nachwuchs neben die Fächerpalme gepflanzt hast, einfach ausgegraben und vor ihrem Haus eingepflanzt". Mein Herz schmerzte bei dieser Vorstellung, aber Amos und Janna gegenüber habe ich erst viel später darüber gesprochen, denn in dieser Situation wäre es mir vorgekommen, als würde ich ihnen etwas von Leichenfledderei erzählen.

Mein Vater hatte für uns ein Auto besorgt, so dass ich während der Tage, die Janna und Amos bei Marina und Gunnar verbrachten, meine Träume von der Veranda in Amron in die Tat umsetzen konnte. Immer wieder hatte ich abends dagesessen und gesonnen, wie es sein müsse, in Deutschland auf der rechten Straßenseite zu fahren, ob ich die Gangschaltung mit der rechten Hand schaffen würde. Meine Ängste erwiesen sich als völlig unbegründet, ich wollte zwar noch oft auf der falschen Seite ins Auto einsteigen, aber sobald ich drinsaß, lief alles wie von selbst ab.

Dermaßen gestärkt, machte ich mich nach ein paar Tagen auf den Weg, meine Kinder von Marina und Gunnar abzuholen. Ich fuhr noch etwas unsicher, der Verkehr auf der Autobahn jagte mir Angst ein, aber bei der Ankunft wurde ich von meinen Kindern begrüßt, als hätte es die Zeit der Eiseskälte nie gegeben. Sie umarmten mich wie eine richtige Mutter, vergessen schien die Unperson, die an ihrem Elend Schuld hatte. Auf der Rückfahrt hörte ich die beiden vernehmlich wegen meiner Lustlosigkeit zum Überholen stöhnen, aber ein kleines Stückchen hatte sie dieser Besuch doch aus ihrer Bitterkeit gelöst.

Kurz darauf bekamen wir vom Missionswerk grünes Licht, nach Neuendettelsau zu kommen. Im gleichen Reihenhaus, in dem wir vor der Ausreise gewohnt hatten, war eine Wohnung frei, so dass wir mit wehenden Fahnen dorthin fuhren. Gleich am nächsten Tag meldete ich die Kinder im Gymnasium an. Die Lehrer waren mit unseren Vorstellungen einverstanden, Amos sollte noch einmal die elfte, Janna die siebte Klasse ein halbes Jahr wiederholen. Wieder begann für Janna eine schwierige Zeit, und bis sie Anschluss gefunden hatte, war ich noch oft die Rabenmutter, die ihre Kinder einer fremden Welt auslieferte, in der man eigentlich nicht leben konnte.

Aber nun hatten wir auch gemeinsam mit neuen Problemen zu kämpfen. Bisher waren wir von meiner Mutter mit allem versorgt worden, jetzt hieß es, selbst die feindliche Welt zu erobern, und das Einkaufen war neu zu erlernen. Inzwischen waren die Supermärkte dazu übergegangen, in der Gemüseabteilung die Kunden selbst ihr Obst und Gemüse wiegen zu lassen. Verdattert standen wir da, Janna flüsterte mir in Tok Pisin zu: „Schau dieser Frau zu, wie sie es macht!" Endlich kapierten wir, wie „es" ging. Man musste das Gemüse auf die Waage legen, dann die entsprechende Nummer drücken, wenn der Preis herauskam, wurde er auf die Tüte geklebt und an der Kasse bezahlt.

Alle drei waren wir bemüht, nicht unsere Verunsicherung vor dem Superangebot zu zeigen, schließlich, was soll`s, es waren doch nur sechs Jahre vergangen. Unser Einkaufszettel war ein Mischmasch aus Englisch, Deutsch und Tok Pisin. Die Brotsorten fanden wir überwältigend. Ich schickte Amos noch eben Senf holen, dort hinten, in der Gegend musste er sein. Nach endlos scheinender Zeit tauchte er endlich mit ratlos-hilfesuchendem Blick auf: „Ich weiß nicht, was soll ich denn da nehmen, die haben hier drei Meter?" Drei Meter Senf – inzwischen fasse ich mit sicherem Griff in das Senfregal, ich schlecke das Glas auch nicht mehr mit dem Finger aus, weil ich weiß, verinnerlicht habe, dass ich jederzeit neuen bekommen kann.

Wir entwickelten Tok Pisin zu einer Art Geheimsprache. Wenn wir in einem Lokal neben einer Gruppe von Amerikanern saßen, unterhielten wir uns genüsslich auf Tok Pisin mit seinem hart gerollten „R" miteinander. Feixend nahmen wir wahr, wie die Amerikaner aufhorchten, etwas wie „sori tru" irgendwie erkannten, aber doch nicht einordnen konnten.

Ich begann, die Menschen, die mir begegneten, in Kategorien einzuteilen, je nachdem, ob sie etwas von unserer Vergangenheit wissen wollten, oder nicht. Der ersten Kategorie ordnete ich die „Kulturfreaks" zu, die niemals etwas wissen wollten, denn kaum hatte ich Niugini erwähnt, waren sie auch schon dabei, von ihrem letzten Urlaub zu schwärmen, in Venezuela war das, ach, diese Leichtigkeit, mit der die Menschen dort ihre Armut ertrugen. In Neuguinea waren Sie, da gibt es doch sicherlich wahnsinnige soziale Probleme? Hier witterte ich meine Chance, einzusteigen, ich hatte auch etwas zu erzählen, mitzuteilen, aber mein Gegenüber war bereits dabei, geradezu meisterhaft überzuleiten zu diesem interessanten Film, der gerade angelaufen war. Den kannte ich nicht? Aber den musste ich unbedingt ansehen, das war einer der wenigen Pflichtfilme!

Die nächste Gruppe waren die „Bodenständigen", die ihr Leben im Hier und Jetzt so gut im Griff hatten, dass sie von Vergangenem oder gar Andersartigem rein gar nichts wissen wollten. Sie waren zufrieden mit ihrem Leben, mochten nicht hinterfragen, was ohnehin geregelt und befriedigend ablief. Es war angenehm auszukommen mit den Bodenständigen. Mit ihnen konnte man einen netten

Abend verbringen, bei dem die Grenzen des Gesprächs klar abgesteckt waren und akzeptiert wurden. Gut, verbrachten wir also einen netten Abend miteinander, an dem wir uns erzählten, wie unsere Kinder sich in der Schule entwickelten, wie großartig wir uns nach der letzten Gymnastik gefühlt hatten … Ein netter Abend – noch Jahre später wussten meine Kinder, was gemeint war, wenn ich sagte: „Es war nett".

Lebhaft wurde es mit der Kategorie der „Fast-Auswanderer".Sie hatten sich den Sachzwängen längst ergeben; für sie kam Auswandern, leider, aus all diesen logischen Gründen nicht mehr in Frage. Aber sie fragten, stellten in Frage, fragten nach. Warum um Himmels Willen waren wir nur zurückgekehrt, wo wir doch schon so nah an der Erfüllung ihres Traumes waren, so naturverbunden, so urwüchsig gelebt hatten? Sie hinterfragten mich, die Fast-Auswanderer, aber sie wollten nicht wissen. Schließlich war das ihr Lebenstraum gewesen, wenn nicht dies dazwischengekommen wäre und jenes es unmöglich gemacht hätte, und wir, die wir so nah dran waren, es zu verwirklichen – warum bloß waren wir zurückgekommen?

Die letzte Kategorie war meine eigene, die der „Wiedereinsteiger". Mit ihnen fühlte ich mich in geheimer Selbstverständlichkeit verbunden. Wir wussten, was es hieß, nach all diesen in einer anderen Kultur gelebten Jahren wieder Fuß fassen zu wollen. Uns verband das Wissen um dieses Außenseiterdasein, das Wissen um die Bedeutung von „Du bist weiß und wirst es immer bleiben". Wir konnten einander erzählen, wie gut wir uns in das Denken, die Sprache der Menschen eingelebt hatten, wir konnten einander übertrumpfen an Einfühlsamkeit, an kultureller Problembewältigung. Niemand hatte die sozialen Strukturen klarer erfasst, als derjenige, der gerade das Wort hatte. Wir konnten Abende und Nächte damit verbringen, Erklärungen zu suchen, Lösungsvorschläge auszuarbeiten, viel differenzierter, weil mit mehr Abstand als in der Zeit unseres direkten Betroffenseins. Die Probleme trafen uns nicht mehr, aber sie bewegten und berührten uns noch ach so sehr. Sie hatten einen entscheidenden Teil unseres Lebens ausgemacht, waren Teil von uns.

Langsam, langsam tasteten wir uns voran in der Welt hier, jeder hatte den Weg für sich selber zu finden. Als mich einmal eine Psychologin fragte, wie ich mich denn nun hier fühlte, antwortete ich verloren: „Manchmal glaube ich, noch gar nicht richtig hier zu sein". „Das ist nur natürlich", antwortete sie mir, „die Seele geht zu Fuß!" Diese Aussage empfand ich als ungemein tröstlich. Das Gefühl der Verlorenheit, das mich umgab, bekam dadurch etwas Verständliches, etwas, worin ich mich wiederfinden konnte.

Heute bin ich mir sicher, damals den richtigen Schritt getan zu haben. Meine Kinder haben ihren Weg in Deutschland gemacht, ich fühle mich glücklich, diese beiden Menschen ein Stück ihres Weges begleitet zu haben. Ich bin zu Hause, ich bin nach einer Reise um die Welt in mir angekommen.

Nützliche Adressen

Konsulate, Botschaften, Visum, Hilfe
Deutschland: www.auswaertiges-amt.de
Schweiz: www.eda.admin.ch/eda/de/home/reps.html
Österreich: www.bmeia.gv.at/aussenministerium/buergerservice

Veranstalter
Karawane Reisen, www.karawane.de
Hauser Exkursionen, www.hauser-exkursion.de
Ikarus Tours, www.ikarus.com

Medizinische Hinweise
Impfschutz: Nützlich ist ein Schutz gegen Tetanus, Diphtherie, Polio und Hepatitis A, bei Langzeitaufenthalt über drei Monate auch Hepatitis B. Bei besonderer Exposition (Landaufenthalt, Jagd, Jogging u.a.) kann Impfschutz gegen Typhus, und Japan-Enzephalitis angeraten sein.
AIDS ist in Papua-Neuguinea ein gravierendes Problem und eine Gefahr für alle, die Infektionsrisiken eingehen.

Im Krankheitsfall
Bei akuten Erkrankungen bzw. Unfällen können in Port Moresby, unter Berücksichtigung der oben geschilderten Ausgangslage, folgende Krankenhäuser aufgesucht werden:

- Port Moresby General Hospital, Taurama Road, Tel. 00675-324 8200, Fax 00675-325 0342
- Pacific International Hospital, Stores Road, Tel. 00675-323 4400, Fax 00675-323 4600
- St. Mary's Hospital, Sir Hubert Murray Highway, Tel. 00675-323 2266, Fax 00675-325 8295
- The Private Hospital, Taurama Road, Tel. 00675-325 6022

Besondere strafrechtliche Bestimmungen
Homosexuelle Aktivitäten sind illegal und können mit Gefängnisstrafen geahndet werden.
Ehebruch bzw. sexueller Verkehr mit einer verheirateten Person kann ebenfalls mit Gefängnisstrafen geahndet werden.
Bei Mord, Piraterie und Landesverrat gibt´s u.U. die Todesstrafe. Voilà.